我已经没有烦恼了

东方哲学与分析哲学

〔日〕田中正人 著 〔日〕斎藤哲也 编

史诗 译

南海出版公司

新经典文化股份有限公司
www.readinglife.com
出　品

目 录

中国哲学

日本哲学

▶年表

▶人物介绍

▶概念解说

欧洲大陆哲学

▶年表

▶人物介绍

英美分析哲学

▶概念解说

实用主义

语言哲学与科学哲学

附录

本书的使用方法

本书由"中国哲学""日本哲学""欧洲大陆哲学"和"英美分析哲学"四部分构成。

"中国哲学"的介绍以诸子百家的思想为中心;"日本哲学"介绍了自明治时代以"哲学"一词来翻译"philosophy"之后的哲学;"欧洲大陆哲学"介绍了《惊呆了!哲学这么好》中未提及的柏格森等8位属于欧洲大陆哲学的哲学家,关于欧洲大陆哲学中的哲学概念,《惊呆了!哲学这么好》已经花了较多篇幅进行介绍;至于与欧洲大陆哲学同出现在20世纪的"英美分析哲学",本书也将进行详细介绍(英美分析哲学中的部分概念会与《惊呆

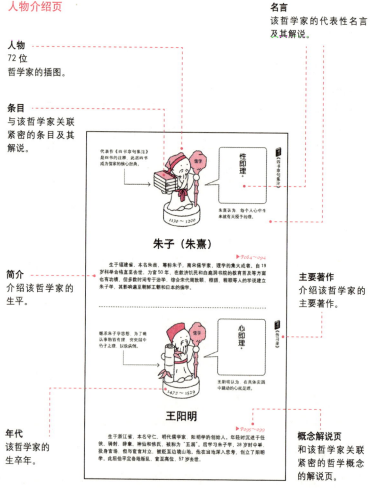

人物介绍页

名言
该哲学家的代表性名言及其解说。

人物
72位
哲学家的插图。

条目
与该哲学家关联紧密的条目及其解说。

简介
介绍该哲学家的生平。

主要著作
介绍该哲学家的主要著作。

年代
该哲学家的生卒年。

概念解说页
和该哲学家关联紧密的哲学概念的解说页。

了！哲学这么好》有重复）。此外，由于《惊呆了！哲学这么好》中的一些内容对说明本书中的哲学概念十分必要，因此会以"附录"形式附在卷末。

　　本书可以从任意一页开始阅读，不过各章最开始说明过的概念会用在后面的解说中，因此推荐从各章开头阅读。如果将本书用作哲学概念辞典，卷末的索引使用起来会非常方便。检索概念的时候，若能在阅读概念本身的页面之外，同时浏览与此概念相关的其他页面，可进一步加深对它的理解。

概念解说页

标题概念
介绍150多个主要哲学概念。

相关人物介绍页
介绍相关哲学家的页面。

相关人物
与标题概念关系深远的哲学家的插图。

解说
解释该标题概念。

资料
[含义] 一句话简单说明概念的内涵。
[示例] 举出具体范畴和语境下的使用实例。
[对应词] 介绍与该概念相反或相对的概念或思想。

[文献] 列举主要论述该概念的文献。
[相关] 列举相关的概念。
[备注] 介绍一些有助于深入理解该概念的知识。

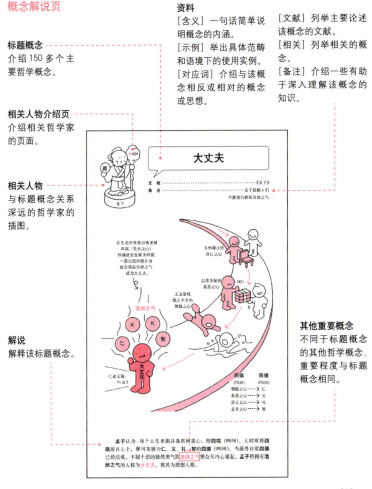

其他重要概念
不同于标题概念的其他哲学概念，重要程度与标题概念相同。

中国哲学

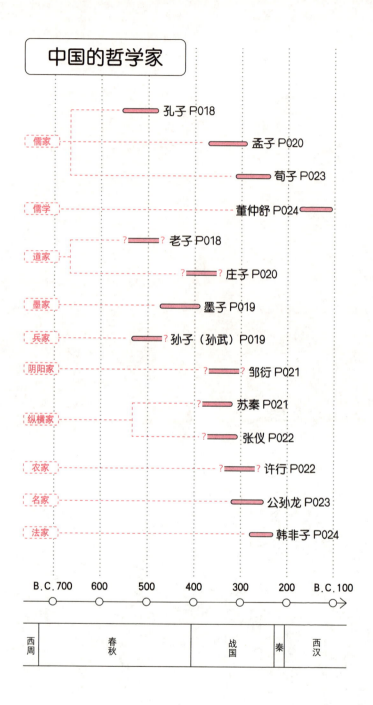

中国的哲学家

儒家	孔子 P018
	孟子 P020
	荀子 P023
儒学	董仲舒 P024
道家	老子 P018
	庄子 P020
墨家	墨子 P019
兵家	孙子（孙武）P019
阴阳家	邹衍 P021
纵横家	苏秦 P021
	张仪 P022
农家	许行 P022
名家	公孙龙 P023
法家	韩非子 P024

B.C.700　600　500　400　300　200　B.C.100

西周　春秋　战国　秦　西汉

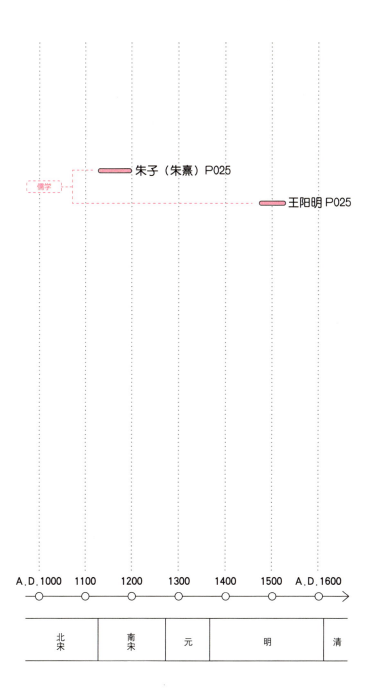

儒学

朱子（朱熹）P025

王阳明 P025

A.D.1000　1100　1200　1300　1400　1500　A.D.1600

北宋	南宋	元	明	清

（译者注：该年表中，有的朝代在时间上略有重合。）

"仁"指人性的体贴与关怀，"礼"指礼仪。在孔子看来，仁和礼是一体的，仁通过礼展现出来。

儒家

学而不思则罔，思而不学则殆。

B.C.552?～B.C.479?

选自《论语》，指人不可只学习而不思考或只思考而不学习。

孔子

▶P028～036

　　春秋时期的思想家，儒家的创始人。名丘，字仲尼，生于鲁国昌平乡陬邑（今山东省曲阜市）。50多岁时曾参与鲁国的政治改革，最终失败，其后率弟子游说列国，但不为各国所用。晚年回到鲁国，专注于弟子教育和著述。73岁左右去世，其思想由弟子们结集为《论语》。

对周的衰退深感失望的老子骑牛西游。

道家

自然无为。

B.C.?～B.C.?

正面反对儒家思想，提倡无违事物天然状态的自然无为之道。

老子

▶P062～074

　　道家的创始人，春秋时期的思想家。据司马迁《史记》记载，老子可能与孔子生在同一时代，姓李，名耳，字聃，生于楚国，曾在周（东周）的藏书室任职。但也有说法怀疑老子并非真实人物，谜团重重。《老子》《道德经》的成书年代也无法确定，如今仍在研究。

▶P054

《孙子兵法》中有著名的"不战而屈人之兵，善之善者也"。孙武认为，不战而胜乃最佳战略。

兵家

知己知彼者，百战不殆。

《孙子兵法》反复说明情报战和间谍的重要性，认为收集敌方情报才是取胜的根本法则。

孙子（孙武）

生于齐国，本名孙武，春秋时期的武将、军事家。在吴王阖闾手下屡建战功。兵法书《孙子兵法》至今仍为众多企业家和领导者喜爱。此外，司马迁《史记》的《孙子吴起列传》中出现了孙武的后代孙膑。孙膑也是军事家，仕于齐威王，有兵法书存世，《汉书·艺文志》将两人著述分别记为《吴孙子兵法》和《齐孙子兵法》。

据说墨子常年在外游说，因此家里的烟囱从未变黑过。

墨家

兼相爱。

墨子批判重视亲情的儒家思想，提倡不分人我的平等之爱。

墨子

▶P049～052

诸子百家之一的墨家创始人，战国初期思想家，名翟。有说法认为"墨"字源于墨刑，"墨子"是一个包含卑贱之意的称呼。其身份众说纷纭，多认为曾从事手工业。经历几乎不明，据说生于鲁国，也有生于宋国一说，仕于宋国。与儒家形成鲜明对照，轻视礼乐，重视勤劳节约。

齐物。

《庄子》中记录了寓言"庄周梦蝶"。庄子在梦中变成了蝴蝶，但梦醒后却不知是自己做了梦，还是蝴蝶做梦变成了自己。庄子认为两者皆不会让他介意。

善恶、是非之分乃人为之物，从所谓"道"的立场来看，万物价值皆同。

庄子

▶P076～082

本名庄周，与老子同样被视为道家的思想家。一般认为，庄子生于蒙（今河南省商丘市），大约与孟子同活跃在公元前4世纪末至公元前3世纪初。人们一般认为庄子是老子思想的继承者，但关于老子的谜团太多，甚至其是否真实存在都仍存疑，因此庄子对老子的继承关系并非定论。

人性之善也，犹水之就下也。

提倡性善说，认为人本性为善，恶因私欲蒙心而生。

就像水往低处流一样，人性本善。

孟子

▶P038～045

战国时期儒家的代表人物，本名孟轲，生于邹（今山东省邹城市）。从孔子之孙子思的弟子处习得孔子思想，认为其理想理应实现，于是奔走魏、齐、宋、鲁等国游说，但并未获得满意成果。晚年归乡，专注于弟子教育和著述。记录其言行的《孟子》与《论语》《中庸》《大学》并称"四书"，乃儒家经典。

邹衍对利用阴阳五行来说明宇宙或政治的图式进行了提炼，后于汉代形成体系。

阴阳家

五德终始。

提倡以木、火、土、金、水的五行循环来说明王朝更替的五德终始说。

B.C.? ～ B.C.?

邹衍

▶P058

生于齐国，生卒年不详，思想家，活跃在战国中期至后期，是阴阳家的代表人物。曾以儒者身份向各国君主自荐，但并未获得重用，后综合阴阳与五行两种思想，提出相应的宇宙生成变化理论，成为流行思想。对地理也很有兴趣，提出大九州说，认为世界由九大陆（州）组成。

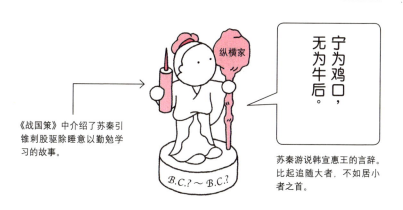

《战国策》中介绍了苏秦引锥刺股驱除睡意以勤勉学习的故事。

纵横家

宁为鸡口，无为牛后。

苏秦游说韩宣惠王的言辞。比起追随大者，不如居小者之首。

B.C.? ～ B.C.?

苏秦

▶P059

生于今河南省洛阳市，纵横家，战国时期以巧言善辩获得诸国君主信任，颇有外交手腕。曾欲仕于秦惠文王，以失败告终。后与秦国对抗，成功联合燕、赵、韩、魏、齐、楚，建立合纵联盟。曾以六国宰相身份活跃于世，后被张仪的连横之策所破，失去地位，在齐国遇刺。但也有不少观点认为上述记录存疑。

纵横家

视吾舌
尚在不？

纵横家利用巧舌，左右战国时期的外交。

张仪在楚国被疑偷盗玉璧，遭受鞭打。得知消息的妻子伤心哀叹，但张仪却问"我的舌头还在不在"，又说"舌头在就够了"，后继续游说。

张仪

P059

生于**魏**国，与苏秦同为纵横家，曾在同一师门下学习辩论和外交。苏秦为守合纵之约，暗中协助张仪赴秦，欲阻止秦国进攻。但张仪得到秦惠文王重用后游说诸国，破合纵之策，实现了六国各自与秦结成同盟的连横之策。后来，秦惠文王逝世，张仪与继位的秦武王交恶，为确保自身安全逃至魏国。

农家

贤者与民
并耕而食。

农家崇拜的神农是古代传说中教授人们农业与医疗知识的帝王。

许行没有留下著作。《孟子》强烈批判了农家的思想。

许行

▶P029

生于**楚**国，属于战国时期诸子百家中的农家。据《孟子》记录，许行曾在滕国（今山东省）与弟子在田中耕作，衣衫褴褛，过着集体生活。他倡导遵从古代中国神话中的帝王神农的思想，认为君臣应平等地从事农耕，自给自足。此外，为了防止不正当的暴利，他还主张控制物价，认为同样的物品，如果大小、轻量相同，则应以相同价格出售。

还提出坚白论，与白马非马说相似。公孙龙认为，面对一块坚硬的白色石头，手只能摸到它的坚硬，眼只能看到它是白色的，所以坚硬和白色是相互分离的。

白马非马。

B.C.320～B.C.250

提出白马非马说，认为白与马相结合的马并不等同于单纯的马。

公孙龙

▶ P056

　　生于赵国，战国末期诸子百家中的名家的代表哲学家。游说燕昭王不战后，又在赵国以反战和兼爱的观点说服秦惠文王，得到其弟宰相平原君的重用。但后来在与来到赵国的阴阳家邹衍的辩论中被邹衍辩倒，失去了平原君的信任。名家充满逻辑学风格的语言论也曾深刻影响了庄子和荀子。

人之性恶，其善者伪也。

提倡性恶说，认为若将人性放任不管，就会倾向于争夺和暴力。

B.C.313?～B.C.238?

荀子认为，面对与生俱来的性恶倾向，人可以通过规范和礼仪等来实现善。

荀子

▶ P046～048

　　生于赵国，战国末期思想家，名况。在故乡治学，50岁左右游学至齐国。彼时齐国有名为"稷下之学"的学府，风气自由开放，荀子在那里崭露头角。后荀子拜访秦国，目睹以法治主义为基础的中央集权体制。他曾担任楚国的地方长官，辞任后留在楚国，专注于教育和著述，门下有法家的韩非、李斯等人。

想要驾驭臣子，就必须依法信赏必罚。

爱多者则法不立。

组织的上级若对下级倾注过多的爱，法和规则就无法贯彻。

B.C.280?～B.C.233

韩非子

▶P060～061

　　战国时期韩国的公子（韩王的妾所生）。在荀子门下学习儒家思想，后来综合秦国商鞅和韩国申不害的法家思想，写下《韩非子》。韩非作为韩国使者赴秦之际，此前就读过其著作并热切期望见到他的秦始皇曾考虑提拔他，但害怕自身地位受到威胁的李斯进献谗言，致韩非入狱，又送去毒药。韩非不久死于狱中。

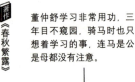

董仲舒学习非常用功，三年目不窥园，骑马时也只想着学习的事，连马是公是母都没有注意。

以人随君，以君随天。

人民应跟随国君，国君应跟随天。董仲舒提出天人感应说，认为天与人始终处于相互影响的状态。

B.C.179～B.C.104

董仲舒

▶P085

　　生于今河北省，西汉儒学家。年轻时学习儒家典籍，尤其精于《公羊传》。汉景帝在位期间成为博士，随后在汉武帝时代献策，提出将儒家思想尊为国教。他将主要经典定为"五经"（《易经》《尚书》《诗经》《礼记》《春秋》），设置教授五经的五经博士，此外还多次建言，范围从人才录用到土地所有权的规制，对中国此后的统治体制产生了决定性影响。

代表作《四书章句集注》是四书的注释，此后四书成为儒家的核心经典。

性即理。

1130～1200

朱熹认为，每个人心中生来就有天授予的理。

朱子（朱熹）

▶P084～094

生于福建省，本名朱熹，尊称朱子，南宋儒学家，理学的集大成者。自19岁科举合格直至去世，为官50年，在救济饥民和白鹿洞书院的教育普及等方面也有功绩，但多数时间专于治学，综合宋代周敦颐、程颢、程颐等人的学说建立朱子学，其影响遍至朝鲜王朝和日本的儒学。

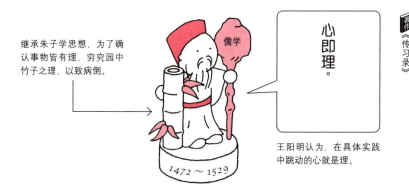

继承朱子学思想，为了确认事物皆有理，穷究园中竹子之理，以致病倒。

心即理。

1472～1529

王阳明认为，在具体实践中跳动的心就是理。

王阳明

▶P095～099

生于浙江省，本名守仁，明代儒学家，阳明学的创始人。年轻时沉迷于任侠、骑射、辞章、神仙和佛氏，被称为"五溺"。后学习朱子学，28岁时中举，投身官场，但与宦官对立，被贬至边境山地。他在当地深入思考，创立了阳明学。此后他平定各地叛乱，官至高位，57岁去世。

中国哲学

　　日语中没有 philosophy 一词的对应词，明治时代的思想家**西周**（P104）首创了"哲学"这一译词。此后，哲学一词从日本传入中国，并得到广泛使用。无论在中国还是在日本，自古就有追问事物原理的思想活动。但这些思想活动与西方的不同，哲学（逻辑）与宗教并未得到明确划分，也没有宗教这一概念。

艺术

占卜

习惯

佛法

学问

武道

禅

中国、日本的思想
没有明确区分
哲学（逻辑）与宗教。

哲学（逻辑）

宗教

西方的思想
明确区分了
哲学（逻辑）与宗教。

　　由于思考方式的框架不同，属于西方概念的哲学原本并不适用于中国思想。

但是，中国曾经出现了**孔子**（P018）、**老子**（P018）等史称**诸子百家**（P028）的学者，也带给日本不可估量的巨大影响。这些学者通过与西方相异的语言和思想，展现了对世界和人类的根源问题的思考，可以将其称为中国独特的哲学。

中国思想的源流存在于**诸子百家**的思想中。本书将**诸子百家**的思想作为**"中国哲学"**加以介绍。

孔子等 ▶018

诸子百家

含　义 ---------- "诸子"指各种各样的学者, "百家"指多个学派
文　献 -----刘歆《七略》、班固《汉书·艺文志》、司马迁《史记》
备　注 ---------------------------《汉书》中记有 189 家。
诸子百家论争的情形称为"百家争鸣"

公元前 6 世纪，以封建制度治国的**西周**（B.C.1046 ～ B.C.771）灭亡，各地区的诸侯对抗不断，中国进入乱世。这一时期的前期称为**春秋时期**，后期称为**战国时期**，合称**春秋战国时期**。

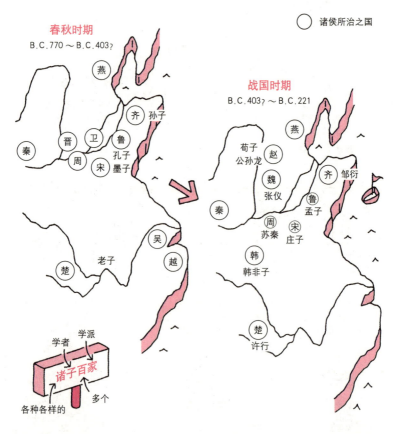

诸侯为了自身的生存，需要有能力的政策顾问或智囊。思想家相继登场，被总称为**诸子百家**。

诸子百家	春秋后期 （公元前5世纪前后）	战国前期 （公元前4世纪前后）	战国后期 （公元前3世纪前后）
儒家 提倡仁和礼的 思想的学派 (P030)	重要的是 仁和礼。 孔子 (P018)	人生而性善。 孟子 (P020)	人生而性恶。 荀子 (P023)
道家 提倡道 的学派 (P062)	让我们 遵从自然 而生活。 老子 (P018)	在真实的 世界中， 价值没有差异。 庄子 (P020)	
墨家 提倡兼爱、非攻 的学派 (P049)	让我们广泛 平等地爱吧。 墨子 (P019)		
阴阳家 提倡阴阳 五行说的学派 (P058)		自然现象与 社会现象是 联动的。 邹衍 (P021)	
兵家 提倡战略 的学派 (P054)	让我们 不战而胜。 孙子 (P019)		
纵横家 提倡外交策略 的学派 (P059)		让我们合纵 挑战强敌。 苏秦 (P021) 张仪 (P022) 与强大的敌人 重在连横。	
名家 提倡逻辑学 的学派 (P056)			让我们从 逻辑的角度 思考。 公孙龙 (P023)
农家 提倡农本主义 的学派		君王应像民众一样 从事农耕， 实现自给自足。 许行 (P022)	
法家 提倡法治主义 的学派 (P060)			让我们 以法治国。 韩非子 (P024)

孔子等

儒家｜儒教

备注 ------------------------------------ "儒"的词源不明，
汉字学家白川静曾有
"儒恐怕原本是指在祈雨时作为牺牲的巫祝"
（《孔子传》）的叙述，推测其是类似巫师的人物

　　诸子百家（P028）中，尤其给后世带来巨大影响的学派是 儒家 和道家
（P062）。儒家的创始人孔子认为，要让**春秋时期**（B.C.770～B.C.403？）
混乱的社会秩序恢复稳定，应该恢复**西周**（B.C.1046～B.C.771）一直在践
行的**仪礼**。

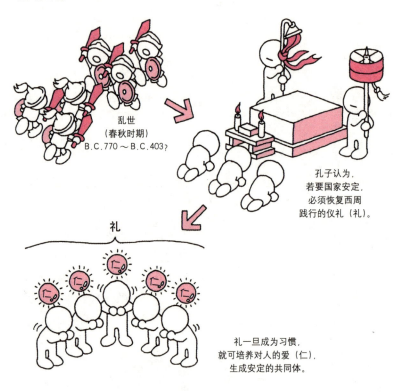

乱世
（春秋时期）
B.C.770～B.C.403？

孔子认为，
若要国家安定，
必须恢复西周
践行的仪礼（礼）。

礼

礼一旦成为习惯，
就可培养对人的爱（仁），
生成安定的共同体。

　　孔子认为，**仪礼**不是仅有形式的礼仪，而是对现实的人的爱与关怀的体
现。看重行礼是因为尊敬对方，看重葬礼是因为重视悲伤的心情，这是**孔子
重视礼（仪礼）的理由**。他将蕴含于仪礼的爱人之心称为**仁**。

孔子的思想可以归纳为仁（P032）和礼（P032）。没有仁，礼就没有意义。孔子又说，没有礼，就无法培养仁。他认为，习惯性的礼可以达成仁，习惯性践行礼的社会才是理想的社会。

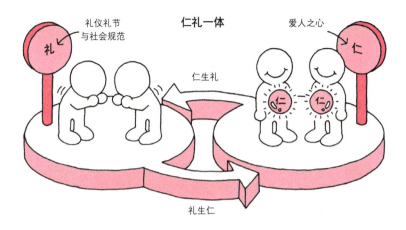

孔子的思想被称为儒教，得到孟子、荀子、朱子（朱熹）、王阳明等人的继承，并给东亚人的心灵带来不可估量的影响。

孔子

▶ 018

仁｜礼

含　义 ------------------ 仁指人性的关怀，礼指礼仪、规范

备　注 ------------------《论语·颜渊》中，弟子问"仁的条目"，
孔子答曰"非礼勿视，非礼勿听，非礼勿言，非礼勿动"

孔子的思想可以归纳为**仁**和**礼**。**仁**指爱人之心，**礼**是仁的表现**形式**，具体指各种**礼仪礼节**。

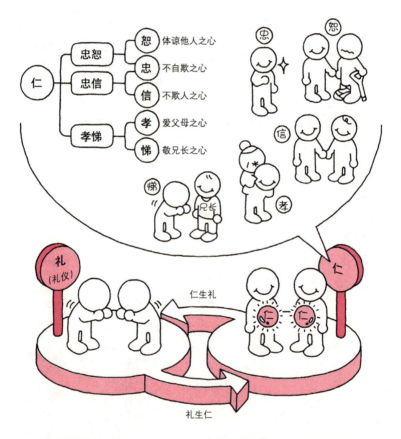

仁包括**孝**、**悌**、**忠**、**信**和**恕**。其中，孔子认为最珍贵的是对父母之爱的**孝**和对兄长之敬的**悌**（孝和悌合称**孝悌**），因为**孝**和**悌**是人类固有的感情。

孔子认为，若能将**孝悌**之心扩展至其他人际关系，便可构建更加理想的社会。

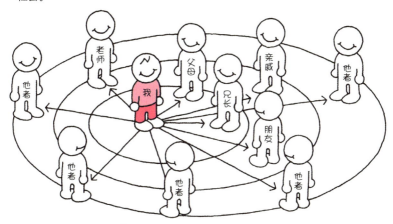

孔子认为，人首先应该珍视与生俱来的对父母的爱和对兄长的敬意，
然后将这一情感推及他人，社会便可安定。

格外重视父母兄长是孔子（儒教）的特征，
其他圣人没有此类言论。

　　孔子认为**礼**和**仁**同等重要，因为实践**礼**可以守护个人心中的**仁**。抑制私利私欲，通过实践**礼**保护心中的**仁**，称为克己复礼。

克己复礼

以礼守仁称为克己复礼。
孔子认为，
视克己复礼为理所当然的社会
才是理想社会。

　　孔子以构建惯于**克己复礼**的社会为理想。日本重视礼仪，也是受到了**孔子（儒教）**的强烈影响。

孔子

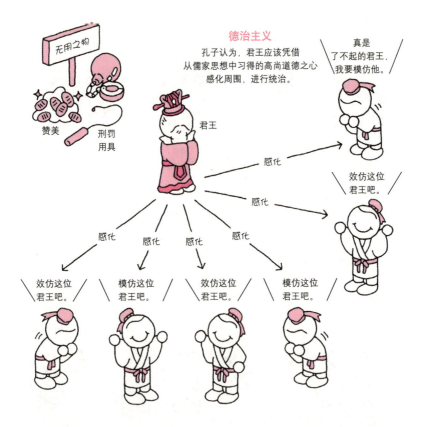

▶018

德治主义

含　义	为政者自身应有德，继而以道德感化人民，统治国家
文　献	《论语》
备　注	《论语·为政》有"为政以德"

孔子认为，要构建理想的国家（社会），君王应以成为**仁**（P032）**礼**（P032）兼备的**君子**为目标。然后，君王凭自身的**仁**和**礼感化**民众，从而构建更好的社会。这样以**德**统治称为**修己治人**，以**修己治人**为理想的政治思想称为**德治主义**。

无用之物

赞美　刑罚用具

德治主义

孔子认为，君王应该凭借从儒家思想中习得的高尚道德之心感化周围，进行统治。

君王

真是了不起的君王，我要模仿他。

感化

效仿这位君王吧。

感化

感化　感化　感化　感化

效仿这位君王吧。

模仿这位君王吧。

效仿这位君王吧。

模仿这位君王吧。

德治主义与后来**韩非子**（P024）提倡的奖惩并行的**法治主义**（P061）截然不同。

孔子

▶018

道

含　义 —————————— 人应有的姿态，宇宙的原理

文　献 —————————— 《论语》

备　注 —————————— 《论语·里仁》有
"朝闻道，夕死可矣"

　　没有**仁**（P032），**礼**（P032）就没有意义。但**孔子**也说，没有**礼**，就无法培养**仁**。他将在**礼**的实践中达成**仁**的目标比作**道**。**儒教**可以说是解释如何行**道**的思想。

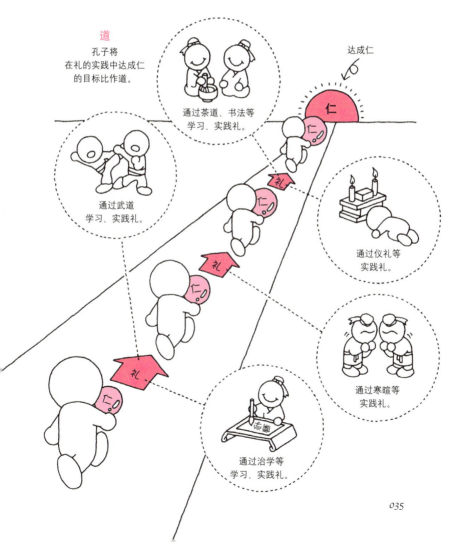

道
孔子将
在礼的实践中达成仁
的目标比作道。

达成仁

仁

通过茶道、书法等
学习、实践礼。

通过武道
学习、实践礼。

通过仪礼等
实践礼。

通过寒暄等
实践礼。

通过治学等
学习、实践礼。

孔子

▶018

《论语》

备　注 --- 西汉时尚有三种版本，后在西汉末期整理成现在的形式。
此外，江户时代的儒学家伊藤仁斋曾在《论语古义》中指出
二十篇中的前十篇和后十篇完成时期不同

孔子的名言（选自《论语》）

学而时习之，不亦说乎？
有朋自远方来，不亦乐乎？
人不知而不愠，不亦君子乎？

己所不欲，勿施于人。

克己复礼为仁。

孝弟也者，其为人之本与！

未知生，焉知死？

子不语怪力乱神。

吾十有五而志于学，三十而立，
四十而不惑，五十而知天命，
六十而耳顺，七十而从心所欲，不逾矩。

朝闻道，夕死可矣。

孔子死后，其言行录《论语》历经数百年编纂而成。从性质上看，《论语》从哪里开始读都没有问题，因为我们并不知道孔子说话的顺序。此外，读者的立场和性格、阅读的时期可为《论语》带来多种多样的解释。

意为："学习并时而温习让人喜悦。习得知识，进而有同道中人远道而来想要共同学习，让人欣喜。即使得不到他人理解，也没有不满，这样的人很了不起。"孔子将治学和人生视为极大的乐趣，与佛陀"人生即苦"的思想差异很大。

意为："自己不愿意做的事，不要施加于别人。"这是孔子对恕（P032）的观点。自己的想法不一定与他人一样，因此不能说"自己想做的事就应该让他人也做"。这不同于西方思想中的全体性。

意为："约束自己而合于礼，这就是仁。"这是克己复礼（P033）的解释。

意为："仁的根本在于孝悌（对父母的爱以及对兄长的敬意）。"这是孔子（儒教）思想的一大特征。苏格拉底、耶稣、佛陀等均未说过要尊重父母或兄长。日本人也从儒教中受到了不少影响。

意为："连现实还无法理解，当然不明白死后的事。""我不会谈论怪力与神明。"孔子从未讲过超自然的事物，始终展现出对现实的关心。

意为："我十五岁以学问为志向，三十岁确立方向，四十岁不再疑惑，五十岁知晓自身使命，六十岁可以听进任何话语，七十岁能随心行动而不违背道德。"这是志学、而立、不惑、知命、耳顺、从心的词源。孔子七十岁时完成了仁和礼的一体化。

意为："如果早上能悟道，那么傍晚死去也无所谓。"强调了道（P035）的重要性。

善

孟子

性善说

含　义 ------------------------------ 人本性为善

文　献 ------------------------------《孟子》

备　注 ------------------------------ 孔子未曾言及人的本性，
为人的本性下定义是孟子的独特之处

　　继承**孔子**（P018）思想的**孟子**提倡"**人性本善**"的**性善说**。看到要掉进井里的孩子，无论是谁都会想帮忙吧。**孟子**将人的这种与生俱来的同情心称为**恻隐之心**。

性善说

人先天具备的同情心为恻隐之心。
孟子认为，人会忘记恻隐之心
是后天环境所致。

救命！

恻隐之心

儒教
会帮助人
发展
恻隐之心。

经常有意识地
发展自身具备的
恻隐之心，
即可达成仁。

儒教

仁

恻隐之心

　　人天生具备的**善心**除了**恻隐之心**，还有**羞恶之心**、**辞让之心**和**是非之心**，**孟子**将它们称为**四端**。若能经常有意识地发展**四端**，那么任何人都能习得**仁**、**义**、**礼**、**智**这四德。

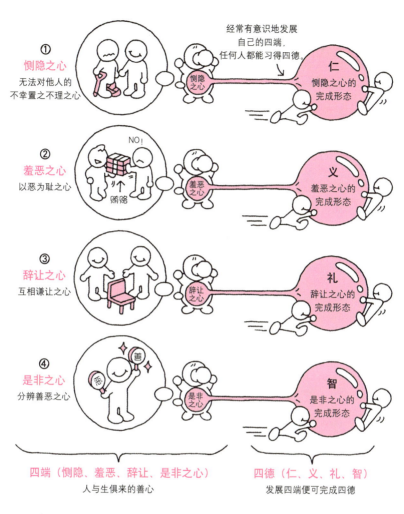

① 恻隐之心
无法对他人的
不幸置之不理之心

经常有意识地发展
自己的四端,
任何人都能习得四德。

恻隐之心

仁
恻隐之心的
完成形态

② 羞恶之心
以恶为耻之心

NO!

贿赂

羞恶之心

义
羞恶之心的
完成形态

③ 辞让之心
互相谦让之心

辞让之心

礼
辞让之心的
完成形态

④ 是非之心
分辨善恶之心

善

恶

是非之心

智
是非之心的
完成形态

四端（恻隐、羞恶、辞让、是非之心）
人与生俱来的善心

四德（仁、义、礼、智）
发展四端便可完成四德

孔子认为，对人来说重要的是内在的**仁**（P032）和外在态度的**礼**（P032）。**孟子**重视个人内在的**仁**，而后来的**荀子**（P023）重视外在态度的**礼**。

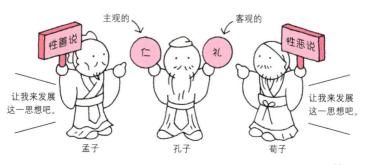

性善说

主观的

仁

客观的

礼

性恶说

让我来发展
这一思想吧。

让我来发展
这一思想吧。

孟子

孔子

荀子

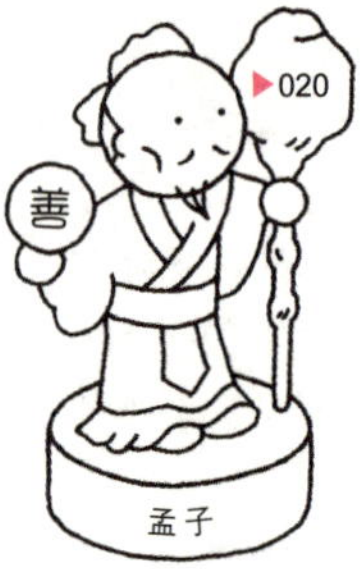

▶020
善
孟子

五伦五常

文　献 -- 《孟子》

备　注 -- 五伦源自“父子有亲，君臣有义，夫妇有别，长幼有叙，朋友有信”，见于《孟子·滕文公上》对农家（P029）的批判中

孔子（P018）认为，人最重要的莫过于**仁**（P032）这一内在**道德**和**礼**（P032）这一外在态度。**孟子**重视其中的道德，他所说的道德称为**四德**（P038）。后来，汉代的儒家学者**董仲舒**（P024）在**四德**的基础上加上**信**，称其为道德的**五常**。

四德

孟子重视的四种道德

①仁

②义

③礼

④智

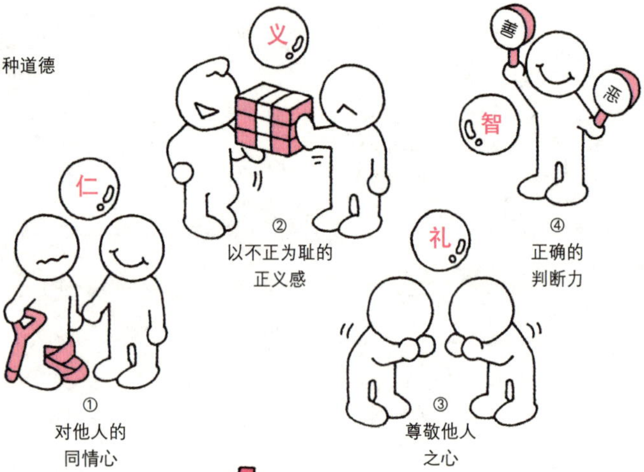

义
仁
智
善
恶
礼
①
对他人的
同情心
②
以不正为耻的
正义感
③
尊敬他人
之心
④
正确的
判断力

五常

董仲舒为
孟子的四德加上了“信”，
形成五常。

①仁

②义

③礼

④智

⑤信

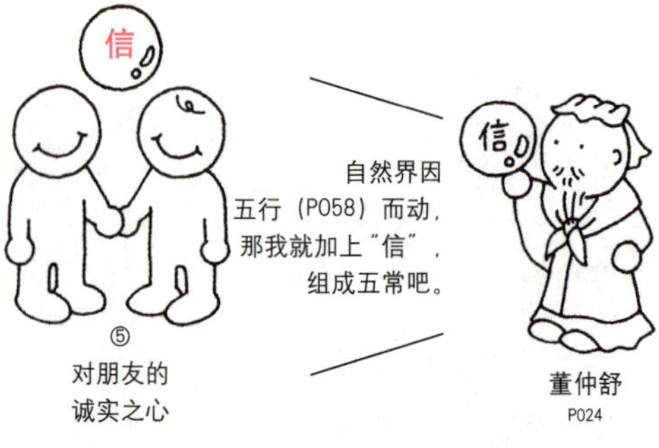

信
⑤
对朋友的
诚实之心
自然界因
五行（P058）而动，
那我就加上“信”，
组成五常吧。
信
董仲舒
P024

孟子在考察个人的内在道德即**四德**的同时，也探讨人际关系的伦理。他认为，人类社会中共有五种关系，分别为**亲子关系、上下关系、夫妇关系、兄弟关系**和**朋友关系**。五种关系对应亲、义、别、序、信共五种伦理，这正是人类社会与动物社会的区别。到了**明代**，人们将五种伦理称为五伦，**五伦**和**五常**（**五伦五常**）成为儒家道德的根本。

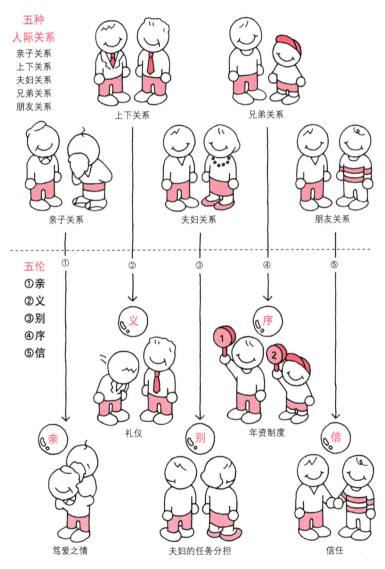

人类社会中存在五种人际关系及与其对应的五种伦理（五伦）。
孟子认为，五伦的有无是人类社会与动物社会的区别。

善

孟子

仁义

文　献 --《孟子》
相　关 ------------------- 性善说（P038）、五伦五常（P040）
备　注 ------- 《孟子·告子上》有"仁，人心也；义，人路也"

　　孟子认为，在人应有的四种**德**（四德 P038）中，同情他人的**仁**和正义不屈的**义**尤为重要，将其称为仁义。**孟子**思想的核心即在**仁义**。

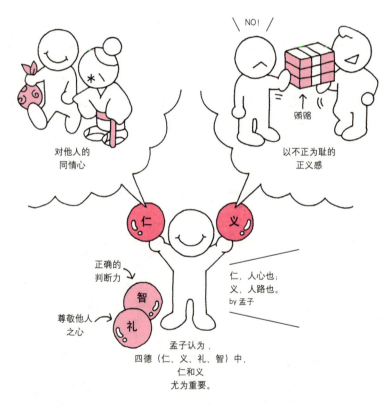

NO!

对他人的
同情心

以不正为耻的
正义感

贿赂

仁

义

正确的
判断力 →

仁，人心也；
义，人路也。
by 孟子

智

尊敬他人 →
之心

礼

孟子认为，
四德（仁、义、礼、智）中，
仁和义
尤为重要。

　　孟子认为，如果君王以**仁义**为基础，为民众的幸福而努力，那么社会就会安定。他将以**仁**和**德**施行的统治称为**王道（政治）**（P044），以武力施行的统治称为**霸道（政治）**。**诸子百家**（P028）多提出的是可以直接发挥作用的主张，如**法家**（P060）、**兵家**（P054）等，但**孟子**始终贯彻以**德**治民的**理想主义**。

善

孟子

大丈夫

文　献 --《孟子》
备　注 -- 孟子提醒人们
不能强行助长浩然之气

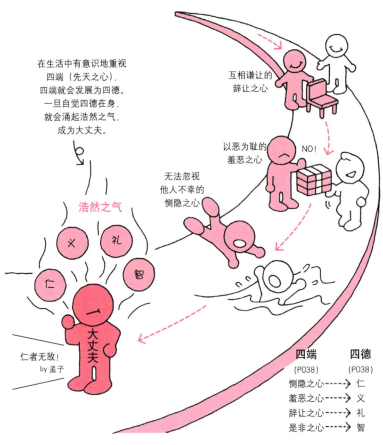

在生活中有意识地重视
四端（先天之心），
四端就会发展为四德。
一旦自觉四德在身，
就会涌起浩然之气，
成为大丈夫。

浩然之气

互相谦让的
辞让之心

以恶为耻的
羞恶之心

NO!

无法忽视
他人不幸的
恻隐之心

义　礼

仁　智

仁　大丈夫

仁者无敌！
by 孟子

四端 (P038)		四德 (P038)
恻隐之心	----→	仁
羞恶之心	----→	义
辞让之心	----→	礼
是非之心	----→	智

　　孟子认为，每个人生来都具备四种善心，即**四端**（P038）。人时常将**四端**放在心上，便可发展为**仁**、**义**、**礼**、**智**的**四德**（P038）。当最终自觉**四德**已经达成，不屈于恶的毅然勇气即浩然之气便会从内心涌起。**孟子**将拥有**浩然之气**的人称为大丈夫，视其为理想人格。

▶020

王道（政治）

善

孟子

含 义 ------------------------------- 以德治民的政治
备 注 -------------------------------《孟子·公孙丑上》有
"以力假仁者霸，霸必有大国。以德行仁者王，王不待大"

孟子继承了**孔子**（P018）的**德治主义**（P034），即以君王的品德治国。君王之**德**即是**仁义**（P042）。若民众将要落入井中，君王必须做出救助之举（性善说 P038）。

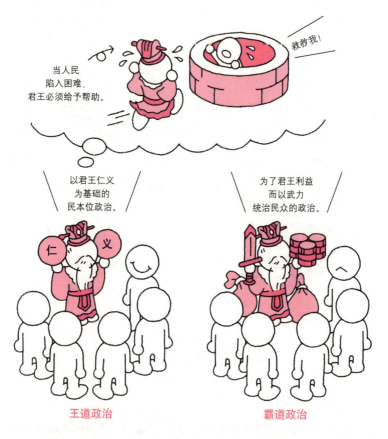

救救我!

当人民
陷入困难，
君王必须给予帮助。

以君王仁义
为基础的
民本位政治。

为了君王利益
而以武力
统治民众的政治。

仁 义

王道政治

霸道政治

以君王**仁义**为基础的民本位政治称为**王道（政治）**。以**王道**为理想的**孟子**强烈批判了为了君王利益而以武力统治民众的**霸道（政治）**。

孟子

易姓革命

备　注 ------------------ 易姓革命是指革天命,
改变王朝的姓氏。《孟子·梁惠王下》
将商汤讨伐夏朝暴君桀和周武王讨伐商朝暴君纣正当化,
这被称为"汤武放伐"

　　在古代中国,人们认为君王的地位是由**天**下达的命令(**天命**)所决定的,这样的**天命论**是在为君王统治的正当化寻找理由。**天命**更改,君王易**姓**,即易姓革命。

此前的易姓革命	孟子思想中的易姓革命

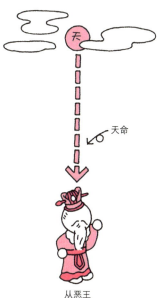

从恶王
变成善王

天的意志
反映在
民众的声音中。

想用
霸道政治
镇压民众。

打倒

恶王

变成善王

天的意志出现在
民众的声音中,
因此君王应施行
以人民为中心的政治。

孟子

　　但**孟子**认为,天的意志会反映在民众的声音中,即施行**霸道政治**(P044)的无德君王会被民众打倒。**孟子**将**易姓革命**重新解释为民本位的革命,认为以民众为中心的政治才是理想的。

恶

荀子

▶023

性恶说

含　义 --- 人本性为恶
文　献 --- 《荀子》
备　注 ----------- 荀子曾言"圣人与大众在本性上几乎无异，
　　　　　　　　　　　　不同在于圣人善于'作伪'"

　　孟子（P020）之后出现的**儒家**（P030）思想家**荀子**否定了**孟子**的**性善说**（P038），提出 **"人之性恶"** 的**性恶说**。

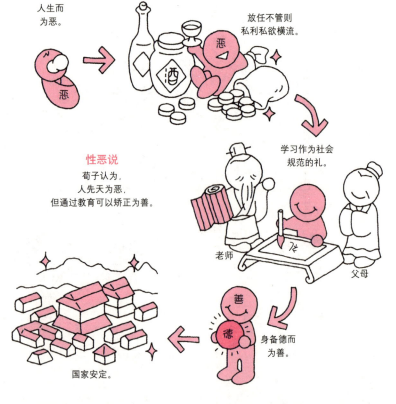

人生而
为恶。

恶

放任不管则
私利私欲横流。

恶

性恶说
荀子认为，
人先天为恶，
但通过教育可以矫正为善。

学习作为社会
规范的礼。

老师

父母

善
德

身备德而
为善。

国家安定。

　　荀子认为，若放任不管，人就会在欲望的驱使下肆意妄为。但人也可以通过学习、实践作为社会规范的**礼**（P032）来习得道德。他将此表达为 **"人之性恶，其善者伪也（人类本性为恶，善是人为作伪而成）"**。

孔子（P018）认为，对于人来说，最重要的是仁（P032）和礼。重视仁的**孟子**认为，只要反省自身内在，就能习得道德。与此相对，重视礼的**荀子**认为，为了习得道德，必须要积极地学习、实践礼。

经常反省真正的自己，就能习得道德。

仁 礼

若不积极地学习、实践礼，就无法习得道德。

孟子

孔子

荀子

荀子认为"人**本**无善心"，也就是否定**天**（神）的力量。他曾断言，天是单纯的自然现象，与人类社会的法则毫无关系（天人之分）。对于**荀子**来说，代替**天**成为人们精神居所的，是作为社会规范的**礼**。

天

天守护我们的社会安定。

过去的人们

天

天只是自然现象哦。

那我们依靠什么生活才好呢？

荀子

礼

问得好！我们要依靠的是作为社会规范的礼。

如果经常用礼来表达对他人的感情，敌人就会消失，从而形成没有纷争的安定社会。

047

恶

荀子

礼治主义

含 义 ---------------------------------- 应以礼（规范）治理人民
文 献 ---------------------------------- 《荀子》
备 注 ---------------------------------- 《荀子·议兵》有

"礼者，治辨之极也，强国之本也，威行之道也，功名之总也"

人本性为恶，
因此若放任不管
则会肆意妄为。
（性恶说）

礼治主义

荀子认为，礼的教育与践行
会为社会带来安定。

君主

老师

父母

儒教

在君主的指导下，
贯彻礼的教育。

习得道德。

德 德 德

国家安定。

　　荀子认为，若放任不管，人将会在欲望的驱使下肆意妄为（性恶说
P046）。但在君王的指导下，若能在家庭或社会中接受礼（P032）的教育，
便可习得道德，将原本为恶的本性矫正为善，为社会带来安定。人充分具备
由恶变善的素质。这就是荀子主张的礼治主义，即重视礼的教育。

墨子 等

019

墨家

文 献	·······《墨子》、司马迁《史记》
相 关	·······兼爱（P050）、非攻（P052）
备 注	·······《墨子》提出礼乐繁饰会致人堕落等观点，从多个方面强烈批判了儒家

　　诸子百家（P028）中以**墨子**为创始人的一派是**墨家**。儒家认为，人应优先爱护家人等关系亲密者；然而**墨子**认为，那种差别之爱将会引发憎恨和战争。他将**儒家**思想称为**爱有差等**，对此进行强烈的批判。

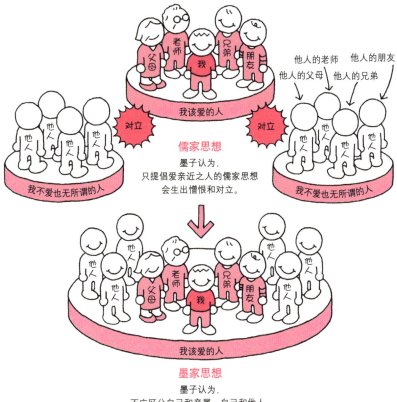

我该爱的人

他人的老师　他人的朋友
他人的父母　他人的兄弟

他人　他人　他人

对立　　　对立

我不爱也无所谓的人

儒家思想
墨子认为，
只提倡爱亲近之人的儒家思想
会生出憎恨和对立。

我不爱也无所谓的人

我该爱的人

墨家思想
墨子认为，
不应区分自己和亲属、自己和他人，
要广泛平等地爱人。

　　墨子提出，要像爱自己一样广泛平等地爱他人和亲属（兼爱 P050）。如果能爱他人，他人也会回应，可以互利互为（**交利**），这就是**兼爱交利说**。

墨子

含　义	无差别平等地爱人
文　献	《墨子》
备　注	墨家提倡的兼爱并非基于感情，而是基于社会全体的利益

儒家（P030）认为应优先爱家人等关系亲近的人，**墨子**则认为那样的差别之爱是憎恨和战争的源头。他将**儒家**具有等级的爱表述为**爱有差等**，予以强烈批判。

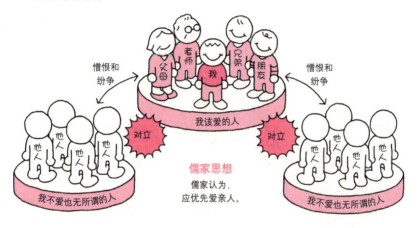

儒家思想
儒家认为，应优先爱亲人。

墨子认为，不应区别自己和他人、亲人和他人，要广泛平等地爱，这称为**兼爱**。如果众人都有**兼爱**之心，则可创造没有憎恨和纷争的和平世界。

墨家的兼爱思想
墨子以广泛平等地爱他人和亲人为理想。

現在就去救你!

父母在最远处溺水。

救命!

儿子啊，救救我。

他人

他人

父母

儒家思想的正义

从父母开始救。

父母

咕咚咕咚咕咚……

他人

他人

墨家思想的正义

从救助成功率较高的近处开始救。

他人

咕咚咕咚……

父母

　　如果为**墨子**的**兼爱**思想赋予"主义"一词，那么应该是"世界中的幸福数量越多，就越会成为幸福世界（最大多数人的最大幸福 P374）"的**功利主义**（P372）。

幸福3，不幸4

幸福4，不幸3

就算从全体上看幸福的人数很少，也要保证亲人的幸福，这是儒家的理想。

就算亲人不幸，也要保证从全体上看幸福的人数较多，这是墨家的理想。

　　儒家的**孟子**（P020）批判**墨子**的**兼爱**是动物的思想。**孟子**认为，**兼爱**思想太过**功利主义**，是对人类本质的错误理解。

不是爱全人类，而是爱亲密的人，这才是人。

儒家

对立

墨家

要给爱排序吗？那会导致纷争和憎恨!

墨子

文 献 --《墨子》

备 注 --在《墨子》中,

墨子说服了想要进攻宋国的楚王,

阻止了侵略的发生

在自己的国家内,如果有人杀了一个人,则要被判死刑,但如果侵略他国杀了很多人,就会成为英雄。**墨子**认为这一点非常矛盾,主张应该避免战争。

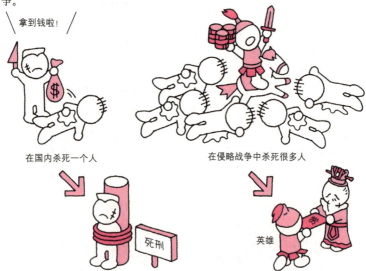

墨子认为,本国虽然能从侵略战争中获得利益,但从整体来看,会出现很多死者,因此并非正义。在那个将扩张领土获得利益视为正义的时代,**墨子**将目光投向了整个世界。

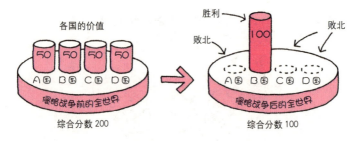

侵略战争可让一个国家增加价值,然而世界整体的价值会减少。

但是，**墨子**并不否定小国对大国发起的防卫战。以墨子为领袖的**墨家**群体只要收到请求，就会协助小国的防卫战，甚至不惜牺牲性命。他们不进攻，只防守，被称为**非攻**。

就算对求助者视而不见，只要以"如果帮忙，自己就会死"为理由，就不会受到指责。但在那种情况下仍敢于伸出援手的群体，在以前的中国是存在的。

▶019
孙子等

兵家

文　献------------------------《孙子兵法》、司马迁《史记》

备　注---------------《史记》中有吴王让孙子对宫中美女进行军事训练的记录，而孙子甚至斩杀了吴王的两个宠姬，以完成对群体的统率

诸子百家（P028）中的兵家代表人物是**孙子（孙武）**。**孙子**的兵法书《孙子兵法》冷静地讲解了如何在战争中获胜的战略，至今仍受推崇，被视作商业和人生的“制胜”法宝。让我们来看看其中的部分战略吧。

多算胜，少算不胜。

孙子认为，开战前应调查获胜的可能性是否较高。自然，如果没有获胜的可能性，就不会获胜。他还曾说“胜兵先胜而后求战”。

好，
就考
东大了！
模拟考试
东大合格率
10%
先了解自己所处
的位置再战斗。

其疾如风，其徐如林，侵掠如火，不动如山。

在日本，这句话因**武田信玄**的战旗“**风林火山**”而闻名，意为状况欠佳时不要轻举妄动，待得好时机后再迅速行动。

为了获胜，
不能错失
进攻的时机。
风林火山
风林火山

故兵闻拙速，未睹巧之久也。

战争应该迅速结束。持久战既需要经费，又消耗士兵，一点好处都没有。

持久战
有百害而无一利。

好长的
会议啊～

知彼知己，百战不殆。

只有比较对方和己方，了解己方的战力，才能在战争中获胜，不可夸大妄想。

了解自己，
只打有胜算之战。

总之，
应该能赢。

怒可以复喜，愠可以复悦，亡国不可以复存，死者不可以复生。

愤怒可能会很快转变成欢喜，但国家一旦灭亡便将不复存在，死者也不会复生，因此不能任由怒气挑起战争。

开战并
没有好处。

还是成为伙伴
比较好。

百战百胜，非善之善者也；不战而屈人之兵，善之善者也。

最好的方法是不战而胜，百战百胜不可引以为傲。《孙子兵法》虽说是兵法书，**孙子**却在其中表明战争是愚蠢的。

公孙龙 等

名家

▶023

文　献 --------------------------------------《公孙龙子》
备　注 -----《韩非子·外储说左上》中介绍了一个笑话般的故事，
　　　　　　说一位提出"白马非马"的雄辩家骑着一匹白马
　　　　　　准备通过关卡时，被征收了马的通行税

　　名家在**诸子百家**（P028）中算是大放异彩的一派，其代表人物**公孙龙**考察了与名字相对应的实际事物。他认为，若要社会安定，应该明确认定与"正义是指什么""德是什么"等**名**相对应的**实体**。

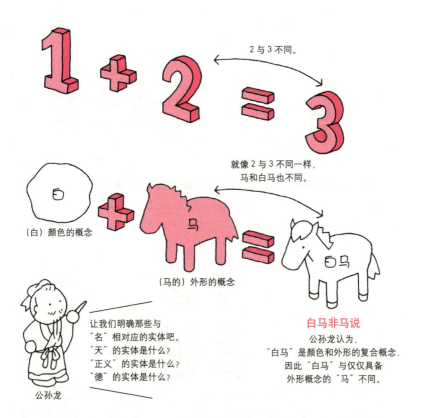

2 与 3 不同。

就像 2 与 3 不同一样，
马和白马也不同。

（白）颜色的概念

（马的）外形的概念

让我们明确那些与
"名"相对应的实体吧。
"天"的实体是什么？
"正义"的实体是什么？
"德"的实体是什么？

公孙龙

白马非马说

公孙龙认为，
"白马"是颜色和外形的复合概念，
因此"白马"与仅仅具备
外形概念的"马"不同。

　　公孙龙因**白马非马说（白马论）**而闻名。在他看来，"马"指马的外形概念，"白"指颜色概念，而"白马"是外形和颜色的复合概念，因此与只有外形概念的"马"不同。这一似乎会受到古希腊哲学家欢迎的、阐述上述逻辑的学派，就是**名家**。

公孙龙主张"白色""坚硬"等概念是实际存在的（坚白论）。这一主张与古希腊哲学家柏拉图（P352）的实在论和理型（P356）论属于同一逻辑。

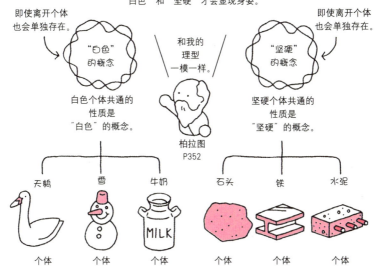

坚白论

公孙龙认为，"白色""坚硬"等概念即使离开个体
也会单独存在于某处。只有在人们认识到白色个体和坚硬个体时，
"白色"和"坚硬"才会显现身姿。

即使离开个体
也会单独存在。

即使离开个体
也会单独存在。

"白色"
的概念

和我的
理型
一模一样。

"坚硬"
的概念

白色个体共通的
性质是
"白色"的概念。

坚硬个体共通的
性质是
"坚硬"的概念。

柏拉图
P352

天鹅　雪　牛奶　　石头　铁　水泥
MILK
个体　个体　个体　　个体　个体　个体

此外，公孙龙还论述了领先于康德（P353）的逻辑（指物论）。康德的认识论认为，物自体（P367）和人类的认识并不一致。

指物论

公孙龙认为，
人类只能在认识能力
（五感＝触觉、嗅觉、视觉、味觉、听觉）
的范围内
捕捉事物（对象）。

不一致

和我的
认识论
一模一样。

五感

物自体

康德
P353

古希腊思想生成了"逻辑学"这一巨大体系，但名家思想却被视作捏造理由的诡辩，渐遭遗忘。从这一点上也可看出"西方"与"东方"的不同偏好。

邹衍等

▶ 021

阴阳家

备 注 ------------------------- 邹衍的著作已经全部失散，《史记·孟子荀卿列传》里简单介绍了他的思想，有"乃深观阴阳消息而作怪迂之变，《终始》《大圣》之篇十余万言"

诸子百家（P028）中提倡**阴阳五行说**的一派是**阴阳家**。**阴阳家**代表人物**邹衍**认为，**儒教**（P031）仅仅关注人类社会，视野狭窄。若不能关注人类社会以外的宇宙，就无法把握人的本质。

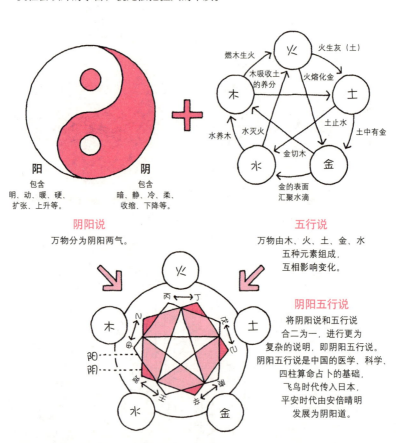

阳
包含
明、动、暖、硬、
扩张、上升等。

阴
包含
暗、静、冷、柔、
收缩、下降等。

阴阳说
万物分为阴阳两气。

燃木生火
火生灰（土）
木吸收土的养分
火熔化金
水养木
水灭火
土止水
土中有金
金切木
金的表面汇聚水滴

五行说
万物由木、火、土、金、水五种元素组成，互相影响变化。

阴阳五行说
将阴阳说和五行说合二为一，进行更为复杂的说明，即阴阳五行说。阴阳五行说是中国的医学、科学、四柱算命占卜的基础，飞鸟时代传入日本，平安时代由安倍晴明发展为阴阳道。

阴阳五行说是指将自古在中国流传的**阴阳说**和**五行说**结合起来，对全宇宙的原理进行说明。后来**儒教**和**老庄思想**（P076）也吸纳了**阴阳五行说**的内容，生成了**朱子学**（P087）和**道教**（P063）。

苏秦等

纵横家

▶021

文　献 -------------------- 司马迁《史记》、刘向《战国策》等
备　注 -------------------- 据《史记·张仪列传》记录，
苏秦和张仪都曾在鬼谷子门下学习。只是，
鬼谷子这个人物别说姓名，甚至连是否存在都尚无定论

在**诸子百家**中，纵横家是指**春秋战国时期**周游诸国宣扬自保策略的一派。代表人物**苏秦**认为，纵向排列的小国应结成同盟对抗强大的**秦国**（合纵之策）。

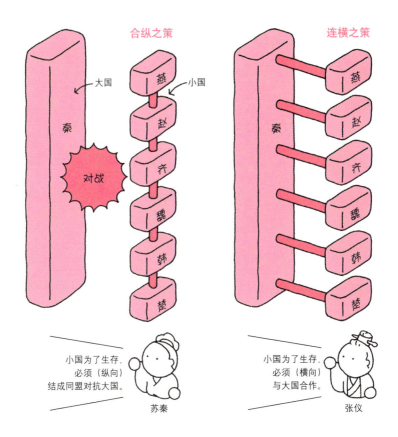

后来的**张仪**（P022）与**苏秦**相反，认为小国应单独（横向）与**秦国**合作（连横之策）。小国生存的合纵连横思想至今仍被活用在外交政策中。

韩非子等

法家

文　献 --------------------------------《韩非子》、司马迁《史记》

备　注 ------------ 韩非死去的十多年后，秦始皇统一了中国。
《韩非子》主张不需要书籍和学者，
秦始皇依此思想施行了焚书坑儒 (P084)

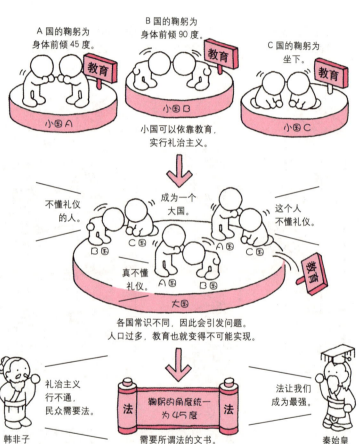

A 国的鞠躬为
身体前倾 45 度。

B 国的鞠躬为
身体前倾 90 度。

C 国的鞠躬为
坐下。

小国可以依靠教育，
实行礼治主义。

不懂礼仪
的人。

成为一个
大国。

这个人
不懂礼仪。

真不懂
礼仪。

各国常识不同，因此会引发问题。
人口过多，教育也就变得不可能实现。

礼治主义
行不通，
民众需要法。

韩非子

鞠躬的角度统一
为 45 度

需要所谓法的文书。

法让我们
成为最强。

秦始皇

　　以**韩非子**为代表的**法家**提倡以法律进行统治的**法治主义** (P061)。**法治主义**与**礼治主义** (P048) 相似，但**礼**是基于**养育**和习惯的规则，而**法**是展现在**文书**上的规则。**礼治主义**对单一的**小国**有效，但在统治常识各异的诸多国家时就需要**法**。**秦国**作为**战国时期**的一国，与**法家**的**法治主义**一起，征服了全中国。

韩非子

法治主义

含　义 ------------------------------ 以信赏必罚的法律统治人民
文　献 ------------------------------ 《商君书》《韩非子》《管子》
相　关 ------------------------------ 性恶说（P046）、礼治主义（P048）
对应词 ------------------------------ 德治主义（P034）

　　韩非子认为，人不像神那样完美，无法完全去除利己之心。因此，他提倡**法治主义**，以**信赏必罚**的原则统治国家，对出色的成果给予奖**赏**，对犯罪给予惩**罚**。**法治主义**与**礼治主义**（P048）相似，但其规则不像**礼**那样暧昧，而是明确地展现在**文书**中。

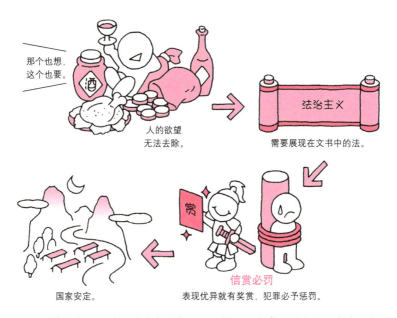

那个也想，
这个也要。

人的欲望
无法去除。

需要展现在文书中的法。

信赏必罚

国家安定。

表现优异就有奖赏，犯罪必予惩罚。

　　法治主义是一种只看重守法与否，不触及民众**内心**的主义。在这一点上，它与以君王的**品德**来**感化**民众，进而获得国家安定的**德治主义**（P034）截然不同。

孔子（儒家）	孟子（儒家）	荀子（儒家）	韩非子（法家）
德治主义 →	**王道政治** →	**礼治主义** →	**法治主义**
以道德感化统治国家	以仁义感化统治国家	以礼统治国家	以法律统治国家

老子等

道家｜道教

文　献 ------------------------------《老子》《庄子》《列子》

备　注 ------------------------------ 道教奉老子为教祖，
但与道家的老庄思想旨趣不同。
道教的目的是变成仙人长生不死，核心是神仙思想

诸子百家（P028）中，尤其给后世带来巨大影响的学派是**儒家**（P030）和道家。其中，**儒家**总在不断说明**仁**（P032）和**礼**（P032）的重要性。

仁
同情心
对人的爱

儒教强调
仁和礼的
重要性。

礼
礼仪礼节
社会规范

仁

礼

通过儒教
获得仁吧。

孔子

通过儒教
学习礼吧。

儒家思想

孟子

荀子

仁和礼的出现，
难道不是出于
乱世的无奈吗？
不要跟随仁和礼，
遵循道来生活吧。

道家

老子

庄子

但**道家**的创始人**老子**认为，**仁**和**礼**是为了应对乱世而不得已提出的。因此，与其倡导**仁**和**礼**，不如创造一个不需要**仁**和**礼**的社会，回归人本来的生活方式。所谓人本来的生活方式，是指理解**道**（P064）、遵循**道**。对老子来说，遵循**道**而生活是指一边学习自然法则一边生活。

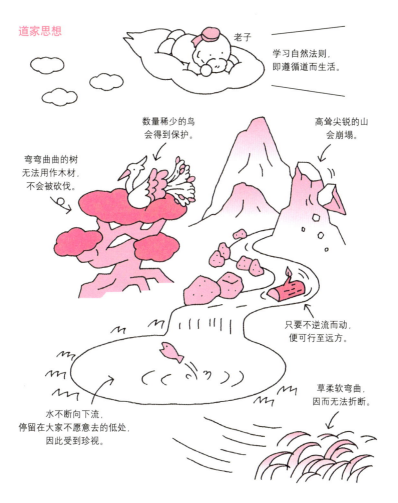

道家思想

老子
学习自然法则，即遵循道而生活。

数量稀少的鸟会得到保护。

高耸尖锐的山会崩塌。

弯弯曲曲的树无法用作木材，不会被砍伐。

只要不逆流而动，便可行至远方。

草柔软弯曲，因而无法折断。

水不断向下流，停留在大家不愿意去的低处，因此受到珍视。

以**老子**为创始人的**道家**思想后来与佛教和**阴阳五行说**（P058）融合，生成了 道教 这一民间信仰。

道教
驾驭充满宇宙的五种元素（P058），以成仙为目标，即是道教。道教源自道家思想，但与老子和庄子的思想形同他物。

老子

含　义 ---------------- 生出森罗万象并使其成立的原理
备　注 ---------------- 《老子》始于"道可道，非常道"，
　　　　　　　　　　　　　意为能够展现"这是人生之道"的道
　　　　　　　　　　　　　其实并不是真正的道

老子将创造宇宙万物的存在称为**道**。道不可见、不可触，也不能用"道就是这样的东西"之类的话来表现。既然无法特别指定，就无法命名，因此老子也将**道**称为**无**（无名）。

道是创造宇宙的根本原理，具体指
因果关系、经年变化、作用反作用等自然（物理）法则。

道
（无）

万物皆生于道，
遵循道的法则，并归于道。

老子认为，**道**（无）在天地生成前就存在，是不断生出**有**的混沌。**万物**由**道**（无）而生，不断变化，最终归于**道**（无）。

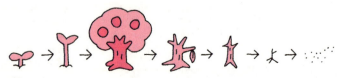

道德、**文化**（例如正义、礼仪、名誉、财产、文明、知识）等人类创造的**价值**也不例外，同样遵循这一法则而不断变化，最终消亡。**道**只是默默地注视着它们消亡。

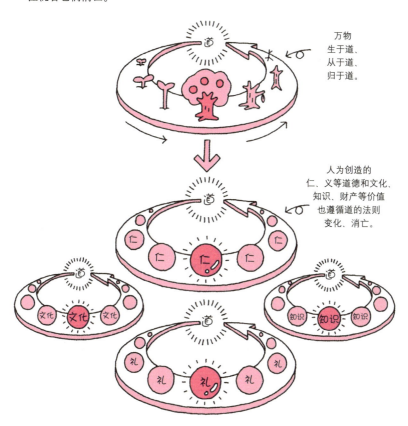

万物
生于道、
从于道、
归于道。

人为创造的
仁、义等道德和文化、
知识、财产等价值
也遵循道的法则
变化、消亡。

　　如果被拘束在变化不断且不知何时会消亡的道德、文化等价值中，人是不会幸福的。与此相比，**老子**劝说人们应该一边学习自然法则一边生活，也就是所谓"遵道"的生活方式（自然无为 P067）。

重要的城堡
竟然……

万物皆向空，
人类创造的价值
也终有一日会
像沙堡一样消失。

老子

老子

▶018

大道废，有仁义

文 献 ------------------------------------《老子》

相 关 ------------------------------------道（P064）

备 注 ------------------- 使用了"仁义"这一孟子的用词，
可推测出这句话是在战国时期以后写下的

"**大道废，有仁义**"表现出**老子**对**儒教**（P031）的批判。过去人们明明遵循**道**（P064）而生活，却在文明进步的过程中丢失了**道**。**儒教**由此用**仁**、**礼**（P032）和**仁义**（P042）束缚人们，力求维持社会秩序。

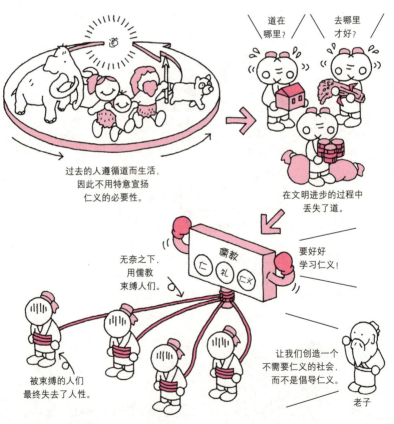

道在哪里？

去哪里才好？

过去的人遵循道而生活，因此不用特意宣扬仁义的必要性。

在文明进步的过程中丢失了道。

儒教

仁 礼 仁义

无奈之下，用儒教束缚人们。

要好好学习仁义！

被束缚的人们最终失去了人性。

让我们创造一个不需要仁义的社会，而不是倡导仁义。

老子

老子认为，**仁**、**礼**、**仁义**等剥夺了人原有的自由生动。在以**老子**为代表的**道家**（P062）看来，应该创造一个无须倡导**仁义**的社会。

老子

自然无为

文　献 --- 《老子》

备　注 -- 《老子》（第四章）有

"无为而无不为"。"无为"指没有人为，

意为"只要消除人为，就没有做不到的事"

老子认为，若想明智地生活，只要遵道（P064）就可以。所谓遵循，即自然无为。所谓自然无为，是指人不受粗浅智慧所创造的道德和文化（例如礼仪、名誉、财产、文明、知识）等价值束缚，而是参考自然法则来生活。其中水的性质尤其值得参考（上善若水 P069）。

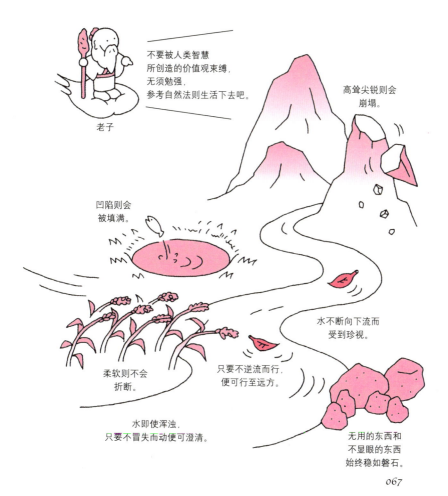

不要被人类智慧
所创造的价值观束缚，
无须勉强，
参考自然法则生活下去吧。

老子

高耸尖锐则会
崩塌。

凹陷则会
被填满。

水不断向下流而
受到珍视。

柔软则不会
折断。

只要不逆流而行，
便可行至远方。

水即使浑浊，
只要不冒失而动便可澄清。

无用的东西和
不显眼的东西
始终稳如磐石。

老子

▶018

上善若水

含　义 ----------------------- 最高境界的善就像水一样
文　献 ----------------------------《老子》
相　关 ----------------------- 柔弱谦下（P070）
备　注 ------------------- 老子认为，水才是最接近道的东西

老子认为，为了明智地生活，人应该学习**水**的性质。水不拘泥于形态，与世无争。

水遵循容器的形状，
无拘无束地改变形态，
不争不抢。

应用

如水的 A

明白了，
我会照做。

真是名纯朴的员工，
下次试着交给他
大项目吧。

水流向人们都不愿意去的低处，并停留在那里。

水流向
人们不愿意去的低处，
停在那里。

应用

做一下
这个。

把大家
讨厌的工作
都完成吧。

如水的 A

这个就
拜托了。

水温顺柔和，但遭受攻击时却毫不动摇。

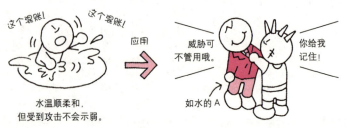

水温顺柔和，
但受到攻击不会示弱。

应用

威胁可
不管用哦。

如水的 A

你给我
记住！

068

水对所有人都有益，却始终谦虚谨慎。

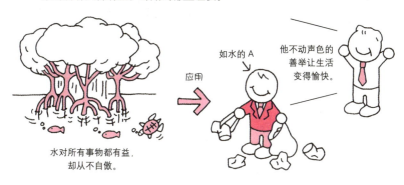

水对所有事物都有益，却从不自傲。

如水的 A
应用
他不动声色的善举让生活变得愉快。

水安安静静，从不谈论自己的功劳。

水一声不吭。

如水的 A
应用
这个人真谦虚。
……
都是托我的福！要是没有我，什么都做不了！感谢我吧！

老子认为，水正因具备这样的性质，才会受到珍视与尊重（上善若水）。

请为我签名！
如水的 A
真让人尊敬啊～
想和他做朋友！
他太出色了。
跟着他前进吧。
他是个好人。

老子认为，若能像水一样温顺柔和地生活，人生就会非常幸福。

老子

柔弱谦下

文　献 --《老子》
相　关 --上善若水（P068）
备　注 --《老子》（第七十八章）有
"天下莫柔弱于水，而攻坚强者莫之能胜"

　　仔细观察自然就能发现，**作用**会生出**反作用**。例如，柔软弯曲的枝条不会折断，一旦没有外力作用，就能直接恢复原样。

一旦柔软弯曲　　便能恢复原样　　应用　　休息休息。　　复活！

如果坚硬不弯　　就会折断　　应用　　再来再来！　　已经不行了。

　　抵抗水流就会停下，顺从水流便能远行。

如果顺从水流　　就可远行　　应用　　就按刚才的要求做吧。　　这个拜托了。　　试着做了一下，有了新发现。

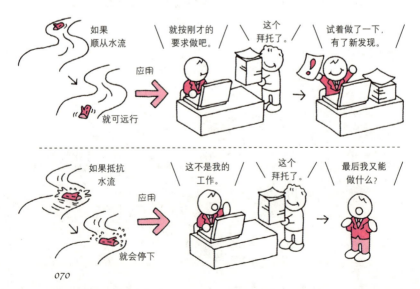

如果抵抗水流　　就会停下　　应用　　这不是我的工作。　　这个拜托了。　　最后我又能做什么？

高耸尖锐的东西会被削去，低矮平坦的东西则能长存。

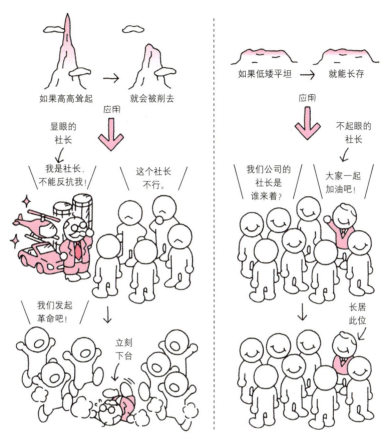

如果能意识到**作用与反作用**这一自然的**因果律**，应该就不会逞强或炫耀。若像水一样原本就被他人需要，那么就不必自夸这一必要性（上善若水P069）。**老子**认为，与世无争、温顺柔和最终会让人强大。这种为人处世的方式称为柔弱谦下。

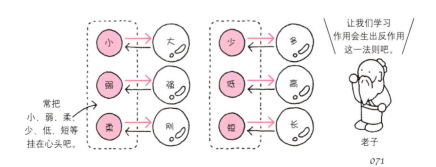

老子

> 018

绝学无忧

文　献 --《老子》

相　关 ------------------------- 道（P064）、自然无为（P067）

备　注 ----------------------------《老子》（第四十八章）
对比了增加知识的"学"和减少欲望的"道"

　　老子所说的**"绝学无忧"**，是指人如果没有那些不明确的知识，就不会迷茫。下文接"唯之与阿，相去几何"，意为无论回答"是"还是"嗯"都没有太大差别。这也表现出老子认为琐碎的礼仪毫无意义。

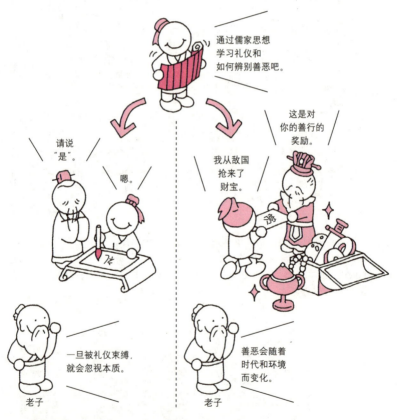

　　下文又接"善之与恶，相去若何"，这是在追问善恶到底有多大不同。**老子**不愿受到人为价值观的约束。

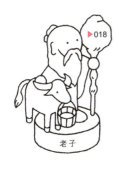

老子

▶018

备 注 - - - - - - - - - - - - - - - - - - - "知足"在《老子》中随处可见，
如"知足者富"（第三十三章）、
"祸莫大于不知足"（第四十四章）、
"知足不辱"（第四十六章）等

老子始终在强调知道满足（知足）的重要性。知道适可而止则不会蒙羞，也不会遇到危险。

与此相反，最佳最强的状态会伴随着危险。水灌满了容器就会立刻溢出，刀刃磨过了头就容易折断。巨大的名誉和财产不仅容易失去，而且当你越是执着，失去的时候也就越是低落。

老子

小国寡民

备注 ---------------《老子》中有许多描述理想政治的章节，
其根本在于"无为"。
第三章有"弗为而已，则无不治矣"，
"小国寡民"是实现无为的条件

春秋战国时期，君王们为了扩张领土，不断发动战争。尽管如此，**老子**仍主张面积狭小、人口稀少即<mark>小国寡民</mark>的国家更加幸福。

面积狭小、
人口稀少的国家
幸福。

面积广大、
人口众多的国家
问题不断。

真和平啊。

小国寡民
老子认为，
面积狭小、人口稀少的国家
更幸福。

在**老子**理想中的**小国寡民**式国家里，由于没有严厉的规则和残酷的刑罚，所以人们不会想要离开国家。

真悠闲啊。

其他国家

船夫

没有纷争，因此不需要武器。

人们居住在农村，自给自足，乐享朴素的食物和简单的生活。

与邻国距离很近，甚至可以听到对方家畜的声音，但因为满足于本国，并不想去对面。

老子认为，**知道满足**（知足 P073）会带来和平的社会。**知足**的人始终内心充盈，幸福常乐。

老庄思想

文　献 ------------------------------------《老子》《庄子》

备　注 -------------《老子》和《庄子》的文章样式截然不同。

与简明扼要的《老子》相比，

《庄子》更像使用修辞学的诗意散文

老子的道

对老子来说，道是指
作用与反作用、因果律、经年变化等
自然法则（P064）。

遵道即
不逆
自然法则
而生。

老子

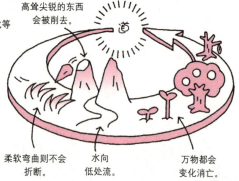

高耸尖锐的东西
会被削去。

柔软弯曲则不会
折断。

水向
低处流。

万物都会
变化消亡。

庄子的道

对庄子来说，道是指
善恶、优劣、美丑、大小等
没有人为区别的地方。
（齐物 P078）

遵道即
去除
人为区别，
与道
化为一体。

庄子

通过心斋坐忘（P083）
去除人为区别。

人为区别

　　老子（P018）认为，不为名誉和财产所动、参考自然法则而生活就是**遵
道**（P064）**生活**。另一方面，发展**老子**思想的**庄子**认为，扫除善恶、优劣、
大小等区别自由生活就是**遵道**生活。**老子**否定人为价值（自然无为 P067），
庄子否定万物差异（齐物 P078），他们的思想合称老庄思想。

庄子

庄周梦蝶

文　献 --《庄子》

备　注 ------- 在 "庄周梦蝶" 的最后，到底是自己变成了蝴蝶，
　　　　　　 还是蝴蝶变成了自己，这一现象称为 "物化"。
　　　　　　 对于 "物化"，学界有多种解释

一天，**庄子**梦见自己变成蝴蝶，欢快地飞舞。

在梦中
沉迷于飞舞时，
自己与蝴蝶没有区别。

醒来的**庄子**不知道究竟是自己在梦中变成了蝴蝶，还是蝴蝶在梦中变成了自己（**庄周梦蝶**）。这个世界是梦境，还是现实？从常识角度看，区分梦境和现实也许非常重要，但没有任何确凿的证据能证明这一区分。**庄子**认为，人不应该计较这一区分，无论自己是蝴蝶还是人，无论这个世界是不是梦，都要珍惜并充分享受生活赋予的当下。

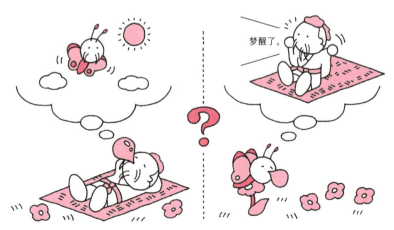

梦醒了。

我做了变成蝴蝶的梦？蝴蝶做梦变成了我？
庄子认为两者并无明显区别。

齐物

含 义	森罗万象之间没有价值上的区别，大家都拥有同等价值
文 献	《庄子》
相 关	朝三暮四（P079）、无用之用（P080）

庄子

庄子认为，善恶、美丑、优劣、真伪等**区别（差异）**是人类特有的感觉和思考的产物。人类若不存在，宇宙中就没有人类的感觉和思考带来的区别。一旦去除所有区别，万物就会合为一体，即**齐物**。最终，就会发展为"我"和"一切非我之物"皆同的观点。

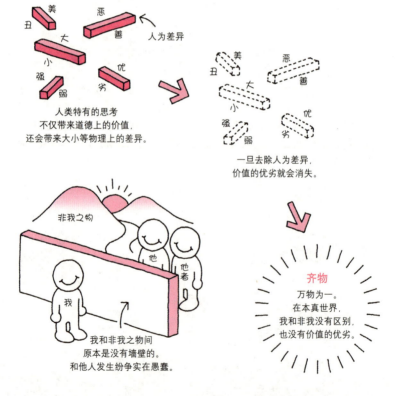

人类特有的思考
不仅带来道德上的价值，
还会带来大小等物理上的差异。

人为差异

一旦去除人为差异，
价值的优劣就会消失。

非我之物

他

他者

我

我和非我之物间
原本是没有墙壁的。
和他人发生纷争实在愚蠢。

齐物
万物为一。
在本真世界，
我和非我没有区别，
也没有价值的优劣。

庄子认为，在本真世界（**齐物**的世界）中，一切价值都不分优劣。正因如此，人们才不会与他者发生争执，可以放松随性地生活。

庄子

朝三暮四

含　义 ------------------------------ 被眼前的区别所束缚，
并未注意到结果其实是相同的

文　献 ------------------------------《庄子》《列子》

相　关 ------------------------------齐物 (P078)

人始终没有注意到世界原本的样子是**齐物** (P078)，总是拘泥于善恶、美丑、优劣等差异。

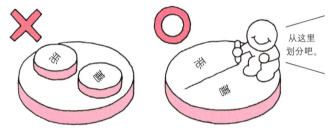

从这里划分吧。

善恶等差异并非一开始就存在于这个世界，
而是人们根据自己的情况划分出来的，且不同的时代和环境会导致划分方法不同。
世界原本的样子是齐物 (P078)。

庄子用**朝三暮四**这一比喻，说明世界上的所有差异都只源于人为"划分方法"的不同。

早上给你 3 个橡子，晚上给你 4 个。

吱吱!

早上给你 4 个橡子，晚上给你 3 个。

嘟嘟!

朝三暮四

一个老人给宠物猴子喂橡子，说"早上给 3 个，晚上给 4 个"，猴子不满地发起火来，
但当老人说"早上给 4 个，晚上给 3 个"时，猴子就高兴了。
人也是如此，其实没有差异，却拘泥于差异。

庄子

无用之用

含义 -------------------------------- 乍一看没有用处的东西
拥有真正的价值

备注 --------------------------------《庄子·人间世》有
"人皆知有用之用，而莫知无用之用也"

庄子认为，**有用**之物由**无用**之物构成，**无用**之物由**有用**之物构成。缺少一方，另一方也无法成立。

A 没站的
无用的土地

只留下有用的土地，
削去无用的土地……

A 站立的
有用的土地

救命！

有用的土地
也会同时消失。

在**庄子**看来，万物各自具有绝对的价值，不应通过与其他事物比较来定义有用或无用，这就是**无用之用**。人生中发生的事件也没有价值的优劣，**庄子**认为，应将所有事件都当作命运来欣然接受（随顺命运）。

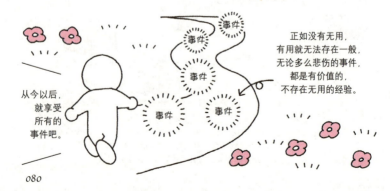

事件

从今以后，
就享受
所有的
事件吧。

正如没有无用，
有用就无法存在一般，
无论多么悲伤的事件，
都是有价值的，
不存在无用的经验。

庄子

逍遥游

含　义 --------------- 与自然世界融为一体、畅游天地的境界

备　注 --------------------《庄子·逍遥游》的开头描写了
背长几千里的大鹏飞翔的姿态，视为逍遥游的象征

不被优劣、美丑、强弱、大小等人为差异束缚，自由自在地生活，即是**逍遥游**。从"**曳尾**"这一故事可以看出庄子自由的生活方式。

我们想把楚国的政治交给你。

楚国官员来请庄子做官。

楚国官员

庄子

比起人为制造的所谓名誉的价值，庄子更喜欢自由，因此拒绝了邀请。

据说楚国为了占卜，3000 年来一直精心保管着一块龟甲……

比起被人杀死后珍藏起来，那只乌龟肯定更想在泥中拖着尾巴生活。我也想像那样生活下去。

曳尾涂中（曳尾）

不受名誉和地位束缚，
安闲舒适地生活，
这就是"曳尾涂中"。

心斋坐忘

庄子

文　献 ────────────────────────《庄子》
相　关 ──────────────── 齐物（P078）、逍遥游（P081）
备　注 ──────────────── "心斋"出自《庄子·人间世》，
　　　　　　　　　　　　　"坐忘"出自《庄子·大宗师》

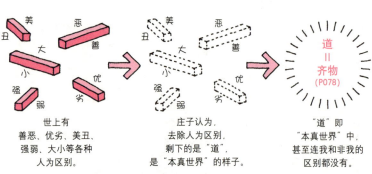

世上有
善恶、优劣、美丑、
强弱、大小等各种
人为区别。

庄子认为，
去除人为区别，
剩下的是"道"，
是"本真世界"的样子。

道
＝
齐物
（P078）

"道"即
"本真世界"中，
甚至连我和非我的
区别都没有。

　　以**老子**（P018）为创始人的**道家**（P062）是分析**道**（P064）的学派。
继承**老子**思想的**庄子**认为，**道**存在于没有善恶、优劣、美丑、强弱、大小等
人为区别的地方（齐物 P078）。而"遵道"可以说是与没有区别的地方融为
一体。

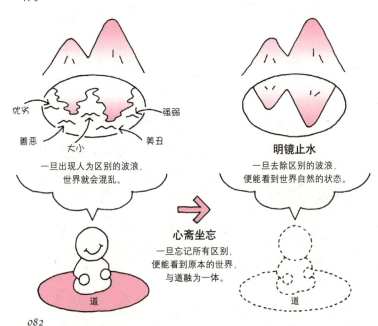

优劣　　　　　　　强弱
善恶　　　　　　　　美丑
　　大小

一旦出现人为区别的波浪，
世界就会混乱。

道

明镜止水

一旦去除区别的波浪，
便能看到世界自然的状态。

心斋坐忘

一旦忘记所有区别，
便能看到原本的世界，
与道融为一体。

道

为了与**道**（没有差异的地方）融为一体，需要放空心灵，忘掉一切以**语**言划分的善恶、优劣、大小等差异，到达**明镜止水**的境界。这样的修行方法称为心斋坐忘，由此达到**明镜止水**境界的人称为真人。

真人
通过心斋坐忘的修行
不再心怀区别的人。

一旦成为**真人**，心中的苦闷和不满就会消失殆尽，切实感受到真正的自由。但成为**真人**似乎稍有难度。养成时刻注意不对善恶、优劣、强弱、美丑等差异过分敏感的习惯，也许是能够接近**真人**的方法。

不要对善恶、大小、强弱、美丑等差异
过分敏感是成为真人的方法。

朱子等

四书五经

备 注-------朱子〔朱熹〕在《朱子语类》中指出，四书应按照
《大学》→《论语》→《孟子》→《中庸》的顺序学习。
此外，作为在四书之前学习的教材，
还有朱熹也参与编纂的初级教科书《小学》

　　儒教（P031）受到了**秦始皇**的猛烈镇压（**焚书坑儒**），但在**汉代**被重新
认识，成为国教，作为**儒教基础**的**四书五经**也得到了整理。汉代以后的**儒教**
与汉代以前的**儒家**（P030）思想相区别，也称**儒学**。（四书为《论语》《大
学》《中庸》《孟子》，五经为《易经》《尚书》《诗经》《礼记》《春秋》。）

儒教的历史

六经

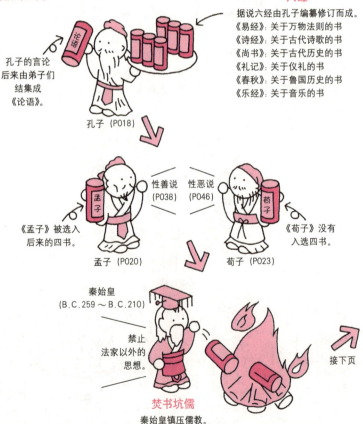

据说六经由孔子编纂修订而成。
《易经》：关于万物法则的书
《诗经》：关于古代诗歌的书
《尚书》：关于古代历史的书
《礼记》：关于仪礼的书
《春秋》：关于鲁国历史的书
《乐经》：关于音乐的书

孔子的言论
后来由弟子们
结集成
《论语》。

孔子（P018）

性善说
（P038）

性恶说
（P046）

《荀子》没有
入选四书。

《孟子》被选入
后来的四书。

孟子（P020）

荀子（P023）

秦始皇
（B.C.259～B.C.210）

禁止
法家以外的
思想。

接下页

焚书坑儒

秦始皇镇压儒教。

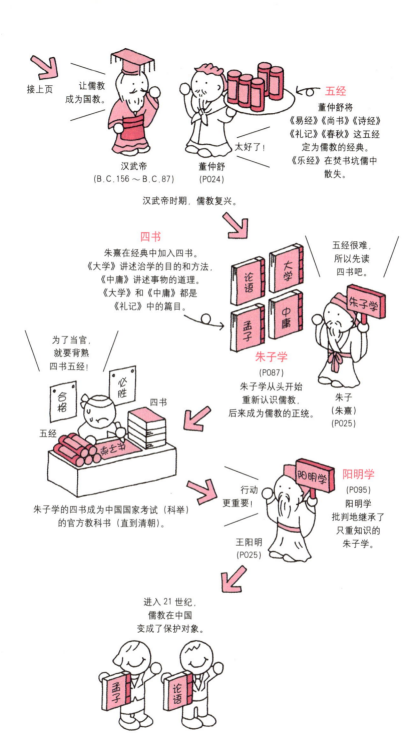

接上页

让儒教成为国教。

汉武帝
(B.C.156～B.C.87)

太好了!

董仲舒
(P024)

五经

董仲舒将《易经》《尚书》《诗经》《礼记》《春秋》这五经定为儒教的经典。《乐经》在焚书坑儒中散失。

汉武帝时期,儒教复兴。

四书

朱熹在经典中加入四书。《大学》讲述治学的目的和方法,《中庸》讲述事物的道理。《大学》和《中庸》都是《礼记》中的篇目。

论语 大学 孟子 中庸

五经很难,所以先读四书吧。

朱子学

朱子学
(P087)

朱子学从头开始重新认识儒教,后来成为儒教的正统。

朱子
(朱熹)
(P025)

为了当官,就要背熟四书五经!

合格 必胜 四书 五经 圣贤书

朱子学的四书成为中国国家考试(科举)的官方教科书(直到清朝)。

行动更重要!

阳明学

阳明学
(P095)

阳明学批判地继承了只重知识的朱子学。

王阳明
(P025)

进入21世纪,儒教在中国变成了保护对象。

孟子 论语

朱子

▶025

朱子学

文 献	《朱子语类》等
相 关	理气二元论（P088）、性即理（P090）
备 注	朱子（朱熹）是宋代儒学（＝宋学）的集大成者。 宋代的儒学者还有周敦颐、程颢、程颐等人

　　到了**儒教**（P031）成为国教后又过了一千多年的**宋代**（960～1279），**儒教**失去了创立时的意义，仅剩下形式，而且还需要在理论上对抗**道教**（P063）和从印度传入的**佛教**的思想。

　　与**佛教**和**道教**相比，**儒教**缺少解释宇宙（自然）与人类关系的理论。此前，**儒教**的关注点都集中在人类社会上。

道教和佛教都找出了贯通宇宙和人类的法则，
例如道教的作用与反作用、佛教的诸行无常。
与此相对，儒教的关注点仅限于人类社会。

为了说明宇宙和人类的关系，**儒学者朱子（朱熹）**重读**儒学**经典，重新解释**儒学**，创建了名为**朱子学**的**新儒学**。**朱子学**中包含了自古以来的**阴阳说**和**五行说**（P058），还吸收了**道教**和**佛教**的思想等。

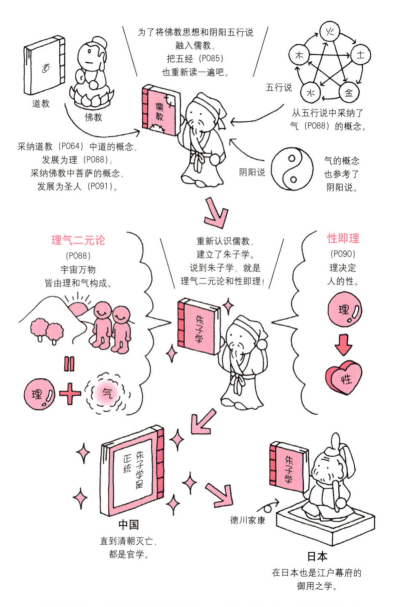

为了将佛教思想和阴阳五行说融入儒教，把五经（P085）也重新读一遍吧。

道教

佛教

采纳道教（P064）中道的概念，发展为理（P088）；采纳佛教中菩萨的概念，发展为圣人（P091）。

五行说

火
木　土
水　金

从五行说中采纳了气（P088）的概念。

阴阳说

气的概念也参考了阴阳说。

理气二元论
（P088）
宇宙万物皆由理和气构成。

理 ＝ 理 ＋ 气

重新认识儒教，建立了朱子学。说到朱子学，就是理气二元论和性即理！

性即理
（P090）
理决定人的性。

理
↓
性

朱子学

正统 朱子学

中国
直到清朝灭亡，都是官学。

德川家康

朱子学

日本
在日本也是江户幕府的御用之学。

朱子学被编入中国国家考试（科举）的官方教科书，成为**儒教**的正统。此外，日本的江户幕府也将其视作御用之学。

理气二元论

文　献 ------------------《朱子语类》《朱子文集》等

备　注 ------------------《朱子文集》有"天地之间，有理有气。

理也者，形而上之道也，生物之本也；

气也者，形而下之器也，生物之具也"

朱子（朱熹）认为，宇宙万物都由**理**和**气**组成，这就是**理气二元论**。

理气二元论

万物　=　**理**　万物的原理
（万物的本质）　+　**气**　形成万物物质的
气体状粒子

所谓气，是指构成万物物质形状的细微气体状粒子。

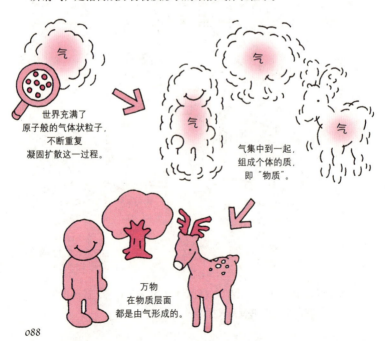

世界充满了
原子般的气体状粒子，
不断重复
凝固扩散这一过程。

气集中到一起，
组成个体的质，
即"物质"。

万物
在物质层面
都是由气形成的。

所谓**理**，是指由**天**决定的自然法则，是万物想要成为万物所需的原理，即**理**承担着万物的**本质**。

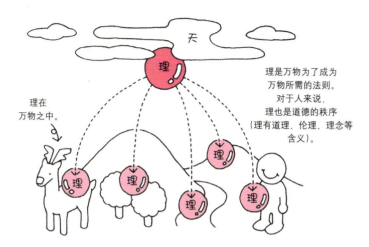

理是万物为了成为
万物所需的法则。
对于人来说，
理也是道德的秩序
（理有道理、伦理、理念等
含义）。

理在
万物之中。

人的**理**，就是人为了成为人而必须遵守的道德和秩序，具体指**仁、义、礼、智、信这五常**（P040）。

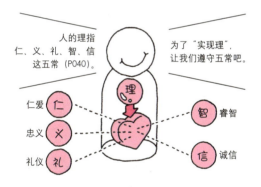

人的理指
仁、义、礼、智、信
这五常（P040）。

为了"实现理"，
让我们遵守五常吧。

仁爱　仁

忠义　义

礼仪　礼

智　睿智

信　诚信

朱子认为，人的**理**是**自然的法则**，其存在是客观且固定的。后来的**王阳明**（P025）对**朱子学**所提出的这一部分表示质疑。

理是应遵守的
自然法则，
存在于
万物之中。

理难道不是
人心制造
出来的吗？

朱子

王阳明
(P025)

朱子

性即理

相 关 ------------------------------ 理气二元论（P088）

备 注 ------------------------------《中庸章句》有
"性即理也。天以阴阳五行化生万物，
气以成形，而理亦赋焉，犹命令也"

　　朱子（**朱熹**）认为，万物皆由**理**和**气**组成（理气二元论 P088），由气集中成**形**的个体中必存在着**理**。**理**决定了个体应有的状态，换言之，**理**决定了个体的**本质**，且这样的本质应是**善**的。

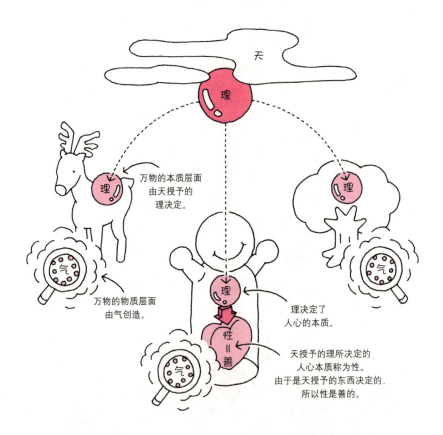

万物的本质层面由天授予的理决定。

万物的物质层面由气创造。

理决定了人心的本质。

天授予的理所决定的人心本质称为性。由于是天授予的东西决定的，所以性是善的。

　　人天生具备**理**，且**理**决定了每个人的心的本质，这样的本质称为**性**。在**朱子**看来，所谓**性**（本质），指的就是**理**。这称为**性即理**。

朱子主张，心是性和情（欲望和感情）一体化的产物。源于理的人性本质为善，但创造我们肉体的气会作用于心，动情生欲。

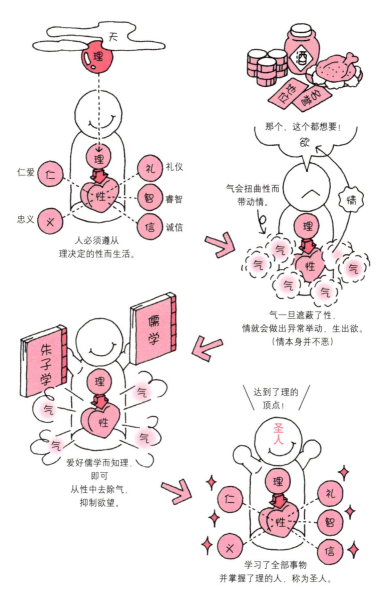

天

理

仁爱 **仁**

忠义 **义**

理

性

礼 礼仪

智 睿智

信 诚信

人必须遵从
理决定的性而生活。

那个、这个都想要！

欲

情

气会扭曲性而
带动情。

理

性

气 **气** **气** **气** **气** **气**

气一旦遮蔽了性，
情就会做出异常举动，生出欲。
（情本身并不恶）

朱子学 **儒学**

理

性

气 **气** **气** **气**

爱好儒学而知理，
即可
从性中去除气，
抑制欲望。

达到了理的
顶点！

圣人

理

仁 **性** **礼**

义 **智**

信

学习了全部事物
并掌握了理的人，称为圣人。

为了不让气产生欲，人们必须学习理，压制气的胡作非为（居敬穷理P093）。朱子将习得所有事物并掌握理的人称为圣人，以此为理想。

朱子

居敬穷理

文　献 ---------------------------------------《朱子语类》

相　关 ---------------------------------------格物致知（P094）

备　注 ---------------------------------------《朱子语类》有
"学者工夫，唯在居敬穷理二理"

　　人的**性**中有**理**，因此人本**性**为**善**。但如果**气**遮蔽了**性**，**情**就会出现异常举动，进而生出欲。**情**既可以做出善行，也可以做出恶行。

情　=　既非善，
也非恶。

理　=　善

性　=　善

一旦气遮蔽了性，
情的举动便会扭曲，
进而生出欲。

　　明确自身性中的**理**，将气从性中去除的实践方法有两种。一种是名为居敬的修养方法，即无论什么时候都集中注意力，一直保持心的平静。

儒教的居敬

一直保持
内心平静，
集中精神。

保持居敬，
即可明理除气。

居敬可以一边劳作（进行社会生活）一边进行心的修行。

与**道教**（P063）的仙人修行和**佛教**的禅修相比较，**居敬**可以说是一种能够保持社会生活的内心修养。

道教的仙人修行

隐居山中修行。

仙人

回到社会中来～

儒学者

佛教的禅修

让我们舍弃人世出家，用禅修放空头脑吧。

修行僧

我们不能放空头脑，要一直集中精神。

儒学者

若进行佛教或道教的修行，则无法维持社会生活。

另一种方法是**穷理**。在**治学**中逐一穷尽自己以外的个体的**理**，就能在某一时刻突然明白万物共通的**理**，从而也可明白自己内在的**理**。**居敬**和**穷理**合称**居敬穷理**。

穷理

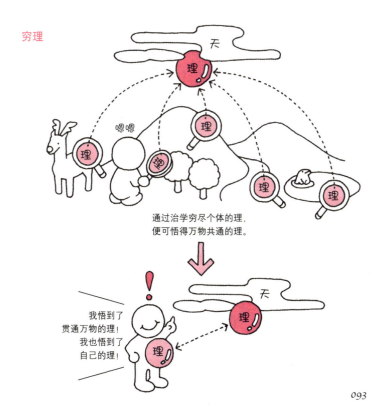

天

理

嗯嗯

理

理

理

理

理

通过治学穷尽个体的理，便可悟得万物共通的理。

天

理

我悟到了贯通万物的理！我也悟到了自己的理！

理

朱子

格物致知

文 献 ---------------------------------------朱子《大学章句》

备 注 ------------朱子学和阳明学对这一概念的解释差异很大。

关于"格物",朱子学解释为"穷究事物",

而阳明学解释为"端正事物"

逐一穷究自己以外的个体的**理**,称为**穷理**(P093)。**朱子(朱熹)**认为,不断**穷理**,就会在某一瞬间悟得人与宇宙万物的共通的**理**,也会悟得自身内在的**理**。以这一瞬间为目标的探索称为格物致知。

格物致知

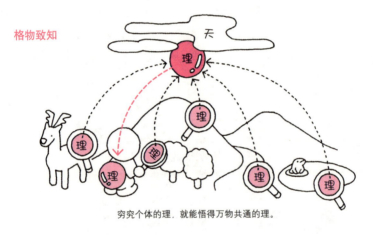

穷究个体的理,就能悟得万物共通的理。

但**朱子**认为,掌握个体的**理**的线索都在古人撰写的**四书五经**(P084)中,因此**朱子学**对科学的发展并没有贡献。

王阳明

文　献 ------------------------------------王阳明《传习录》

相　关 ------心即理（P096）、知行合一（P099）、良知（P098）

备　注 ------------------------------朱子学被称为"理学"，
而阳明学被称为"心学"

在**朱子**（P025）看来，人的**理**（P088），即人为了成为人应该遵守的法则，是贯通万物的自然法则，**理**是从一开始就客观存在的（性即理 P090）。**王阳明**对这一思想抱有疑问。

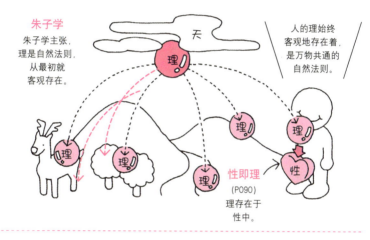

朱子学

朱子学主张，理是自然法则，从最初就客观存在。

天

人的理始终客观地存在着，是万物共通的自然法则。

性即理
（P090）
理存在于性中。

阳明学

阳明学主张，人心会生出理。理会随着心的状况而不断变化。

庭园中的竹子没有自己的理。

心即理
（P097）
理存在于心中。

人心创造了理。万物共通的理是不存在的。

王阳明主张**理**就是**心**，人们每次对日常发生的事的自我判断就是**理**（心即理 P097）。**理**并不固定，会随着作为主体生机勃勃的心的状况而不断变化，这就是以**王阳明**为创始人的阳明学的思想。一般认为**朱子学**（P087）为**性即理**，**阳明学**为**心即理**（P097）。

王阳明

心即理

文　献 -- 王阳明《传习录》
相　关 -------------------------------- 知行合一（P099）、良知（P098）
备　注 ------------------ "心即理"原为南宋学者陆九渊提出的概念，
阳明学受陆九渊学说的影响极大

　　朱子（P025）认为万物由**理**和**气**组成（理气二元论P088），若能逐一悟得个体的**理**（穷理P093），就终有一日会悟到贯通人与宇宙万物的**理**（格物致知P094）。在**朱子**看来，悟得个体的**理**与悟得自身的**理**密切相关。

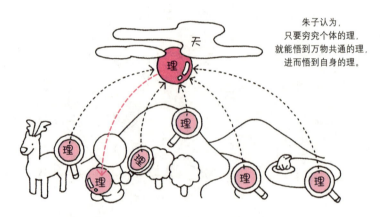

朱子认为，
只要穷究个体的理，
就能悟到万物共通的理，
进而悟到自身的理。

　　于是，**王阳明**不断思考庭园中竹子的理，以致病倒。他悟到，自身的理并不存在于身外。

不行了！
竹子里没有自己的理，
朱子学可能需要修正。

王阳明

　　王阳明认为，自身的**理**并非竹子的**理**，不属于固定的自然法则，而是存在于自己的心中。每次对日常发生的事的自我判断就是**理**。

人心中始终有**理**，因此人人皆为**圣人**（P091）。实践心中的理，就会产生**善**。

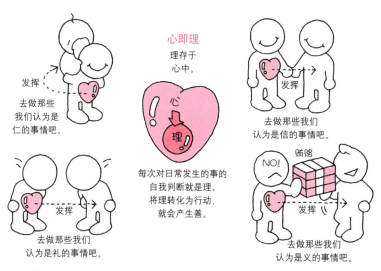

心即理

理存于心中。

发挥

去做那些我们认为是仁的事情吧。

每次对日常发生的事的自我判断就是理。将理转化为行动，就会产生善。

发挥

去做那些我们认为是礼的事情吧。

发挥

去做那些我们认为是信的事情吧。

贿赂

NO！

发挥

去做那些我们认为是义的事情吧。

朱子认为，**心**是**性**和**情**一体化的产物，**理**存在于**性**中；而**王阳明**并不区分两者，认为**理**就存在于**心**中。与**朱子**的**性即理**（P090）相对，**王阳明**的思想称为心即理。在**王阳明**看来，正**心**即可明**理**。

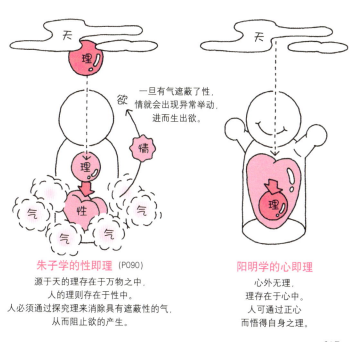

一旦有气遮蔽了性，情就会出现异常举动，进而生出欲。

朱子学的性即理 (P090)

源于天的理存在于万物之中，
人的理则存在于性中。
人必须通过探究理来消除具有遮蔽性的气，
从而阻止欲的产生。

阳明学的心即理

心外无理，
理存在于心中。
人可通过正心
而悟得自身之理。

王阳明

文　献 ------------------------- 王阳明《传习录》《大学问》
备　注 ----------《孟子》中将"良知"解释为"不虑而知者"。
　　　　　　　　王阳明在《大学问》中表示，
　　　　　　　"是非之心，人皆有之"即良知

王阳明认为，端正人**心**即可明**理**（P088），因为人心生来即具有**良知**，并与万物的应有状态融为一体，所以**良知**可以连通心与物。

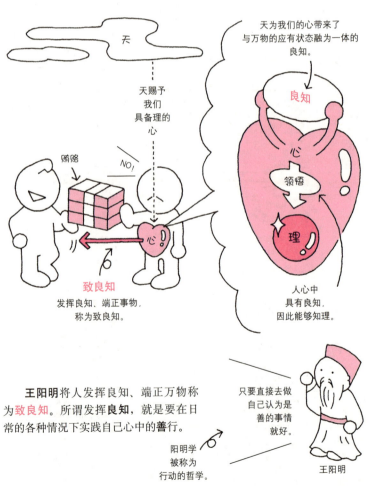

致良知
发挥良知、端正事物，
称为致良知。

天为我们的心带来了
与万物的应有状态融为一体的
良知。

人心中
具有良知，
因此能够知理。

王阳明将人发挥良知、端正万物称为**致良知**。所谓发挥**良知**，就是要在日常的各种情况下实践自己心中的**善行**。

阳明学
被称为
行动的哲学。

只要直接去做
自己认为是
善的事情
就好。

王阳明

王阳明

含　义 ------------------------------ 认识与实践是密不可分的
相　关 ------------------------------ 良知（P098）
备　注 ------------------------------ 王阳明《传习录》有
"未有知而不行者。知而不行，只是未知"

朱子（P025）非常重视学识，认为人应时刻不忘逻辑。与此相对，**王阳明**认为无论知识多么丰富，若不能基于知识发起**行动**，就毫无意义。**王阳明**认为，真正的知识伴随着**行动**。这就是知行合一。

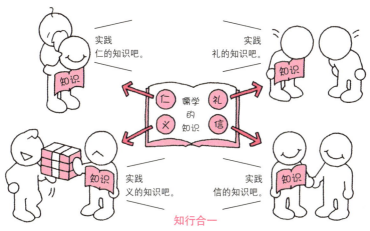

知行合一

王阳明认为，知识若不转化为行动，就不能称为真正的知识。

知行合一的精神传到日本，成为倒幕运动的内在支柱。

日本哲学

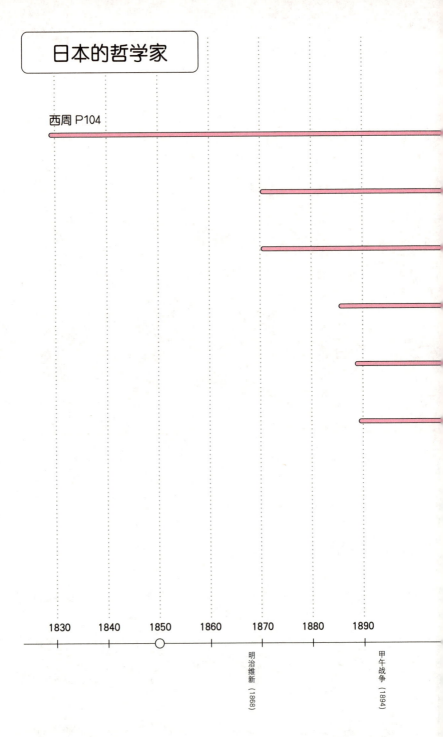

日本的哲学家

西周 P104

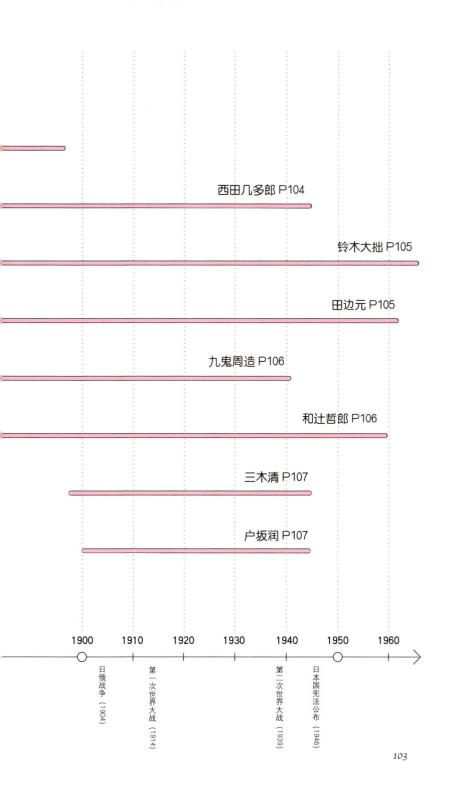

西田几多郎 P104

铃木大拙 P105

田边元 P105

九鬼周造 P106

和辻哲郎 P106

三木清 P107

户坂润 P107

1900　1910　1920　1930　1940　1950　1960

日俄战争（1904）

第一次世界大战（1914）

第二次世界大战（1939）

日本国宪法公布（1946）

►P108

►P110~122

翻译了以哲学为代表的各种哲学概念，包括理性、悟性、感性、主观、客观、分析、综合、归纳、演绎、概念等。

人生三宝说。

在投稿给《明六杂志》的《人生三宝说》中，西周将健康、知识和富有视为达成"人生普遍的最大幸福"的三大纲领。

1829～1897

西周

NISHI AMANE

生于石见（今岛根县）津和野的一个御典医家庭。学习儒学后，又在江户学习兰学和英语。1857年进入幕府的蕃书调所，1862年赴荷兰留学，学习法学、哲学、经济学等。明治维新后进入兵部省，后历任陆军省、文部省、宫内省官员，起草了军人敕谕的原文。同时参加明六社，积极介绍西方哲学和逻辑学。

西田将被花吸引的忘我之境这种主体和客体未分的状态称作"纯粹经验"。

绝对矛盾的自己同一。

这是西田晚年提出的说明世界存在状态的概念。多个事物和一个世界相互矛盾、对立，又同为一体。

1870～1945

西田几多郎

NISHIDA KITARO

生于石川县河北郡宇之气村，京都学派的创始人。1886年进入石川县专门学校（次年转学至第四高等学校）学习，同年级还有人生挚友铃木大拙。1891年以选修生的身份入读东京帝国大学文科大学哲学系，但遭受了与本科生不同的歧视性对待。毕业后历任金泽第四高等学校讲师、学习院教授，1910年就任京都帝国大学副教授。1945年去世，时年75岁。

著作 《百一新论》《百学连环》

著作 《善的研究》《从动者到见者》

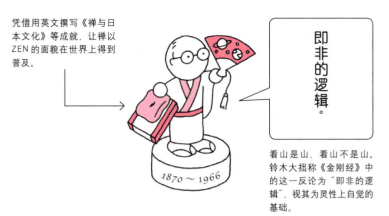

凭借用英文撰写《禅与日本文化》等成就，让禅以ZEN的面貌在世界上得到普及。

即非的逻辑。

看山是山，看山不是山。铃木大拙称《金刚经》中的这一反论为"即非的逻辑"，视其为灵性上自觉的基础。

1870 ～ 1966

铃木大拙

SUZUKI DAISETSU ▶ P136～138

　　加贺藩御典医家庭的第四个儿子，本名贞太郎。从学生时代起师从镰仓圆觉寺的今北洪川和释宗演。在东京帝国大学哲学系选修课程结束后，于1897年赴美，从事佛典的英译与介绍工作。1909年回到日本，任学习院教授，后就任大谷大学教授。此外还担任过万国宗教史学会东洋部副会长，第二次世界大战后曾到欧美的大学演讲、授课，活跃在世界各地。1966年去世，时年95岁。

- -

田边元着眼于"种"这一概念，将其视作"个"和"类"的媒介，提出"种的逻辑"这一独创的哲学。

作为忏悔道的哲学。

在第二次世界大战即将结束时，田边元投身于自我批判，认为"种的逻辑"是将战争正当化的哲学，进而提出"作为忏悔道的哲学"，转向他力哲学。

1885 ～ 1962

田边元

TANABE HAJIME ▶ P124

　　生于东京神田猿乐町（今千代田区）。进入东京帝国大学数学系后转至哲学系，毕业后一边在研究生院就读，一边在母校城北中学任教。曾任东北帝国大学讲师，在西田几多郎的聘请下于1919年就任京都帝国大学文学部副教授（从1927年起任教授）。第二次世界大战即将结束时辞职，隐居于北轻井泽。与西田几多郎共同构筑起京都学派的基础。1962年去世，时年77岁。

众人皆知的风流人物，传说在京都帝国大学担任教授时曾从祇园的花街乘坐人力车去上班。

我们定义偶然性，继而便可以达成『独立的二元邂逅』。

1888～1941

九鬼周造

KUKI SHUZO

九鬼周造认为，所谓偶然性的核心，是指两个（以上）独立的因果或系列的邂逅。

▶P128～130

生于东京的芝（今港区），是男爵九鬼隆一的四子。先后就读于东京帝国大学哲学系和研究生院，1921 年赴欧洲留学，师从李凯尔特、胡塞尔、海德格尔，在法国与柏格森、萨特关系密切。回到日本后在京都帝国大学任教，介绍以海德格尔哲学为代表的西方前沿哲学。1941 年去世，时年 53 岁。

1919 年出版的《古寺巡礼》成为大热门，受到旧制高中生的喜爱。

我们始终处于『间柄』之中。

1889～1960

和辻哲郎

WATSUJI TETSURO

这是和辻伦理学的核心概念，主张人存在于人与人之间名为"间柄"的关系中。

▶P132～134

生于兵库县仁丰野（现姬路市），是医生家庭的次子。东京帝国大学哲学系毕业后历任东洋大学讲师和法政大学教授，1925 年在西田几多郎的邀请下就任京都帝国大学副教授，1934 年任东京帝国大学教授。1950 年创建伦理学会，任第一任会长。有关日本精神史和日本文化史的研究和著作也为数不少。1960 年去世，时年 71 岁。

在第一高等学校就读时受到西田几多郎《善的研究》的巨大影响，立志从事哲学研究。

表面的逻辑与形的逻辑皆为构想力的逻辑。

在未完成的著作《构想力的逻辑》中，三木清以确立统一理性和感性的"行为哲学"为目标。

1897 ～ 1945

三木清

MIKI KIYOSHI

▶ P126

生于兵库县。从京都帝国大学哲学系毕业后赴德国和法国留学，深受海德格尔影响。回到日本后，于 1927 年就任法政大学教授，发表多篇从哲学角度分析马克思主义的论文。1930 年因支援日本共产党而遭到拘捕并拘留，从法政大学辞职。1945 年被怀疑藏匿共产主义者而被拘留，第二次世界大战结束后病死在监狱内。

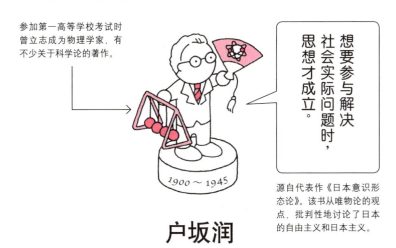

参加第一高等学校考试时曾立志成为物理学家，有不少关于科学论的著作。

想要参与解决社会实际问题时，思想才成立。

源自代表作《日本意识形态论》。该书从唯物论的观点，批判性地讨论了日本的自由主义和日本主义。

1900 ～ 1945

户坂润

TOSAKA JUN

▶ P123

生于东京神田。从第一高等学校毕业后进入京都帝国大学哲学系。曾师从田边元，但后来受到三木清的影响，开始进行唯物论哲学的研究。1931 年就任法政大学讲师。1932 年与三枝博音共同创建唯物论研究会，创立官方刊物《唯物论研究》，批判法西斯主义，后受到当局的严厉压制，数次遭到拘捕。1945 年死于长野监狱中，时年 46 岁。

日本哲学

"哲学"一词是明治时代的**西周**（P104）翻译的，因为日语中原本没有与 philosophy 对应的词。在此之前，日本人并不像西方人那样明确区分**哲学（逻辑）和宗教**。日本的思想是习惯、修行、儒学、佛道等多方面的融合体。

礼仪、道德

习惯

武道

茶道

花道

修行

儒学等学问
（逻辑）

佛道和神道

日本的思想
曾经将
哲学（逻辑）和宗教视为一体，
并没有进行区分。

宗教

哲学（逻辑）

西方的思想
始终明确区分
哲学（逻辑）和宗教。

过去的日本既然没有"哲学"一词，也就不存在"哲学"这一概念。"宗教"也一样，无论是词语本身还是概念，都是明治时代以后才出现的。

由于**亲鸾**、**道元**等人的思想不是在"哲学""宗教"这样的概念下创立的，因此基本不会把他们称为**哲学家**，也没有必要将原为西方概念的"哲学"一词硬搬到日本的思想中。不过，也有日本的高校机构将佛教思想称作"印度哲学"。

我们没有"哲学""宗教"的观念，也不知道这样的词。

那当然了。日本诞生"哲学"这个概念是在我将 philosophy 翻译成"哲学"后。

哲学   philosophy

空海   亲鸾   道元   西周（P104）

此外，我们也要注意"东方"这一说法，因为"东方"是随着"西方"势力扩大而得到普及的概念。"东方""东方学"等概念也是明治时代后从西方传入日本的。

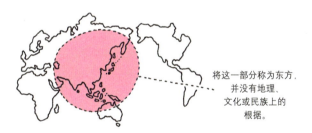

将这一部分称为东方，并没有地理、文化或民族上的根据。

本书将介绍日本产生"哲学"这一概念后的哲学家，也就意味着**西田几多郎**（P104）是第一位哲学家。后来继承**西田**的哲学家们被称为**京都学派**。

京都学派的哲学家们

（铃木大拙为宗教学家，但他是与"哲学"呼应的"宗教"这一概念产生后出现的人物，因此本书也会进行介绍。）

西田几多郎   田边元   三木清   九鬼周造   和辻哲郎   铃木大拙
(P104)   (P105)   (P107)   (P106)   (P106)   (P105)

纯粹经验

文　献 -------------------------西田几多郎《善的研究》

相　关 ----------------- 主客未分（P112）、善（P114）

备　注 -----------《善的研究》以"被美妙的音乐夺走心灵，
到达物我相忘境界"的瞬间为例，说明什么是纯粹经验

　　我（主观）与世界（客观）首先存在，然后我（主观）经验世界（客观），这是西方近代哲学的基本思维方式。但西田几多郎不这么想，他认为，经验在先，然后我（主观）才会和世界（客观）分开。

普遍的世界观（西方近代哲学的构图）

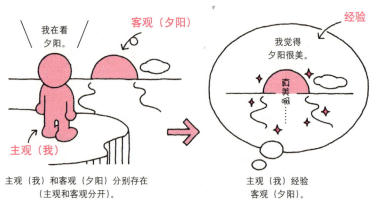

主观（我）和客观（夕阳）分别存在　　　　主观（我）经验
（主观和客观分开）。　　　　　　　　　　　客观（夕阳）。

西田几多郎的世界观

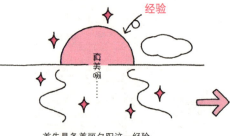

首先具备美丽夕阳这一经验。　　　　　思考使
此时我和夕阳没有区别，　　　　　　我（主观）和夕阳（客观）
夕阳即我，我即夕阳　　　　　　　　分开。
（主观与客观并未分开）。

"美"这一**经验**是前提，随后当人冷静下来想到"啊，我在看夕阳"的时候，就会首次分开"我"这一**主观**和"夕阳"这一**客观**。

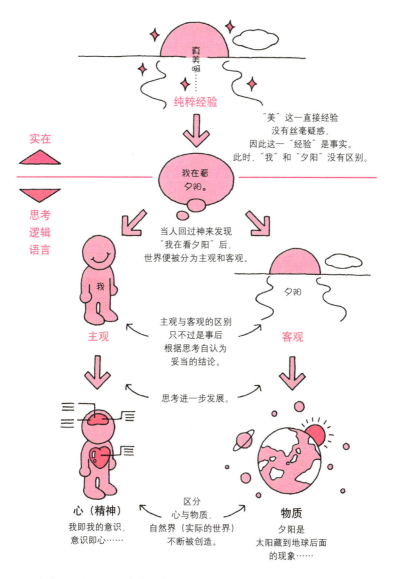

真美啊……

纯粹经验

实在

思考
逻辑
语言

"美"这一直接经验
没有丝毫疑惑，
因此这一"经验"是事实。
此时，"我"和"夕阳"没有区别。

我在看
夕阳。

当人回过神来发现
"我在看夕阳"后，
世界便被分为主观和客观。

我

夕阳

主观

客观

主观与客观的区别
只不过是事后
根据思考自认为
妥当的结论。

思考进一步发展。

心（精神）
我即我的意识，
意识即心……

区分
心与物质，
自然界（实际的世界）
不断被创造。

物质
夕阳是
太阳藏到地球后面
的现象……

　　在夕阳一例中，人确实经验了"美丽的夕阳"，因此没有疑惑。但此后展现的**主观／客观图式**和进一步发展生成的**自然界**（实际的世界），只不过是通过**思考**（**逻辑**）认为妥当的、世界应有的样貌。**西田**将主观和客观分之开前的**经验**称为纯粹经验，认为只有**纯粹经验**是**实际存在**的。

西田几多郎

主客未分

含　义 - 主观和客观不分，形成一体的状态

备　注 - 西田针对笛卡尔指出，

"我思故我在"并不是直接经验的事实，

而是在推理"我已在"（《善的研究》）

西田几多郎将忘我地欣赏美景或沉浸于动人音乐的状态称为**纯粹经验**（P111）。在他看来，此时我和风景、我和音乐是一体的。

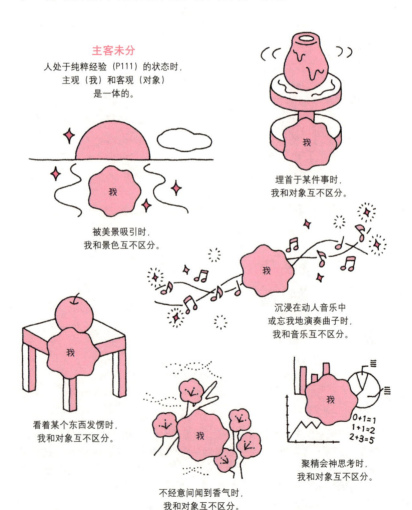

主客未分

人处于纯粹经验（P111）的状态时，
主观（我）和客观（对象）
是一体的。

被美景吸引时，
我和景色互不区分。

埋首于某件事时，
我和对象互不区分。

沉浸在动人音乐中
或忘我地演奏曲子时，
我和音乐互不区分。

看着某个东西发愣时，
我和对象互不区分。

不经意间闻到香气时，
我和对象互不区分。

聚精会神思考时，
我和对象互不区分。

$$0+1=1$$
$$1+1=2$$
$$2+3=5$$

在**纯粹经验**后，人们通过思考，开始区分**主观**和**客观**。**西田**认为，思考（逻辑、语言）前的主客未分的状态是本真世界。

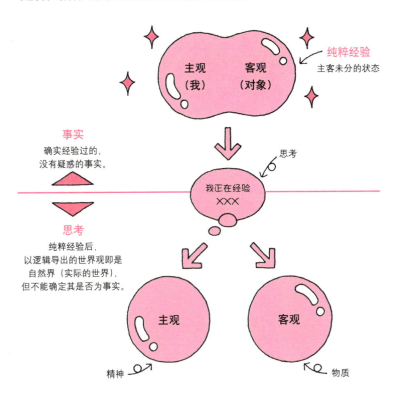

纯粹经验
主客未分的状态

主观
（我）

客观
（对象）

事实
确实经验过的、
没有疑惑的事实。

思考

我正在经验
×××

思考
纯粹经验后，
以逻辑导出的世界观即是
自然界（实际的世界），
但不能确定其是否为事实。

主观

客观

精神

物质

通过禅的体验，人可以切实感受到自己和世界是一体的。**西田**通过自身对禅的体验，得出了**主客未分**的思考。

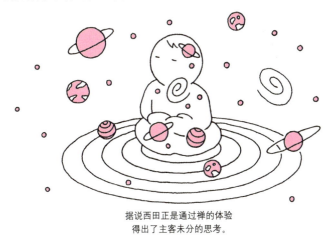

据说西田正是通过禅的体验
得出了主客未分的思考。

善

文 献	-----	西田几多郎《善的研究》
相 关	-----	纯粹经验（P110）
备 注	-----	善是主客未分的纯粹经验
		（与真善美中的善一致）

西田几多郎

纯粹经验（P111）和**主客未分**（P113）的概念见于**西田**的著作《**善的研究**》。那么这里的**善**到底是指什么呢？

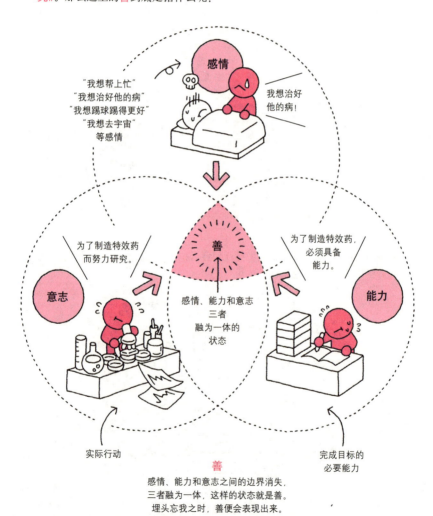

感情

"我想帮上忙"
"我想治好他的病"
"我想踢球踢得更好"
"我想去宇宙"
等感情

我想治好他的病！

意志

为了制造特效药而努力研究。

善

感情、能力和意志三者融为一体的状态

能力

为了制造特效药，必须具备能力。

实际行动

完成目标的必要能力

善

感情、能力和意志之间的边界消失，
三者融为一体，这样的状态就是善。
埋头忘我之时，善便会表现出来。

对于**西田几多郎**来说，**善**是自己的**感情**、**能力**和**意志**融为一体的状态，处于为了自己的真正目标而埋头忘我的时候。

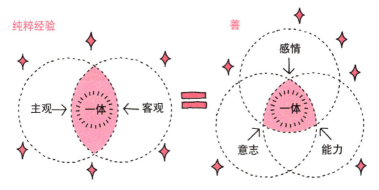

西田将主观（我）和客观（对象）融为一体的状态称作纯粹经验，
将主观（我）的感情、意志、能力融为一体的状态称作善。

西田认为，**善**是"人格的实现"。与此同时，人类和整个宇宙也会实现善。意即，没有主客之分也没有感情、能力和意志之分的**纯粹经验**是整个宇宙的善在个人身上的表现。

当埋头于真正的理想时，人既不会感觉到重力，也不会感觉到时间。
我（主观）与世界（客观）互不区分。这样的状态即真个性，是善。

谓语逻辑

西田几多郎

文　献	---- 西田几多郎《从动者到见者》《一般者的自觉体系》等
相　关	------------------- 场所逻辑（P118）、绝对无（P120）
备　注	---------------------------《从动者到见者》中有

"所谓我，不是主语上的统一，必须是谓语上的统一"

与西方语言不同，日语中即使不用**主语**也不会不自然。可以说，日语是更重视谓语的语言。**西田几多郎**的代表性逻辑——<u>谓语逻辑</u>中，**谓语**扮演了重要的角色。

我幸福很重要。

I am happy！
（我很幸福）

西方以主语为重

在西方，作为主语的主体（人）十分重要，主体本身发展成了哲学的主题。

无论是谁，幸福很重要。

幸せ！
（好幸福）

日本以谓语为重

西田认为，主体是受其所在的"场所"左右的，因此他以谓语为中心展开他的逻辑。

我们可以认为，**句子**的**主语**包含在**谓语**的集合中。比如"**苏格拉底是希腊人**"这句话，苏格拉底（主语）就包含在希腊人（谓语）的集合中。

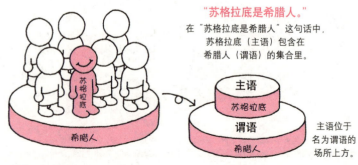

"苏格拉底是希腊人。"

在"苏格拉底是希腊人"这句话中，苏格拉底（主语）包含在希腊人（谓语）的集合里。

主语

苏格拉底

谓语

希腊人

主语位于名为谓语的场所上方。

116

如果将"是希腊人"这一谓语逐渐扩展为"希腊人是人类""人类是哺乳动物""哺乳动物是生物",那么最终就会出现包含所有谓语的无限大的谓语。西田将这个无限大的谓语称作绝对无的场所（P121）。在西田看来，世间万物都被包裹在绝对无的场所中，建立在绝对无的场所之上。

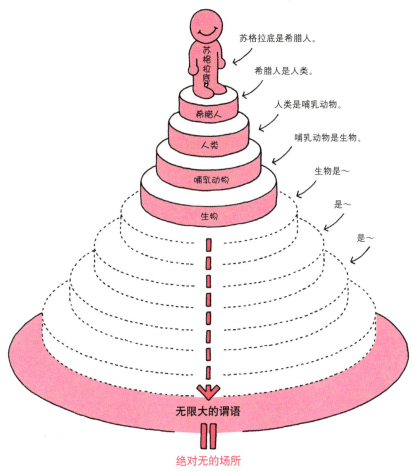

苏格拉底是希腊人。

希腊人是人类。

人类是哺乳动物。

哺乳动物是生物。

生物是～

是～

是～

苏格拉底

希腊人

人类

哺乳动物

生物

无限大的谓语

绝对无的场所

谓语逐渐扩大，最终会扩至无限大。无限大的谓语，即绝对无的场所。
至于为什么称其为"无"，是因为这一场所如果为"有"，
那么"有"的外侧就需要可以包裹它的更大的谓语（场所），
就不能说是无限大了，因此才是"无"。
万物都建立在这一场所之上。

西田认为，如果能够体验到绝对无的场所，就能捕捉到世界的真正面貌。对绝对无的场所的探求是西田哲学的一大主题。

场所逻辑

文　献 ---- 西田几多郎《从动者到见者》《一般者的自觉体系》等
备　注 ------------------ 在《从动者到见者》中，西田针对
深藏于东方文化根底中的"见无形之形，闻无声之声之物"，
表示"想给出哲学上的根据"，其结论就是"场所的逻辑"

西田几多郎

"被看到的事物"
"被意识到的事物"
"被创造的事物"
"被生出的事物"
"被包围的事物"
"被放置的事物"
"主语"
"特殊"

自然界
实际的世界
个体的世界

物质
生命　我

后来更名为
"判断的一般者"。
"一般者"在这里
意为"世界"。

有的场所

生出（制造）

能力

意志生出感情，
感情生出能力，
能力生出自然界
（找到根据）。

感情

意志

意识之野

意识界

也称
"相对无的场所"，
后来更名为
"自觉的一般者"。

生出

价值观、审美意识

睿智界的底层为
道德心。

道德心

睿智的世界

"看到的事物"
"意识到的事物"
"创造的事物"
"生出的事物"
"包围的事物"
"放置的场所"
"谓语"
"一般"

也称
"睿智的一般者"。

佛教的空的世界
（纯粹经验即在这里的经验）

生出

绝对无的场所
善恶、美丑、真伪皆无区分，
也没有相对的有无之分，属于绝对的无。
万物从这里生出。

西田几多郎最初是以**纯粹经验**（P111）把握世界应有状态的，后来又转为用**场所逻辑**这一思考方式来说明世界的应有状态。**西田**思想的特征在于将自然界（实际的世界）中所有个体都视为意识的对象，认为个体是由意识创造的，并存在于意识之中。自然界就是**有的场所**。能力、感情和意志等意识所在的场所，称为**意识之野**。**有的场所**位于**意识之野**的上方。

西田认为，实际的世界（自然界）
是意识的对象，位于意识之中，
即自然界存在于意识界中。
中期以后的西田认为，意识界的更深处
存在着绝对无的场所。
（前期思想中的纯粹经验（P111）
是在绝对无的场所中的经验。）

有的场所
（自然界）

意识之野
（意识界）
↓
绝对无的场所

　　从**意识之野**再向下，便是难以自觉的**睿智的世界**，价值观、审美意识和道德心都在那里。更深层的底部，则是包含万物的**绝对无的场所**（P121）。**有的场所**是**意识之野**创造的，**意识之野**生于**睿智的世界**，其下则是成就一切的**绝对无的场所**，这样的结构就是**西田哲学**中的**场所逻辑**，与**谓语逻辑**（P116）相对应。

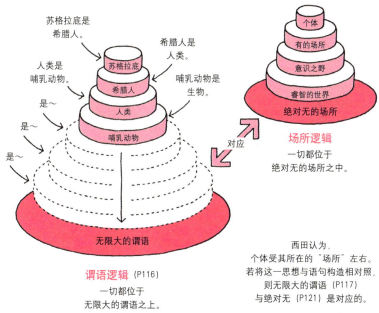

苏格拉底是
希腊人。

希腊人是
人类。

人类是
哺乳动物。

哺乳动物是
生物。

是～

是～

是～

苏格拉底

希腊人

人类

哺乳动物

无限大的谓语

谓语逻辑 (P116)
一切都位于
无限大的谓语之上。

对应

个体

有的场所

意识之野

睿智的世界

绝对无的场所

场所逻辑
一切都位于
绝对无的场所之中。

西田认为，
个体受其所在的"场所"左右。
若将这一思想与语句构造相对照，
则无限大的谓语（P117）
与绝对无（P121）是对应的。

119

绝对无

文　献 ---- 西田几多郎《一般者的自觉体系》《无的自觉限定》等

相　关 ---------------- 谓语逻辑（P116）、场所逻辑（P118）、
　　　　　　　　　　　　绝对矛盾的自己同一（P122）

备　注 --------- 田边元批判"绝对无"是西田独自的宗教体验，
　　　　　　　　　认为将这种宗教上的自觉加以体系化并不能形成哲学

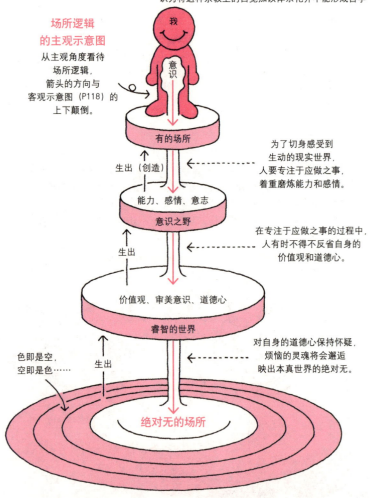

**场所逻辑
的主观示意图**

从主观角度看待
场所逻辑，
箭头的方向与
客观示意图（P118）的
上下颠倒。

我

意识

有的场所

生出（创造）

能力、感情、意志

意识之野

生出

价值观、审美意识、道德心

睿智的世界

色即是空，
空即是色……

生出

绝对无的场所

为了切身感受到
生动的现实世界，
人要专注于应做之事，
着重磨炼能力和感情。

在专注于应做之事的过程中，
人有时不得不反省自身的
价值观和道德心。

对自身的道德心保持怀疑，
烦恼的灵魂将会邂逅
映出本真世界的绝对无。

　　就像通过**场所逻辑**（P119）看到的，现实世界（**有的场所** P119）是由我的**意识**创造（得到认识）的。为了切身感受到生动的现实世界，人必须磨炼意识。

为此，人必须以自己的**意志**为基础投入应做之事，磨炼**能力**和**感情**。如此一来，不得不反省自身的**审美意识**和**道德心**的时刻就会到来。越是对自己的道德心有所自觉，就越能察觉到自己心中的恶。但**西田几多郎**认为，那迷茫之心最终应该会邂逅包容一切的绝对无的场所。

为了切身感受到生动的现实世界，必须磨炼意识。

意识

运动、研究、工作、兴趣……

我的价值观和道德心真的那么可靠吗？

我要为此致力于应该做的事，磨炼能力和感情！

我并不完美。我也许是恶的。

迷茫之心最终会邂逅包容一切的绝对无的场所。

个体是由"是～"的**谓语**集合而成的。**我**也是"是日本人""是男人""是胆小鬼"等"是～"的谓语集合体。包含着**我**的个体，即**主语**是**缺少实体**的。就像**谓语逻辑**（P116）所示，**绝对无的场所**正是包含所有谓语的**无限大的谓语**的场所。若能体验那个场所，便能自觉本真世界、本真自我的应有状态（绝对无的自觉）。

绝对无的场所

是～

个体由"是～"的谓语集合而成。个体，即主语是欠缺实体的。若能体验包含所有谓语的绝对无的场所，便能切身感受到无。这就是所谓的解脱。

西田几多郎

绝对矛盾的自己同一

文　献 - - - - - - - - - - - - - - - - - - 西田几多郎《哲学论文集第三》等
备　注 - - - - - - - - - - - - - - - 在晚年的论文《日本文化的问题》中，
　　　　　　　　　西田将皇室解释为"作为主体的一和个体的多之间的
　　　　　　　　　矛盾的自己同一，处在一个限定自身的世界中"

　　人通过自觉自己为无这一过程，将会自觉包含一切的**绝对无**（绝对无的自觉 P121）。**西田几多郎**认为，人的内在底部存在着超越自己的东西，通过其矛盾可发现本真的自我。同理，在一和多、永远和当下等矛盾相互作用下，世界本身逐渐创造性地生成。

一切都在绝对无的场所相连，
因此，所有矛盾能在自然界共存。

　　西田认为，矛盾之物如此相互作用进而创造性地生成自我，这样的状态就是**绝对矛盾的自己同一**。**绝对无的场所**正是产生此类创造性生成的根源性场所。

绝对无这一概念的登场，拉开了日本哲学的大幕。聚集在西田门下的被称为京都学派的哲学家们，或批判绝对无这一概念，或深入研究，由此发展出自己的哲学。

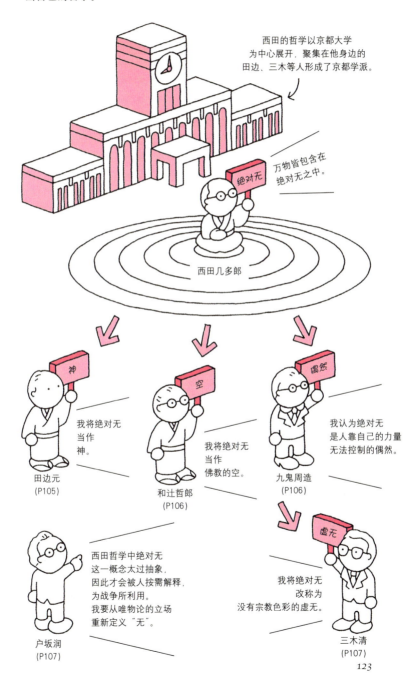

西田的哲学以京都大学为中心展开。聚集在他身边的田边、三木等人形成了京都学派。

万物皆包含在绝对无之中。

绝对无

西田几多郎

神

我将绝对无当作神。

田边元
(P105)

空

我将绝对无当作佛教的空。

和辻哲郎
(P106)

偶然

我认为绝对无是人靠自己的力量无法控制的偶然。

九鬼周造
(P106)

虚无

我将绝对无改称为没有宗教色彩的虚无。

三木清
(P107)

西田哲学中绝对无这一概念太过抽象，因此才会被人按需解释，为战争所利用。我要从唯物论的立场重新定义"无"。

户坂润
(P107)

田边元

忏悔道

文　献 ------- 田边元《种的逻辑的辩证法》《作为忏悔道的哲学》
备　注 ------------------ 在《作为忏悔道的哲学》中，
田边元对亲鸾思想的评价是"我很难在西方找出
《教行信证》中宗教哲学的同类，不得不承认其深刻"

田边元提出**种的逻辑**，即如果没有作为民族、国家的**种**为媒介，那么作为个人的**个**与作为人类的**类**就无法成立。然而这一主张的应用违背了**田边**的初衷，加剧了第二次世界大战前将民族和国家视为绝对的**国家至上主义**的正当化。

个　　　种　　　　类
个人　　民族、国家　　人类

种的逻辑
如果没有"种"的概念，
个人和人类的概念
就无法成立。

国家
至上！

《种的逻辑》从哲学层面
将日本的国家至上主义
正当化。

我没有
研究哲学
的资格。

田边元
深刻反省。

在隐居生活中
研究出忏悔道。

田边在第二次世界大战后反省了自己的哲学，隐居山间生活，从中研究出了**作为忏悔道的哲学**。

忏悔道始于对自我行为的反省。反省意为彻底思考，当思考至极限，到达已无法继续进行的地步时，人就会变成**无**。但**田边**认为，这种无会带来以自身力量未曾预料到的闪念。在他看来，这一闪念，即针对反省的拯救之道或针对思考的回答，必然会来到每个人的身边。

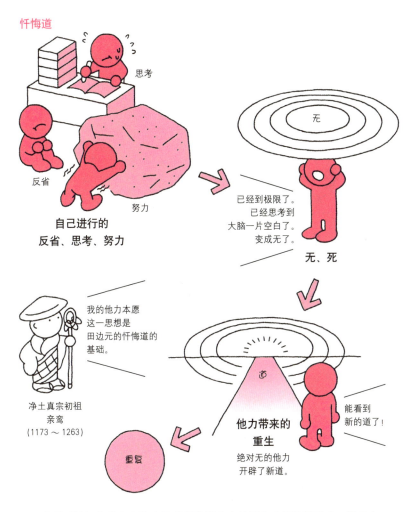

忏悔道

思考

反省

努力

**自己进行的
反省、思考、努力**

已经到极限了。
已经思考到
大脑一片空白了。
变成无了。

无

无、死

我的他力本愿
这一思想是
田边元的忏悔道的
基础。

净土真宗初祖
亲鸾
(1173～1263)

道

**他力带来的
重生**

绝对无的他力
开辟了新道。

能看到
新的道了！

重复

　　自然（神）给予个人的力量必须依靠个人的努力才能发挥出来。竭尽全力也是个人的义务。在此之后，人便会知道个人力量的界限。因此到了最后，**绝对无**（P121）的**他力**会为人开辟新道。**田边**认为，这一自我努力带来反省和他力前来拯救的过程不断重复，从而让人发现本真的自我。

三木清

构想力

文　献 ------------------------------三木清《构想力的逻辑》
备　注 ---《构想力的逻辑》分为"神话""制度""技术""经验"四章，
　　　　　最后一章原定为"语言"，但出版时并未完成

　　三木清继承了将**绝对无**（P121）置于世界底部的**西田几多郎**（P104）的思想，但**三木**的无中没有像**西田**的**绝对无**那样的宗教性。**三木**将人类能通过语言区分世界之前的世界比作无。由于那样的世界并未被思考所概念化，所以称为**虚无**。

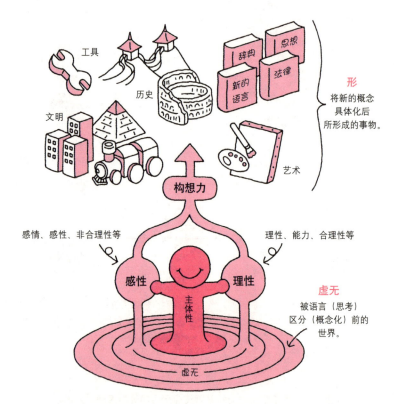

工具

历史

文明

艺术

形
将新的概念
具体化后
所形成的事物。

辞典　思想
新的语言　法律

构想力

感情、感性、非合理性等

理性、能力、合理性等

感性　理性

主体性

虚无
被语言（思考）
区分（概念化）前的
世界。

虚无

　　从**虚无**中独立创造出某一具体新事物的力量，称为**构想力**。**构想力**会积极运用自己的**感性**（感情）和**理性**（能力）创造**形**。**三木**认为，这一过程就是历史。

人类会创造历史，但动物不会。**三木**认为**构想力**是人类特有的能力。

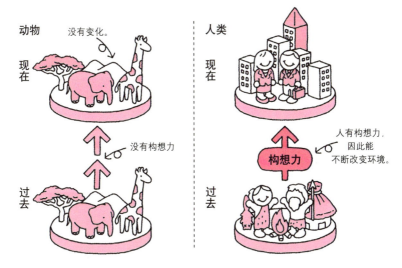

然而，晚年的**三木**开始主张自然本身就具备**构想力**，自然所具备的**构想力**可以在生命的进化中被看清。就像大多数日本思想家一样，**三木**的思想最终也来到了人类位于包含自身的自然力量之上这一步。

九鬼周造

粹

文　献 ----------------------------九鬼周造《"粹"的构造》
备　注 --在论文《关于日本的性格》中，九鬼认为日本文化的性格
　　　　有"气魄""达观""自然"三点。《"粹"的构造》中
　　　　"气魄"和"达观"是重复的，"媚态"代替了"自然"

　　九鬼周造从哲学角度考察了产生在江户花街的**粹**这一日本特有的审美意识。他认为**粹**由三点构成，分别是吸引异性的举止和打扮即**媚态**、可称为武士道精神的**气魄**、与佛教一切皆空的无常观相似的**达观**。

"粹"是由气魄、媚态和达观构成的江户美学。

气魄

❶逞强

花钱大方（不攒隔夜钱）、饿也装饱（武士不吃饭也要剔牙）等毫无实际用途的装门面就是"粹"。

❷内心的志气

精神上不依靠异性就是"粹"。

媚态

❸不确定的关系

绝不固守一段关系，保持在异性间周旋的紧张状态就是"粹"。

❹出浴的姿态

全裸入浴的西方绘画有很多，但展现出"粹"的出浴画只存在于浮世绘中。

❺拔衣纹

穿和服时拔下（拉下）衣纹（后领）露出发际的穿法就是"粹"。

❻松散的岛田发髻

稍显松散的岛田发髻受到艺伎等花柳界之人的喜爱。

❼竖条纹

横条纹和曲线不是"粹"。

达观

❽脆弱无常

万物皆会走向虚无（诸行无常）。对方的心并不会永远都在自己这里。为了能够干脆痛快地分别，人要始终远离执着，这就是"粹"。"两人组成了笑容不断的家庭"，这样的结局不是"粹"。

　　九鬼从粹中发现了新的价值，这种价值不同于西方重视的**合理性、生产性**、在精神层面合一并走向完结的**一元性**。

偶然

文　献 ------------------------------ 九鬼周造《偶然性问题》
备　注 ------------------------------ 九鬼分三阶段论述了偶然性，分别是
　　　　　　　　　　　　　　　　　定言的偶然（原因可考的偶然）、
　　　　　　　　　　　　　　　　　假说的偶然（甲和乙的遭遇）、离接的偶然（原始偶然）

九鬼周造

九鬼周造认为，自己生为日本男人且出生时健康无恙，皆是单纯的偶然。人们通常不愿承认这点，这是因为看不到自身存在的意义和特别性会心生不安。

九鬼思想中世界的状态

无论我生于现代的日本、生为男性，还是生来身体健康、生于中产家庭，都是偶然。

他者　我　他者

基督教思想中世界的状态

你的存在是必然的。

我的存在是必然的，应该是有什么特别的意义或目的。

我

九鬼认为，人应将无数可能性中的一个拜访自己的事实看作**命运**，并热爱这一命运。此外，曾经**偶然**拜访他人的命运也可能拜访了自己。这样想，便可以对他人的命运感同身受。

他人的命运就是自己的命运。

我的命运是偶然1。

我的命运是偶然4。

我是偶然1，但也可能是偶然4。

我是偶然4，但也可能是偶然1。

我　他者　我　他者

129

自然

文　献 ----------------------- 九鬼周造《关于日本的性格》等
备　注 ----------------------- 在《关于日本的性格》中，九鬼指出
西方思想"时常从对立角度思考自然和自由"，与此相反，
"日本的实践体验中具有将自然和自由融会贯通进行理解的倾向"

　　即使是凭借自身意志决定的事，日本人也会说得宛如**自然**而然就变成如此，例如"这次要进入就职的阶段了"。西方人认为，自己的意志可由自己控制；而日本人认为，自身意志背后存在着自身力量无法控制的、巨大的**自然之力**。

　　此外，日本有"交给**自然**"这一表达方式。在日本人看来，将决断交给偶然或趋势就是自由，这与将按照自身意志发展视为自由的西方人有很大不同。

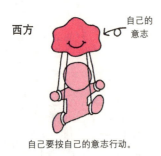

自己要按自己的意志行动。

自己是被自然推动（活用）的。

此外，基督教主张，神为了让人类利用而创造出了**自然**。与此相对，日本佛教认为，人类包含在自然中，无论个人有多么强烈的意志，只要自然拒绝了个人的意志，个人就只能放弃自己的意志。从这一点也可看到**自然观**的差异。

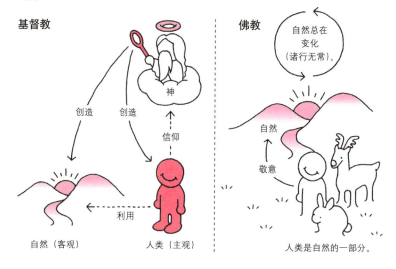

基督教

创造　创造

神

信仰

利用

自然（客观）　人类（主观）

佛教

自然总在变化（诸行无常）。

自然

敬意

人类是自然的一部分。

日语的"**亲自**""**自然地**"都写作"**自ら**"。对日本人来说，自己的意志与**自然趋势**相同。

"自ら"

"自然地"

日语的"亲自""自然地"
都写作"自ら"。
对于日本人来说，自己的意志与
自然的意志（偶然或自然趋势）相同。

"亲自"

和歌、俳句、绘画、建筑、花道、茶道等日本艺术最终都以**自然**为主题，在**九鬼周造**看来，其原因在于日本人认为只有行至自然才能完成道德修养。

131

和辻哲郎

风土

文　献 ------------------------------------- 和辻哲郎《风土》

备　注 ----------------- 在《风土》的序文中，和辻哲郎表示
海德格尔的《存在与时间》是他思考风土问题的契机。
在空间性上把握人的存在构造即是"风土"

　　和辻哲郎将与人类相关的**自然**称为**风土**，并将**风土**分成三类进行考察，
分别为❶**沙漠型**、❷**牧场型**、❸**季风型**。

❶沙漠型

[地域] 西亚　　　[人们的性格] 争强好战
[自然] 严酷　　　[生活方式] 游牧

我们长年与
干燥战斗！
让我们团结
起来发起
挑战吧！

无论是严酷的自然
还是其他部族，
不与之对抗
就无法生存。

必须长期与干燥严酷的自然战斗，
人因此变得争强好战。

❷牧场型

[地域] 欧洲　　　[人们的性格] 自主合理
[自然] 温和　　　[生活方式] 畜牧、农耕

让我们
按计划
合理行动吧。

温和的气候
让人可以
控制自然。

由于气候温和，人们可以控制自然。
雨天和晴天会遵循一定规律一再反复，
因此人们做事充满计划，自主而合理。

❸季风型

[地域] 东亚、东南亚、南亚　　[人们的性格] 包容顺从
[自然] 丰饶但反复无常　　　　[生活方式] 农耕

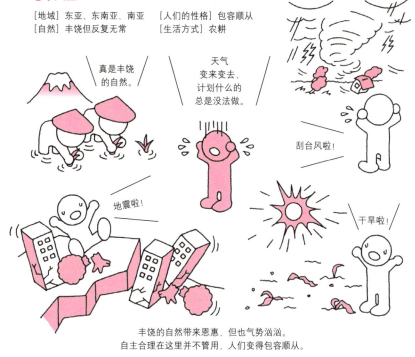

丰饶的自然带来恩惠，但也气势汹汹。
自主合理在这里并不管用，人们变得包容顺从。

　　和辻认为，自然会影响人们的性格，但人们应该通过文化交流等方式克服地域的局限条件。

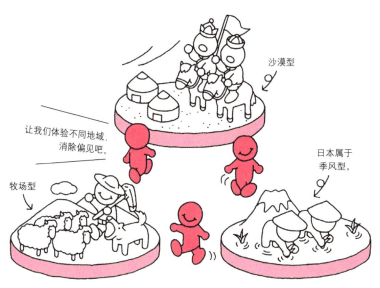

和辻哲郎

间柄性存在

文　献 ------------ 和辻哲郎《作为人学的伦理学》《伦理学》
相　关 ------------------------风土（P132）
备　注 -------- 《伦理学》中有〝如果不将其视作人与人之间的
　　　　　　　 间柄问题，就无法真正解释行为的善恶、义务、责任和德〞

和辻哲郎将**西田几多郎**（P104）的**绝对无**（P121）的概念重新解读为**佛教思想**的**空**。万物皆由因果关系（缘起）而成，无法单独存在，这就是**空**的思想。

树木
没有阳光
就无法存在。

树木
没有水
就无法存在。

树木没有种子
就无法存在;
种子没有内核
就无法存在。

树木
没有空气
就无法存在。

树木

〝因为有那个，
所以才有这个〞，
这就是空的思想。

树木
没有大地
就无法存在。

空的思想

万物皆无法单独形成，
而是始终依靠他物存在，
欠缺实体，这就是空的思想。

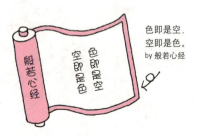

般若心经

色即是空
空即是色

色即是空，
空即是色。
by 般若心经

和辻对**人**的看法色彩浓重地反映出**空**的思想。在他看来，**人**无法单独存在，只有人与人之间的关系才能让人成为**人**，人是一种**间柄性存在**。

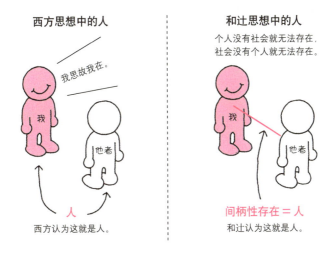

西方思想中的人

我思故我在。

我

他者

人

西方认为这就是人。

和辻思想中的人

个人没有社会就无法存在，社会没有个人就无法存在。

我

他者

间柄性存在＝人

和辻认为这就是人。

　　和辻认为，人作为**间柄性存在**，必须发挥自己的个性，但在社会中有时又必须否定自己，这种自我肯定与否定的重复将会形成本真的人性。

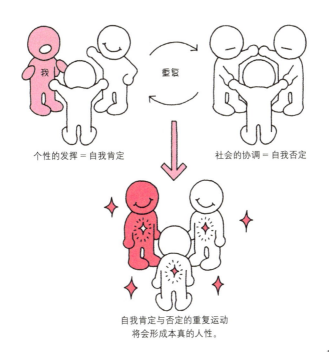

我

重复

个性的发挥＝自我肯定

社会的协调＝自我否定

自我肯定与否定的重复运动
将会形成本真的人性。

铃木大拙

无分别智

文　献 ---------------------- 铃木大拙《日本式灵性》等

备　注 ----------------- 铃木大拙在《日本式灵性》中表示
"灵性就是无分别智"，是每个民族都具备的

　　人类凭借主观与客观、山与川、动物与植物、左与右、精神与物质、善与恶等概念（语言）**区分（区别）**世界。

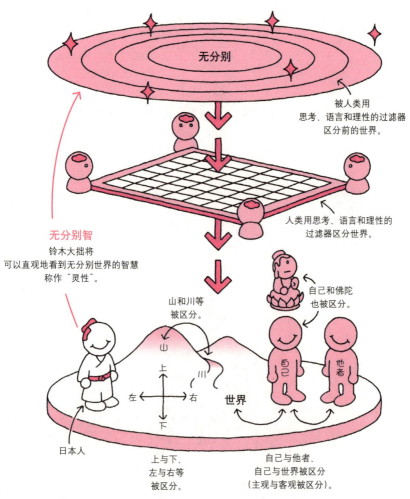

无分别

被人类用
思考、语言和理性的过滤器
区分前的世界。

人类用思考、语言和理性的
过滤器区分世界。

无分别智
铃木大拙将
可以直观地看到无分别世界的智慧
称作"灵性"。

山和川等
被区分。

自己和佛陀
也被区分。

山

上

川

左 —— 右

下

世界

日本人

上与下、
左与右等
被区分。

自己与他者、
自己与世界被区分
（主观与客观被区分）。

万物在由概念（语言）区分前是融为一体的，**铃木大拙**将能够直观地看到这样的世界的智慧视为无分别智，将**无分别智**称为灵性。

一个民族不进步到一定程度，就无法在**灵性**上觉醒。在日本，**灵性**是从镰仓时代的净土思想和禅中觉醒的。**铃木大拙**认为，日本的净土思想和禅中存在**无分别智（＝灵性）**的纯粹姿态。比如在净土思想中，只要一心一意念佛，罪人也能成佛。"南无阿弥陀佛"正是超越善恶、自他、自我与佛陀这些分别的**无分别智**的表现。

铃木大拙将净土思想和禅中可见的**无分别智**称为日本式灵性。作为净土思想特征的念佛也体现了**日本式灵性**。

铃木大拙

妙好人

含　义 ---------- 品行出色的信徒，特别是指净土真宗的笃信者
文　献 ------------------------------- 《日本式灵性》等
备　注 ------- 在《日本式灵性》中，赤尾的道宗和浅原才市二人
被视为具有代表性的妙好人

　　人太过无力，因此**净土真宗**的初祖**亲鸾**（1173～1263）认为，人无法成为完全的善人，人没有必要成为善人，而是要让现有的身体（保持自我的原貌）获得救赎并**成佛**，认为自己是圣人的人大有问题。

连善人都能往生，恶人当然也能往生。

亲鸾认为，善人和恶人都能没有差别地成佛，苦于自责的恶人甚至能够优先成佛。

是嘛，原来所有人都是佛啊。所以大家都能成佛吗？

亲鸾
（1173～1263）

我也能得到救赎。

普通人

杀生的人

偷盗的人

说谎的人

怠惰的人

　　在**亲鸾**看来，无论是什么样的恶人，从一开始就注定会得到救赎。正因如此，人们才会自发地想要行善或修行。因为并非为了达到什么目的（比如为了前往天国），所以行善或修行可以在没有强迫观念的状态下愉快地进行。

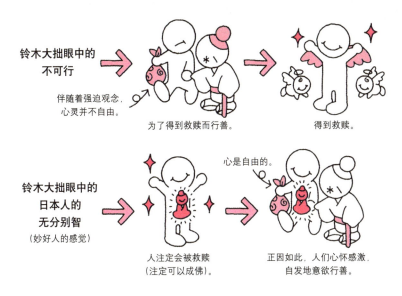

铃木大拙眼中的
不可行

伴随着强迫观念,
心灵并不自由。

为了得到救赎而行善。

得到救赎。

铃木大拙眼中的
日本人的
无分别智
（妙好人的感觉）

心是自由的。

人注定会被救赎
（注定可以成佛）。

正因如此,人们心怀感激,
自发地意欲行善。

　　善人与恶人没有区别,所有人都能**成佛**,这样的思想与**日本式灵性**
（P137）即**无分别智**（P137）相同。净土真宗将在**无分别智**（佛陀与我相同）的促使下自发行善的市井百姓称为妙好人。**铃木大拙**用**妙好人**的概念探讨了**日本式灵性**。

妙好人可直接地
感受到
无分别智（P137）。

没有压力地
帮助他人。

我不会成为
阿弥陀,
是阿弥陀会
变成我。
by 才市

才市是一名
制作木屐的匠人。

人原本都是佛。
我也好,大家也好,
一定会得到救赎,
因此我才会
乐于助人。

浅原才市（妙好人）
（1850～1932）

　　铃木大拙认为,毫无杂念地念佛并自发想要去除人间之苦的**妙好人**才是
自由的。那是因为,**自由**并非逃离某处,而是如字面所说,是**凭由**（依靠）
自己。那样的**妙好人**才体现了**日本式灵性**。

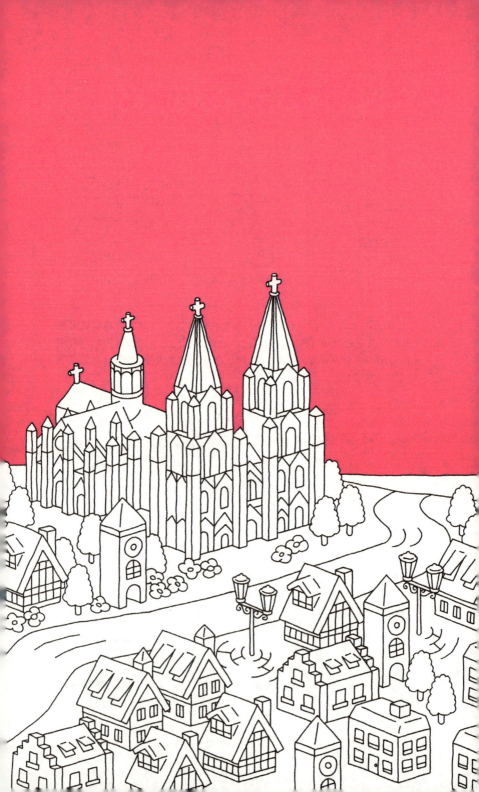

欧洲大陆哲学

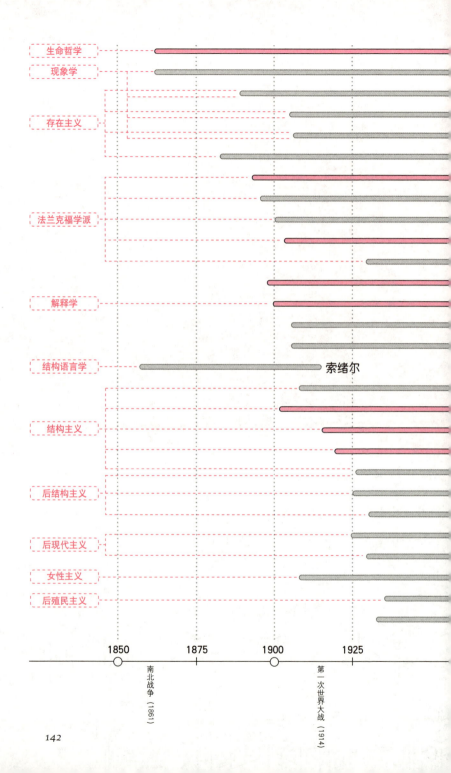

生命哲学

现象学

存在主义

法兰克福学派

解释学

结构语言学 索绪尔

结构主义

后结构主义

后现代主义

女性主义

后殖民主义

1850　　　　　1875　　　　　1900　　　　　1925

南北战争（1861）　　　　　第一次世界大战（1914）

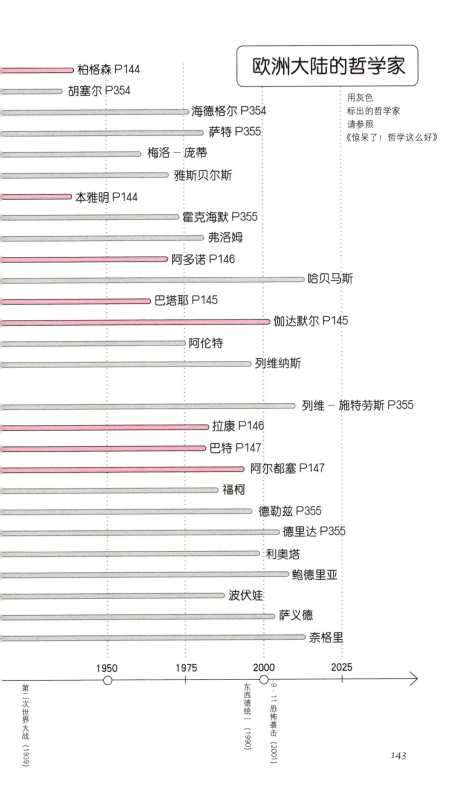

欧洲大陆的哲学家

柏格森 P144

胡塞尔 P354

海德格尔 P354

萨特 P355

梅洛－庞蒂

雅斯贝尔斯

本雅明 P144

霍克海默 P355

弗洛姆

阿多诺 P146

哈贝马斯

巴塔耶 P145

伽达默尔 P145

阿伦特

列维纳斯

列维－施特劳斯 P355

拉康 P146

巴特 P147

阿尔都塞 P147

福柯

德勒兹 P355

德里达 P355

利奥塔

鲍德里亚

波伏娃

萨义德

奈格里

用灰色
标出的哲学家
请参照
《惊呆了！哲学这么好》

1950　1975　2000　2025

第二次世界大战（1939）

东西德统一（1990）

9·11 恐怖袭击（2001）

从哲学角度论述了凭借直观所得到的内在时间经验。

Elan Vital！

意为"生命冲力"，是柏格森对促成生命创造性进化的根源能量的称呼。

亨利·柏格森

HENRI-LOUIS BERGSON

▶P150～154

　　法国哲学家，生于巴黎，从巴黎高等师范学院毕业后在教授资格国家考试中合格。30 岁时凭借代表作之一《时间与自由意志》获得博士学位。1900 年进入法兰西学院担任教授。第一次世界大战中曾促进国际联盟的建立，作为政治家同样活跃。1927 年获得诺贝尔文学奖。1941 年在德军占领下的巴黎去世。

- -

结合电影这一媒体写出了《机械复制时代的艺术作品》。

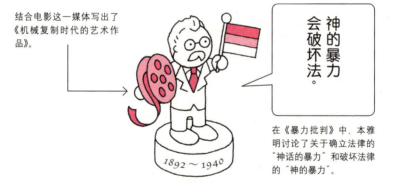

神的暴力会破坏法。

在《暴力批判》中，本雅明讨论了关于确立法律的"神话的暴力"和破坏法律的"神的暴力"。

瓦尔特·本雅明

WALTER BENDIX SCHÖNFLIES BENJAMIN

▶P162～164

　　德国思想家，生于柏林的犹太人富豪家庭，在柏林大学和弗莱堡大学学习哲学和文学。青年时期受到犹太神秘主义、观念论的辩证法和马克思主义历史哲学的影响。在纳粹掌权后移居巴黎，与一些超现实主义艺术家往来密切。1940 年试图在纳粹德国的侵略中出逃，途中自杀，时年 48 岁。

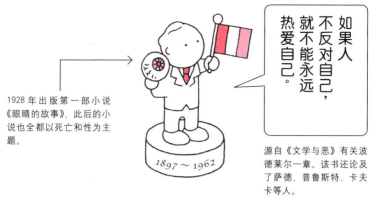

如果人不反对自己，就不能永远热爱自己。

1928 年出版第一部小说《眼睛的故事》，此后的小说也全都以死亡和性为主题。

源自《文学与恶》有关波德莱尔一章。该书还论及了萨德、普鲁斯特、卡夫卡等人。

1897～1962

乔治·巴塔耶

GEORGES BATAILLE

▶P156～158

　　法国思想家、小说家，生于维隆。从古文书学校毕业后进入国家图书馆担任管理员。在《文献》《社会批评》等杂志上发表多篇评论和散文。1936 年建立反抗国家主义的"反击小组"。后来与凯卢瓦、雷里斯等人组织社会学研究会，进行"圣性"的研究和讨论。第二次世界大战后创立书评杂志《批评》，笔耕不辍。

- -

能被理解的存在就是语言。

在狄尔泰和海德格尔的影响下，伽达默尔提出了独特的哲学解释学。

人的经验可以通过具体的语言，从根源上去理解。

1900～2002

汉斯－格奥尔格·伽达默尔

HANS-GEORG GADAMER

▶P166

　　德国哲学家，哲学解释学的代表人物，出生于马尔堡，在马尔堡大学学习哲学。后来受到海德格尔的决定性影响，曾接受过海德格尔的直接指导。历任马尔堡大学、莱比锡大学和法兰克福大学教授，1949 年作为雅斯贝尔斯的继任者，就任海德堡大学教授。1960 年发表代表作《真理与方法》。

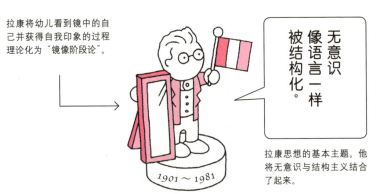

拉康将幼儿看到镜中的自己并获得自我印象的过程理论化为"镜像阶段论"。

无意识像语言一样被结构化。

拉康思想的基本主题。他将无意识与结构主义结合了起来。

雅克·拉康

JACQUES LACAN

▶ P168～172

　　法国的天才精神分析学家，结构主义的代表人物之一。生于巴黎一个天主教中产阶级家庭，先后在巴黎高等师范学院和巴黎大学分别学习哲学和精神医学。1963 年被国际精神分析学会除名。1964 年以"回归弗洛伊德"为口号结成巴黎弗洛伊德学派，1980 年该学派因内部对立而宣告解散。1981 年去世。

兼具美学家、音乐理论家和作曲家的身份，留下许多音乐和美学论述。

奥斯维辛之后，写诗是野蛮的。

尖锐地批判了产生野蛮奥斯维辛的近代文明与文化。

西奥多·阿多诺

THEODOR ADORNO

▶ P160

　　法兰克福学派的德国哲学家、社会学家，生于法兰克福。与霍克海默同为法兰克福大学社会研究所的引领者。因纳粹驱逐担任公职的犹太人而先后流亡英国和美国。第二次世界大战期间与霍克海默共同执笔《启蒙辩证法》。第二次世界大战后回到德国，参与社会研究所的重建，同时展开一系列社会批判与文化批判。

巴特认为必须打破解读作品等于理解作者意图这一前提，并宣告"作者之死"。

写作的零度。

1947 年，《写作的零度》作为巴特的第一篇论文刊登在《战斗》杂志上，但其内容大部分都没有收入之后整理出版的同名书中。

罗兰·巴特

ROLAND BARTHES　　　▶P174～178

　　法国批评家，生于瑟堡。在巴黎大学学习古希腊文学的同时热衷于古代戏剧。在因肺结核长期疗养后进入图书馆工作，曾担任法语讲师。1954 年出版《写作的零度》，一举成名。后任高等研究实践学院指导教授，1977 年就任法兰西学院教授。1980 年因交通事故去世。

阿尔都塞认为与学校、宗教、文化相关的组织和设施皆为"意识形态的各种机器"。

认识论的断裂。

阿尔都塞认为马克思的《1844 年经济学哲学手稿》和《德意志意识形态》之间存在断裂。

路易·阿尔都塞

LOUIS ALTHUSSER　　　▶P180～184

　　法国哲学家，结构主义的马克思主义者。生于阿尔及利亚，在马赛度过少年时代。第二次世界大战中被德军俘虏。第二次世界大战后于 1948 年就任巴黎高等师范学院讲师，同年加入法国共产党。从年轻时起就苦于狂躁性抑郁症，1980 年强迫妻子殉情并将其勒死，被精神病院收治。后来出院继续写作，1990 年去世。

欧洲大陆哲学

　　20 世纪以后的**现代思想**一般分为：法国和德国的**欧洲大陆哲学**与**英美**（英美哲学 P211）**分析哲学**（P230）。其中，**欧洲大陆哲学**以出生在德国的**胡塞尔**（P354）的**现象学**诞生为起点之一。**胡塞尔**的现象学与**尼采**（P354）的哲学相融合，经过**海德格尔**（P354）的时代，产生出**伽达默尔**（P145）的**解释学**（P166）和**萨特**（P355）的**存在主义**（P383）。

现代思想的两大潮流

我们的哲学是从弗雷格和罗素的逻辑学出发的。

我们不以含混的"质"为对象，而是以客观的"量"为对象。

我们的哲学要分析语言，所以称为语言分析哲学。

罗蒂

英美哲学被称为科学的、客观的哲学。

罗素

弗雷格

波普尔

卡尔纳普

蒯因

英美分析哲学

维特根斯坦

　　但是，提倡**结构主义**（P387）的**列维－施特劳斯**（P355）将**存在主义**视为人类中心主义予以批判。后来，**结构主义**变形为**后结构主义**（P185）。此外，以犹太人为中心的**法兰克福学派**（P160）基于**马克思**（P354）**主义**，发展了反法西斯主义思想。

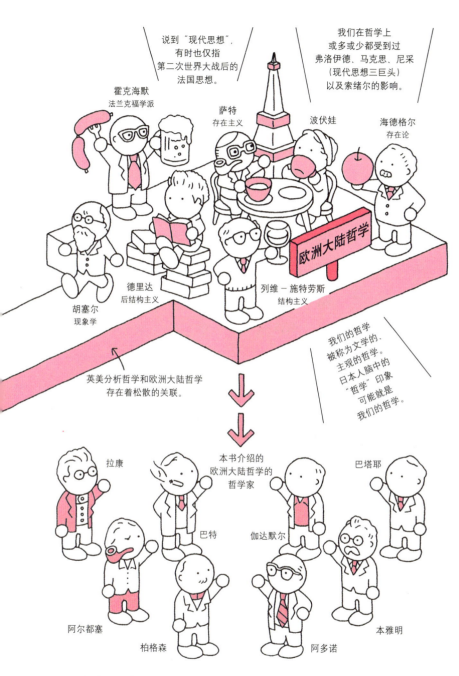

说到“现代思想”，有时也仅指第二次世界大战后的法国思想。

我们在哲学上或多或少都受到过弗洛伊德、马克思、尼采（现代思想三巨头）以及索绪尔的影响。

霍克海默
法兰克福学派

萨特
存在主义

波伏娃

海德格尔
存在论

欧洲大陆哲学

胡塞尔
现象学

德里达
后结构主义

列维－施特劳斯
结构主义

英美分析哲学和欧洲大陆哲学存在着松散的关联。

我们的哲学被称为文学的、主观的哲学。日本人脑中的“哲学”印象可能就是我们的哲学。

本书介绍的欧洲大陆哲学的哲学家

拉康

巴特

伽达默尔

巴塔耶

阿尔都塞

柏格森

阿多诺

本雅明

　　在这里，我们将介绍《惊呆了！哲学这么好》中没能介绍的八位非常重要的**欧洲大陆哲学的哲学家**：**柏格森、伽达默尔、阿多诺、本雅明、巴塔耶、巴特、拉康、阿尔都塞**。

形象

文　献 --------------------------- 柏格森《物质与记忆》

备　注 --------------------------- 柏格森将形象说明为
"优于观念论者口中的表象，但劣于实在论者口中的事物"

柏格森

　　笛卡尔（P352）认为，心和物质是明确分开的，称为**身心二元论**（P361）。

身心二元论
笛卡尔认为
心和物质
是明确分开的。

　　柏格森并不这么想。人们看到喜欢的食物就会觉得"看起来很好吃"，拿到儿时玩过的玩具就会觉得"真让人怀念"。**物质**（**物**）和**心**是通过**感情**和**记忆**相连的。

形象　人看到（认识到）的物和对此物的意识活动合二为一，就是形象。

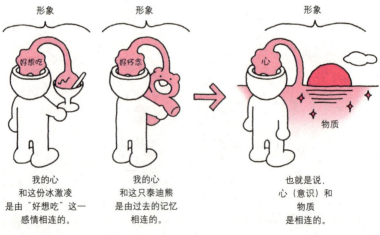

我的心
和这份冰激凌
是由"好想吃"这一
感情相连的。

我的心
和这只泰迪熊
是由过去的记忆
相连的。

也就是说，
心（意识）和
物质
是相连的。

柏格森将人看到（认识到）的**物**和对此物的**意识**合二为一，称其为**形象**。在他看来，世界就是由我的**形象**和他者的**形象**构建的。

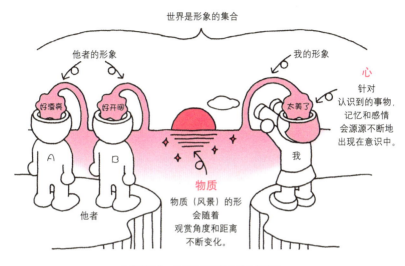

柏格森认为，世界是仅凭形象建立起来的。

对于**柏格森**来说，世界不是单纯的物质，但也并非仅存在于心中。在他看来，世界是**形象**的集合。他并没有用物质和精神明确分开的单纯的**二元论**来把握世界。

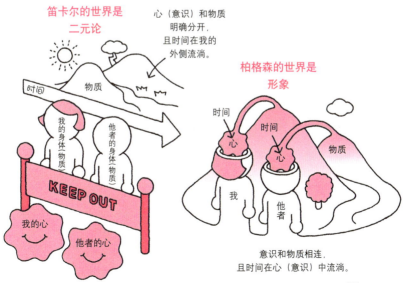

意识和物质相连，
且时间在心（意识）中流淌。

柏格森

▶ 144

纯粹绵延

备 注 ----------柏格森将纯粹绵延总结为"只可能是质的变化，
这一变化相互融合、相互浸透，
没有正确的轮廓，没有外在化的倾向，
与数之间也没有亲近性"（《时间与自由》）

我们一般会像下图这样认识时间。

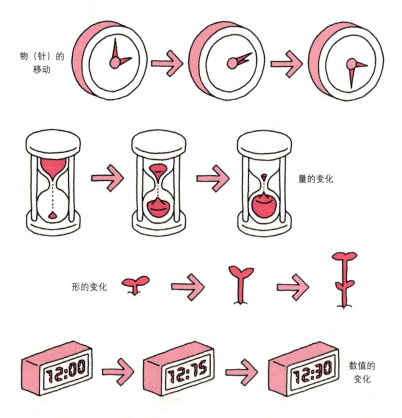

物（针）的
移动

量的变化

形的变化

数值的
变化

柏格森认为时间并非如此。上述这些都不是时间，而是空间上的物质的
移动和量或数值的变化。时间不是这样的物质移动或变化，而是像"看到冰
激凌"→"想吃"→"好甜"→"好怀念"→"真幸福"一样，在意识中随
着感情和记忆的不断涌现而持续，是一种质的变化。**柏格森**将这种时间的性
质称为纯粹绵延。

正如
只将旋律中的"哆"
切割出来进行分析
会一无所获一样，
我们也不能
把时间（纯粹绵延）
切割成一格一格。

纯粹绵延
时间是意识中感情和记忆的
不断涌现和持续。

　　不能像观察物质那样观察时间，也不能从外侧看时间。**柏格森**对站在物理的角度上将世界看作物质的数和量这一方法表示异议，提出**纯粹绵延**的思想。

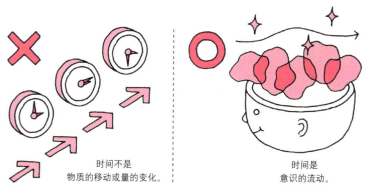

时间不是
物质的移动或量的变化。

时间是
意识的流动。

柏格森

▶144

生命冲力

文　献 ------------------------------- 柏格森《创造进化论》

备　注 --------- 发射出的炮弹四散成碎片，然后再次成为炮弹，
　　　　　　　生命就是在这样的重复中不断进化的。
　　　　　　　这种爆炸的能量就是"生命冲力"

　　根据**达尔文**的进化论，适应环境的个体能够生存，不适应的个体会被淘汰。但**柏格森**并不认为生命的进化是这样的自然淘汰。

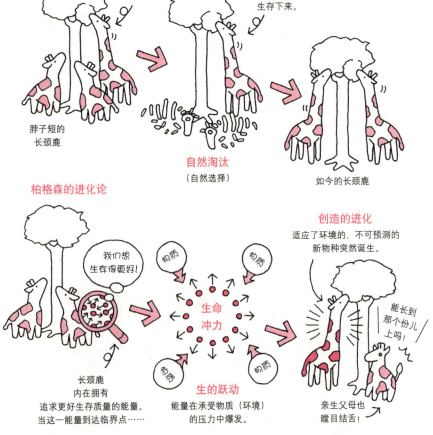

达尔文的进化论

变种的长脖子
长颈鹿

脖子长的长颈鹿
适应环境
生存下来。

脖子短的
长颈鹿

自然淘汰
（自然选择）

如今的长颈鹿

柏格森的进化论

我们想
生存得更好！

物质　物质　物质　物质

**生命
冲力**

创造的进化
适应了环境的、不可预测的
新物种突然诞生。

能长到
那个份儿
上吗！

长颈鹿
内在拥有
追求更好生存质量的能量。
当这一能量到达临界点……

生的跃动
能量在承受物质（环境）
的压力中爆发。

亲生父母也
瞠目结舌！

154

对于进化，**柏格森**没有站在外侧来思考，而是从生命的内在切入。当之前的一切方法都无法适应环境时，内在于生命的"想生存得更好"这一能量便会发生**生命冲力**的爆炸，诞生无法预测的新物种（创造的进化）。生命是通过内在能量现实化来进化的。

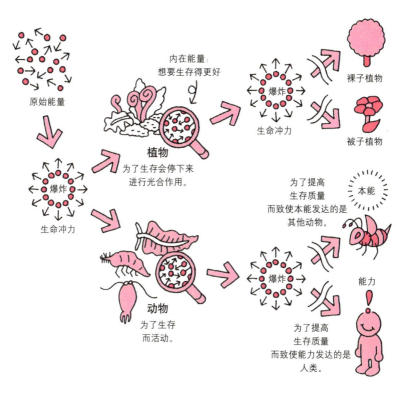

在**柏格森**看来，一开始就存在的能量不断重复**生命冲力**，延续至今。为了更好地生存而进化**能力**的是人类，进化**本能**的是人类以外的动物。人类利用能力将动物的本能意识化，就是**直观**。如果使用这一直观，便可把握**康德**认为不可能到达的**物自体**（P367）。

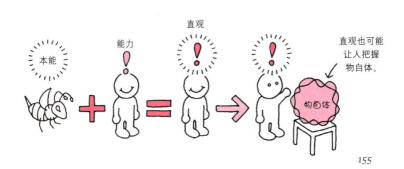

巴塔耶

消尽

▶145

含　义 ------------ 超越有用性的非生产性消费，也称"荡尽"
文　献 ------------ 巴塔耶《内在体验》《被诅咒的部分》
备　注 ------------ 巴塔耶指出，近代的生产优先
　　　　　　　　　　　将消尽视作"被诅咒的部分"而予以无视，
　　　　　　　　　　　由此产生的剩余部分被以战争的形式消费掉了

对于近代社会来说，价值就是"能产生某物的东西"。理性、进步、劳动、创造、诞生等之所以有价值，是因为其中存在**生产性**。

理性

劳动

学习

进步、发展

这些词语中
之所以存在价值，
是因为它们具备生产性。

但是，人类有时会在破坏**生产**之物中发现快乐，比如损坏好不容易做好的作品，或者四处挥霍。此外，消费过多奢侈品、仅以快乐为目的的性行为、游戏、艺术、嗜好品等也都没有**生产性**。

色情
(P159)

挥霍

破坏

游戏

比起生产，
人类其实
更喜欢无用的消费。

印第安社会中有一种名为夸富宴的欢迎仪式，在这种仪式中，即使破坏自己的资产也在所不惜。此外，世界上还有许多类似忘我狂舞的活动，都属于以**生产性**的观点无法说明的行为。

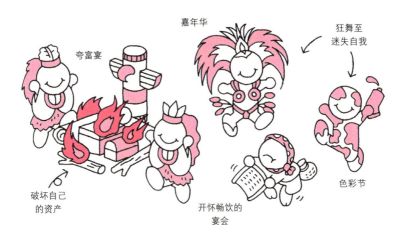

嘉年华

狂舞至
迷失自我

夸富宴

破坏自己
的资产

开怀畅饮的
宴会

色彩节

这些活动无法从〝生产性〞的观点说明。

巴塔耶将夸富宴似的用尽自身力量与资源的行为称为消尽（荡尽）。人并不以**生产**为基准而生活，而是追求非生产性的瞬时**消费**。对于人类来说，**生产**不过是一种为了达到消费目的的手段。然而，近代社会赋予了**生产**价值，并强求人们**生产**。在**巴塔耶**看来，在近代社会，人们一直被压抑着。

近代社会
将价值悉数置于生产中，
不断压制人类
原本的消尽愿望。

让我们不断
生产吧。
生产中存在
价值哦！

明明
不想生产，
只想
消尽（消费）。

资本家

劳动者

巴塔耶

色情

文　献 --- 巴塔耶《色情》

备　注 --巴塔耶将色情定义为
"色情的本质存在于性的快乐与禁止的错综结合中"

巴塔耶认为，人类的存在是**不连续**的。因为人不但会与他者分离，而且无法永生。但是，人通过**死亡**会与他者和世界融为一体，成为某种永恒之物，获得连续性。为了感受到这种连续性，人在潜意识中始终憧憬着**死亡**。

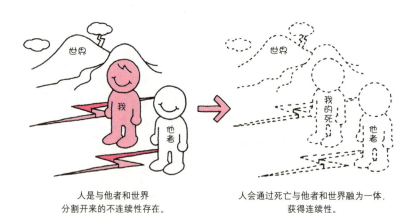

人是与他者和世界
分割开来的不连续性存在。

人会通过死亡与他者和世界融为一体，
获得连续性。

巴塔耶认为，人可以在性高潮时体验到**死亡**带来的连续性。

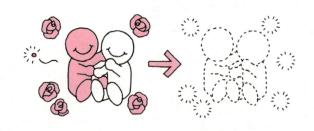

色情

人通过性高潮可以与他者和世界融为一体，获得连续性。
在获得连续性之前讴歌生，就是色情。

当寻求他者达到性高潮时，思考就会停止，这意味着个人的**死亡**。通过这种**死亡**的疑似体验，人可以到达自己与他人和世界融合为一的地方，获得连续性。在此之前，讴歌生的行为被**巴塔耶**称为**色情**。

与动物不同，人类在性上有各种禁忌。

禁止乱伦

禁止婚外恋

禁止公然猥亵

禁止偷窥

禁止在公共场所发生性行为

禁止在教会发生性行为

好想触犯这些禁忌！

与动物不同，人类的性行为存在各种各样的禁忌。**巴塔耶**认为，触犯这些禁忌才是**色情**的本质。就像为了达到**消尽**（P157）的目的而制造出过剩的物质一样，人是为了享受脱衣时的快乐才穿上美丽的衣服，为了触犯禁忌时的快乐，才将日常的自己束缚在秩序和道德中。

日常的规则和道德是为了触犯时的快乐而存在的。

平时是绅士和淑女。

想违背道德地生活。

想打乱秩序。

想把衣服脱了扔掉。

想变得像动物一样。

159

否定辩证法

文献 -------------------------------- 阿多诺《否定辩证法》

备注 ----------- 阿多诺想要彻底回避像黑格尔辩证法中提到的
差异因上位概念而被整体性吞没的情况,
这一逻辑就是"否定辩证法"

为什么会出现对犹太人的大屠杀？以阐明这一问题为毕生追求的是**霍克海默、弗洛姆、本雅明**和**阿多诺**等**法兰克福学派**的思想家们。

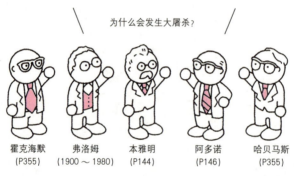

为什么会发生大屠杀？

| 霍克海默 | 弗洛姆 | 本雅明 | 阿多诺 | 哈贝马斯 |
| (P355) | (1900～1980) | (P144) | (P146) | (P355) |

法兰克福学派

1923 年设立的社会研究所的成员,
耗尽毕生精力研究极权主义和纳粹主义。

阿多诺认为,导致大屠杀的原因存在于支配当时德国的**黑格尔辩证法**（P370）式思想中。**辩证法**是将两种不同的思想进行统一,生成更高一级思想的方法。

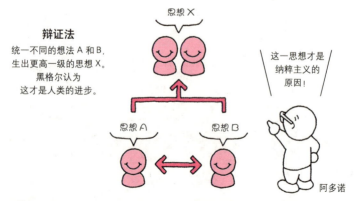

辩证法

统一不同的想法 A 和 B,
生出更高一级的思想 X。
黑格尔认为
这才是人类的进步。

思想 X

这一思想才是纳粹主义的原因！

思想 A　　思想 B

阿多诺

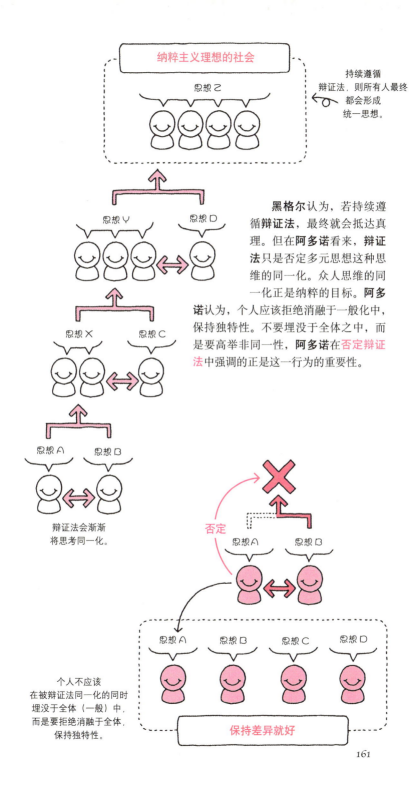

纳粹主义理想的社会

思想乙

持续遵循辩证法，则所有人最终都会形成统一思想。

思想丫　思想Ｄ

思想Ｘ　思想Ｃ

思想Ａ　思想Ｂ

辩证法会渐渐将思考同一化。

黑格尔认为，若持续遵循辩证法，最终就会抵达真理。但在阿多诺看来，辩证法只是否定多元思想这种思维的同一化。众人思维的同一化正是纳粹的目标。阿多诺认为，个人应该拒绝消融于一般化中，保持独特性。不要埋没于全体之中，而是要高举非同一性，阿多诺在否定辩证法中强调的正是这一行为的重要性。

否定

思想Ａ　思想Ｂ

思想Ａ　思想Ｂ　思想Ｃ　思想Ｄ

个人不应该在被辩证法同一化的同时埋没于全体（一般）中，而是要拒绝消融于全体，保持独特性。

保持差异就好

161

本雅明

光晕

文　献 ----------------- 本雅明《机械复制时代的艺术作品》
备　注 ----------------- 针对复制会让艺术的光晕崩溃的观点，
本雅明从艺术的平等化视角
对复制表示了肯定

通过拍照或印刷得到的艺术**复制品**，无论多么精巧，都不是独一无二的原作。**本雅明**将只有"现在""这里"才有的原作所具备的无形力量称作光晕。

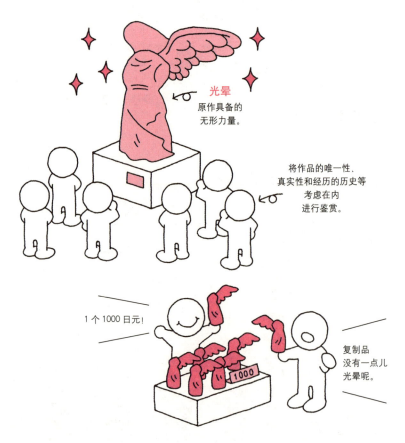

光晕
原作具备的
无形力量。

将作品的唯一性、
真实性和经历的历史等
考虑在内
进行鉴赏。

1 个 1000 日元！

1000

复制品
没有一点儿
光晕呢。

近年来，艺术品从技术上越来越容易复制，但原作具备的唯一性和历史性等是复制品所缺失的。

162

电影、照片等复制艺术的登场，让艺术的概念从"崇高"而"珍贵"变成了"亲切"又"轻松"。**本雅明**感叹复制**技术**的进步带来了**光晕**的凋落。但是另一方面，**本雅明**认为，无论权力如何对艺术和信息实施管理、规范，复制技术的进步都会将艺术和信息从权力中解放出来。

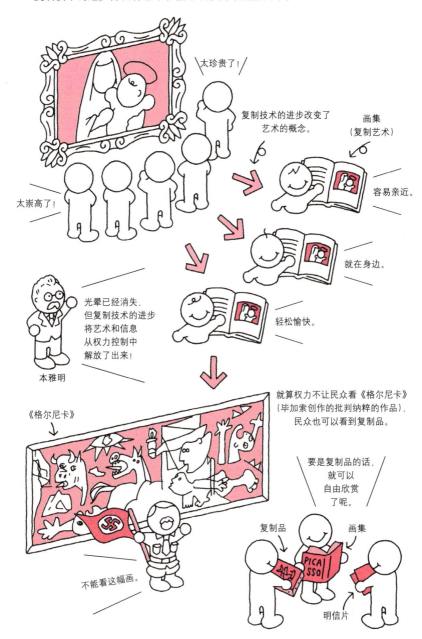

太珍贵了！

复制技术的进步改变了艺术的概念。

画集
（复制艺术）

容易亲近。

太崇高了！

就在身边。

轻松愉快。

光晕已经消失，但复制技术的进步将艺术和信息从权力控制中解放了出来！

本雅明

就算权力不让民众看《格尔尼卡》（毕加索创作的批判纳粹的作品），民众也可以看到复制品。

《格尔尼卡》

要是复制品的话，就可以自由欣赏了呢。

复制品

画集

不能看这幅画。

明信片

本雅明

拱廊街计划

文 献 ---------------------------------- 本雅明《拱廊街计划》

备 注 ---------------------------------- 本雅明身处象征未来与进步的
光辉绚烂的巴黎拱廊街，
看见了回归远古乌托邦的愿望

　　生在德国的犹太人**本雅明**从纳粹的统治下逃到了巴黎。在那里，他变成
了**拱廊街**中的散步者，开始执笔《**拱廊街计划**》。**拱廊街**指 19 世纪巴黎建成
的玻璃屋顶商业街，在那里，淡淡的天光穿过玻璃，各式各样的古老用具陈
列其中。

成为拱廊街散步者的本雅明
一边眺望 19 世纪的古老用具被穿透玻璃的淡淡天光包围，
一边考察资本主义。

　　本雅明追寻 19 世纪的人们在这些商品上做过的梦，以这种方式来考察
人们对资本主义的思考。

在**本雅明**的形容中，"拱廊街就像没有外侧的家或走廊，像梦一样"。但是在现实中的拱廊街外侧，纳粹的脚步声正逐渐靠近。**本雅明**也许已经逃入了被拱廊街模糊的光芒包围的、纳粹尚未出现的 19 世纪的记忆中。

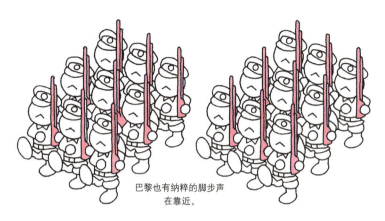

巴黎也有纳粹的脚步声
在靠近。

1940 年，纳粹侵略巴黎。**本雅明**将未完成的《**拱廊街计划**》原稿托付给当时在巴黎国立图书馆工作的**巴塔耶**（P145），逃离了巴黎。他试图徒步翻越比利牛斯山脉，却在法国边境附近遭到阻拦，最终服毒自杀，时年 48 岁。

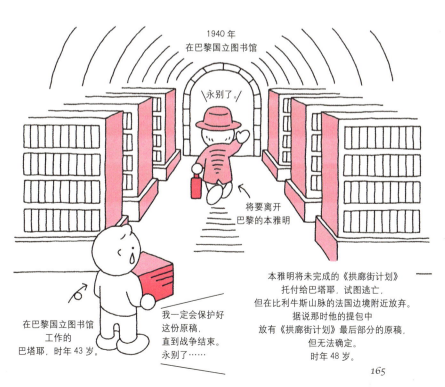

1940 年
在巴黎国立图书馆

永别了。

将要离开
巴黎的本雅明

在巴黎国立图书馆
工作的
巴塔耶，时年 43 岁。

我一定会保护好
这份原稿，
直到战争结束。
永别了……

本雅明将未完成的《拱廊街计划》
托付给巴塔耶，试图逃亡，
但在比利牛斯山脉的法国边境附近放弃。
据说那时他的提包中
放有《拱廊街计划》最后部分的原稿，
但无法确定。
时年 48 岁。

伽达默尔

文　献 --------------------------------------伽达默尔《真理与方法》

备　注 -------------------------- 近代的启蒙思想将传统和成见
贬低为非合理的东西，但这一看法也不过是成见而已。
伽达默尔认为传统和成见是理解和对话中不可缺少的东西

将记录在文献中的内容视作作者的情感进行解读，即解释学。伽达默尔认为，解释学是理解他者的学问。

解释学
不仅研究
实际写下的内容，
还要解读
作者真正想要传达的信息。
起源于古希腊。

解释学原本的目的是从过去的文章中读取作者的主张，但伽达默尔认为仅这样做毫无意义。对于解释学来说，关键在于现在的我（解释者）与过去的文章（被解释者）的"对话"，过去的文章因现在的我而苏醒。

伽达默尔将为了"对话"必须作为前提而存在的成见称作视域。一般认为应该舍弃成见，但在伽达默尔看来，没有成见就无法进行真的对话。尝试理解与自己在成长环境和文化上截然不同的他者的视域（成见），才是真的对话。

世界上
有神哦。

神什么的根本
不存在哦。

他者的视域
（他者的成见）

我的视域
（我的成见）

所谓真的对话，是指尝试理解成长环境和文化
皆与自己截然不同的他者的视域。

在**伽达默尔**看来，若能经由真的对话理解他者的**视域**，就会产生视域融合，扩展自己的**视域**。**真的问题**与"日本的首都是哪里"之类的问题不同，事先没有答案。但如果**视域**（成见）没有逐渐扩展，那么到头来就只不过是单纯的**偏见**。

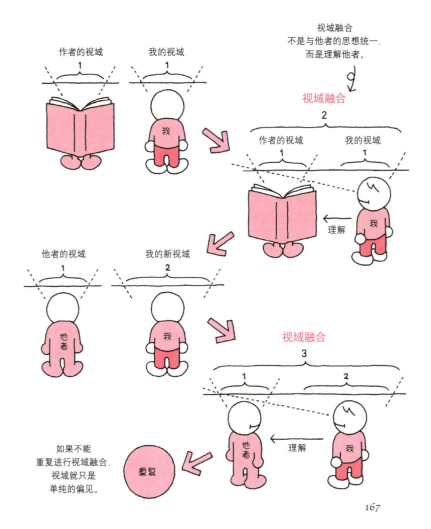

拉康

146

镜像阶段

文　献 ------------------------------ 拉康《拉康选集》
备　注 ------------以他者为媒介了解自己是拉康初期的思想，
这一点受到了他当时热衷的亚历山大·科耶夫讲授的
黑格尔《精神现象学》课程的巨大影响

从**结构主义**（P387）角度重新认识**弗洛伊德**（P354）的精神分析学（**自我** P379）的是**拉康**。在他看来，婴儿只有饥饿、尿意、愉快等零散的感觉，不能将这些感觉统一为"我"。这一阶段应称为**零碎的身体**。

渴了　好冷　饿了　真愉快　好硬　好温暖　好困

零碎的身体
人类婴儿
只有片段式的感觉。

6个月后

渴了　真愉快　好冷　饿了　好困　好温暖　好硬

镜像阶段
人类婴儿
认识到镜中的映像
是自己。

汪汪！

拉康认为，
无论是多么聪明的狗，
都不会认识到镜中的映像是自己。

经过六个月，婴儿看到镜中的映像，就会认识到那是自己的身体，由此第一次将自己的各种印象统一起来。这就是**镜像阶段**。

但是，镜中映出的身体并不存在于个人的**内部**，而是**外部**。人并非从自身内部获得"我"这一观念，而是从事先存在于世界上的镜子这一外部获得的。

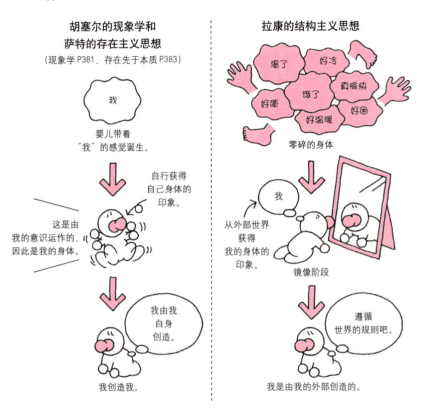

胡塞尔的现象学和萨特的存在主义思想

（现象学 P381、存在先于本质 P383）

我

婴儿带着"我"的感觉诞生。

自行获得自己身体的印象。

这是由我的意识运作的，因此是我的身体。

我由我自身创造。

我创造我。

拉康的结构主义思想

渴了　好冷　真愉快
好硬　饿了
好温暖　好困

零碎的身体

从外部世界获得我的身体的印象。

我

镜像阶段

遵循世界的规则吧。

我是由我的外部创造的。

连"我"这一概念都是从外部获得的，那么此后的人类形成也自然不是取决于自身内部，而是受外部世界左右。

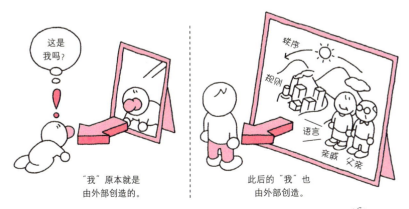

这是我吗？

"我"原本就是由外部创造的。

秩序　规则　语言　亲戚　父亲

此后的"我"也由外部创造。

拉康

▶ 146

想象界｜象征界

文　献 -------- 拉康《言语与语言在精神分析中的功能与领域》等
相　关 -------------------- 镜像阶段（P168）、实在界（P172）
备　注 ------------------ 拉康的"实在界｜想象界｜象征界"
是在弗洛伊德"本我｜自我｜超我"（P379）
的启发下构想出来的

拉康认为，处于**镜像阶段**（P168）的六个月大的婴儿看到镜中的自己，才第一次有了"我"的统一印象。对于这一时期的婴儿来说，内在的自我印象与现实的自我是一致的。此外，内在对母亲的印象和现实的母亲也是一致的。

对于镜像阶段的婴儿来说，
内在对母亲的印象和现实中的母亲是一致的。

在婴儿的世界里，作为社会象征的父亲并不存在，也不需要语言和秩序。拉康将婴儿看到和感知到的世界称为**想象界**。

想象界
拉康将与自我的印象和想法完全一致的世界
称为想象界。

然而，当幼儿长到两岁后，就会发觉母亲的关心不仅是对自己，也是对父亲和其他事物。

象征界

拉康将存在
父亲、语言和
必须遵守的规则的世界
称为象征界。

妈妈不只
关心我啊。

当意识到作为社会象征的父亲时，幼儿就会明白，社会制定的语言这一秩序和必须遵守的规则（**大他者**）都是早就存在于世上的。这样一来，幼儿就会发觉世界的运转不会如自己所想。

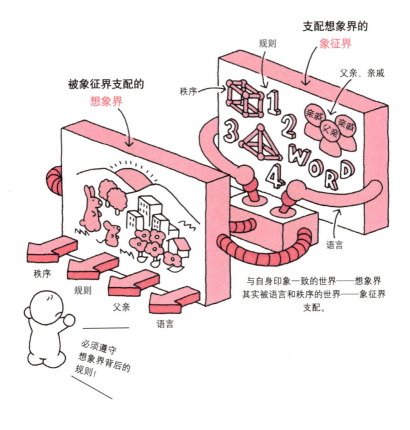

被象征界支配的
想象界

支配想象界的
象征界

规则

秩序

父亲、亲戚

亲戚　亲戚　父亲

语言

秩序

规则

父亲

语言

必须遵守
想象界背后的
规则！

与自身印象一致的世界——想象界
其实被语言和秩序的世界——象征界
支配。

此后，幼儿的自我通过接受语言带来的秩序而形成。**拉康**将这一由语言带来的秩序所支配的世界称为**象征界**。六个月大的婴儿见到的**想象界**其实一直受到背后的**象征界**支配。

171

拉康

►146

实在界

文　献 ------ 拉康《言语与语言在精神分析中的功能与领域》等
相　关 ----------------------------- 想象界｜象征界 (P170)
备　注 ----------------- 实在界是无法用语言和图像表达的
　　　　　　　　　　　　　混沌的真实领域

　　拉康将**镜像阶段**（P168）的婴儿了解的世界称为**想象界**（P170）。此后，婴儿就会知道**想象界**是由语言和规则的世界——**象征界**（P171）支配的。通过接受**象征界**的规则，幼儿的自我得以形成。

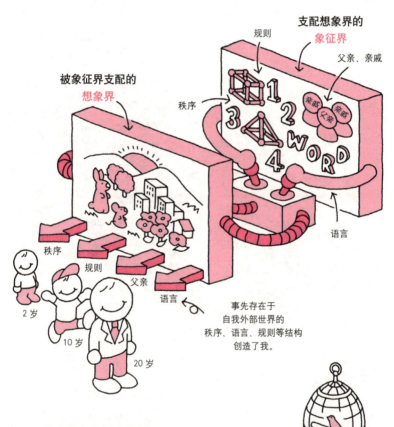

支配想象界的
规则
象征界
父亲、亲戚

被象征界支配的
想象界
秩序

秩序
规则
父亲
语言

2 岁
10 岁
20 岁

语言

事先存在于
自我外部世界的
秩序、语言、规则等结构
创造了我。

　　拉康认为，自我的创造主体并不是人，而是事先存在的他者或语言等**结构**。这一思想与**萨特**等人主张的自我由自身创造的**存在主义**（P383）截然不同。

人到头来不过是笼中之鸟。

拉康认为，除了**想象界**和**象征界**，还有一个**实在界**。所谓**实在界**，并不是指我们居住的现实社会，而是指去除语言和印象等过滤器后的领域。人通常无法到达**实在界**，**实在界**会出现在幻觉和艺术中。

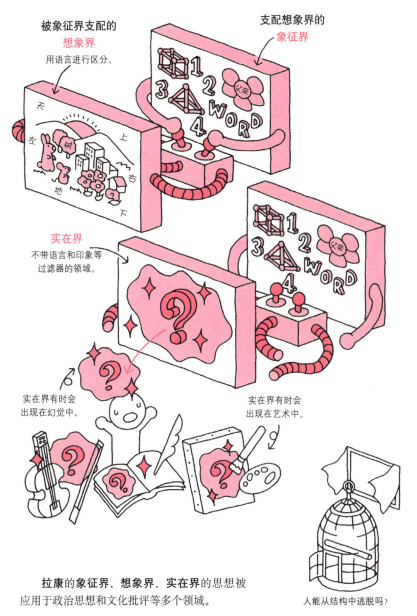

被象征界支配的
想象界
用语言进行区分。

支配想象界的
象征界

实在界
不带语言和印象等过滤器的领域。

实在界有时会出现在幻觉中。

实在界有时会出现在艺术中。

拉康的**象征界、想象界、实在界**的思想被应用于政治思想和文化批评等多个领域。

人能从结构中逃脱吗？

巴特

写作

文　献 ------------------------------ 巴特《写作的零度》等
备　注 -------------------- 在研究法国文学的石川美子看来，
巴特自己"不停地改变着'写作'的含义"
《写作的零度》解说）

　　巴特将某一群体具有特点的遣词造句称为写作。比如日语中"贵安"这一打招呼的方式，可以说是上流阶层的**写作**（措辞）。我们无法自己选择日语、英语等母语，但可以凭借自己的意志选择各种群体的**写作**。

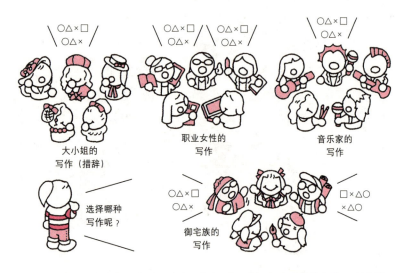

大小姐的
写作（措辞）

职业女性的
写作

音乐家的
写作

选择哪种
写作呢？

御宅族的
写作

　　如果一名女子每次都用"贵安"打招呼，选择上流阶层的写作，那么她的所有措辞都会变为"上流"，不久后衣着打扮和生活方式也会开始受到影响。

大小姐的写作

贵安。

影响一切
生活方式。

再合适不过了。

啊，实在太美好了。

不久就会全都
变成这样。

好呀

完蛋了

选择某一特定的**写作**，就等于接受了该群体的思想。**巴特**指出，人使用特定的**写作**却并未察觉到这一点，是非常危险的。例如许多被认定为"正确"的措辞其实是男性群体的**写作**。

巴特将完全不包含**写作**的表达称为写作的零度，并极度憧憬，比如记者写的只是冷静地传达事件的文章。

但是，无论是多么中立的记者文章，也会包含思想。"树木倒塌"这一事实描写就是"战争惨烈"的符号。探求**零度写作**的**巴特**在日本的俳句中发现，俳句中没有特定群体的思想，纯粹展现了发生的事情。

神话作用

文　献 ------------ 巴特《神话》《神话作用》《映像的修辞学》
备　注 ---------- 巴特以索绪尔的语言学为基础构想出符号学，
但与将语言学视为符号学一部分的索绪尔不同，
巴特认为符号学是语言学的一部分

在**巴特**看来，无论是远古人还是现代人，都是神话世界的居民。他以 Panzani 公司的意大利面广告图为例进行了说明。

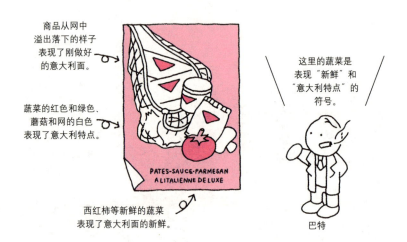

商品从网中溢出落下的样子表现了刚做好的意大利面。

蔬菜的红色和绿色、蘑菇和网的白色表现了意大利特点。

西红柿等新鲜的蔬菜表现了意大利面的新鲜。

PATES·SAUCE·PARMESAN
A LITALIENNE DE LUXE

这里的蔬菜是表现"新鲜"和"意大利特点"的符号。

巴特

在 Panzani 公司的广告图中，西红柿等蔬菜和意大利面的袋子一起从网中溢出。这里的蔬菜不单纯意味着蔬菜，而是意味着"新鲜"，红、绿、白三色则是表现"意大利特点"的符号。我们无论看到什么，都不应该当成纯粹的**原物**（本意），而是要从**作为某种符号的意义**（内涵）上去把握。

Panzani 公司广告图中的西红柿
有两种含义

本意（外示）
西红柿本身。

内涵（内示）
意大利特点、新鲜等作为符号的意义。

神话作用

[本意]
鸽子
[内涵]
和平、自由

[本意]
太阳
[内涵]
希望、能量

[本意]
摩天大楼
[内涵]
文明、人类样态

[本意]
自然
[内涵]
重要的资源

不能单纯地
看待事物。

[本意]
森林
[内涵]
放松、生态学

[本意]
偏分头
[内涵]
认真

[本意]
长发
[内涵]
典型女性

[本意]
西装
[内涵]
上班族

[本意]
名牌
[内涵]
名人、奢华

　　古代人生活在神话的世界中，将太阳视为神明。现代人也同样将太阳视为能量，生活在事物具有的另一层含义的世界。**巴特**将由符号构成的现代世界称为<u>社会神话</u>世界。这一万物中都有<u>神话作用</u>的思想，也给读取隐藏在大众文化中的符号的<u>大众文化研究</u>带去了巨大影响。

电视节目
符号

书、漫画
符号

报纸、杂志
广告
NEWS
MAGA
ZINE

电影、音乐
符号

符号

若能读取包含在电影或漫画等表现方式内的、
作者也没有察觉到的符号，
就能明确社会的结构。

作者之死

文　献 ------------------------- 巴特《故事的结构分析》
备　注 ------ 在《故事的结构分析》收录的论文《作者之死》中，
巴特指出，"读者的诞生必须以'作者'的死亡为代价"

　　结构主义（P387）认为，主体是由社会结构规定的。近代，个人一般被看作自律行动的主体，但**结构主义**阐明，个人对事物的看法和思维方式是由时代、地域和文化规定的。

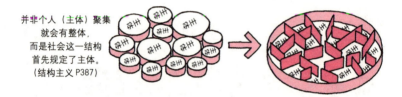

并非个人（主体）聚集
　　就会有整体，
而是社会这一结构
　首先规定了主体。
　　（结构主义 P387）

　　文学作品也一样。**巴特**对"了解作品的真理"这一作者的特权持否定态度。

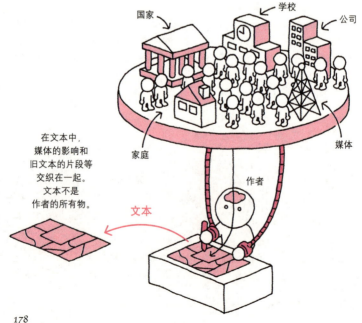

国家　　学校　　公司

家庭　　媒体

作者

在文本中，
媒体的影响和
旧文本的片段等
交织在一起。
文本不是
作者的所有物。

文本

巴特将作品称为文本（text）。所谓文本，就是纺织品（textile）的意思。文本是用多种多样的写作（P174）织成的粘贴画，其中没有作者的独创性。因此对于巴特来说，作者并不是离文本最近的存在。他将文本和作者完全切割开来进行研究。

巴特将作品称为文本，并只对文本表现出兴趣。

了解作者的思想并不等于"阅读"。

巴特是将文本与作者切割开来进行研究的。

对于巴特来说，作者的状态等同于死亡（作者之死），活着的是我们读者（读者的诞生）。阅读文本时，读者完全不必考虑作者想要表达的内容，因为文本已脱离了作者的支配。

文本背后没有作者。

作者

人们应该自由快乐地阅读文本，不必解读作者的主张。

读者

所谓阅读文本，并不是逐一回答作者提问的被动行为，而是更加自由且具有创造性的主动行为。

认识论的断裂

备　注 ----------"1845 年以后，马克思与以人类本质为基础的
一切历史和政治理论从根本上分道扬镳。"
在《保卫马克思》中所收录的论文
《马克思主义与人道主义》里，阿尔都塞如此写道

通过解读**马克思**（P354）的思想，**阿尔都塞**发现，人类的思考并非持续深化的，而是在某一时间段突然进化的。

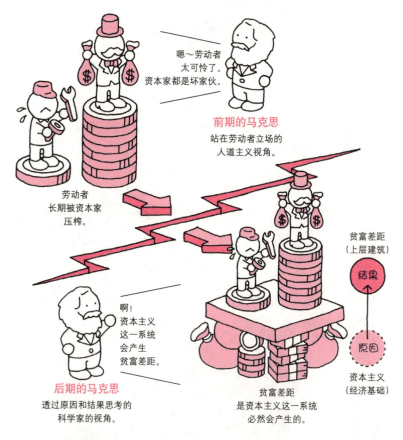

嗯～劳动者太可怜了。资本家都是坏家伙。

前期的马克思
站在劳动者立场的人道主义视角。

劳动者长期被资本家压榨。

贫富差距（上层建筑）

结果

↑

原因

啊！资本主义这一系统会产生贫富差距。

后期的马克思
透过原因和结果思考的科学家的视角。

贫富差距是资本主义这一系统必然会产生的。

资本主义（经济基础）

在**阿尔都塞**看来，前期的**马克思**是从人道主义的观点来看待劳动者被资本家榨取、异化的（劳动的异化 P376），但是从某一时期开始，**马克思**开始将这一问题作为资本主义原理上的问题，从科学的视角进行把握（上层建筑｜经济基础 P377）。

马克思不断探究劳动者个人的问题，头脑中最终产生了资本主义的结构性问题。**阿尔都塞**将从一个问题生出全新的更高层次的问题，称为认识论的断裂。

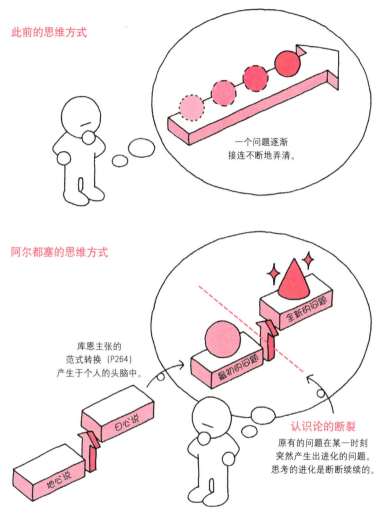

此前的思维方式

一个问题逐渐
接连不断地弄清。

阿尔都塞的思维方式

库恩主张的
范式转换 (P264)
产生于个人的头脑中。

日心说

地心说

最初的问题

全新的问题

认识论的断裂

原有的问题在某一时刻
突然产生出进化的问题。
思考的进化是断断续续的。

相对主义者库恩认为，思想范畴变化前后的思考没有优劣；
但阿尔都塞认为，变化后比变化前高出一个层次。

　　库恩（P201）认为，科学史随着**范式转换**（P264）断断续续地发生着变化。而**阿尔都塞**认为，个人的头脑中存在与此相同的变化，高级的想法会突然到来，因此连续思考同一问题的韧性非常重要。

阿尔都塞

▶147

多元决定

文　献 -- 阿尔都塞《保卫马克思》
备　注 ----------- 阿尔都塞试图以"多元决定"这一概念来解决
　　　　　　　　在讨论上层建筑（法、政治、社会意识）和
　　　　　　　　经济基础（经济结构）之间关系时产生的纠纷

黑格尔（P353）认为历史变化源于人类追求自由的精神，而**马克思**（P354）认为历史变化的原因在于经济结构的矛盾。他们都将历史和社会的变化看作如科学原理般**单一的因果关系**。

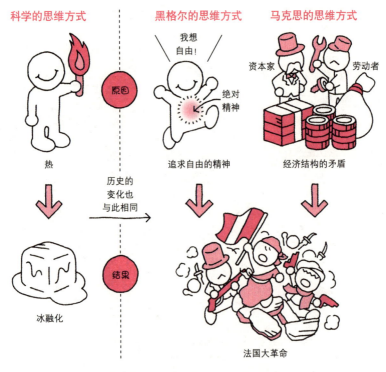

黑格尔和马克思将历史的变化看作如科学般
单一的因果关系。

另一方面，**阿尔都塞**认为，历史和社会的变化并非源于单一的原因，而是由于经济、政治、技术、文化等复杂地交织在一起而引发的。

多元决定

历史的变化和社会的状态是由多种元素决定的。

印刷技术进步

霍乱流行

贫困

法国大革命

马拉

王室财政困难

丹东

罗伯斯庇尔

启蒙思想家活跃

政治政策失败

　　不能将历史的变化和社会的状态归结于一个原因，它们是在复杂的结构中由多种元素决定的。这称为**多元决定**。

阿尔都塞

▶ 147

意识形态国家机器

文　献 ----------------------------- 阿尔都塞《论再生产》
备　注 --------- 国家机器由"镇压性机器"（军队、警察等）和
　　　　　　"意识形态机器"（学校、宗教、信息等）组成

萨特（P355）认为，人的本质由自身意志创造，并通过主动参与社会来实现。

萨特的思维方式

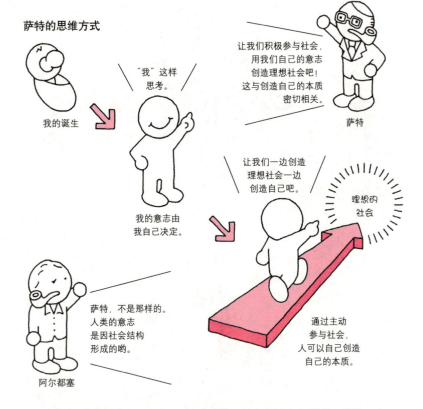

我的诞生

"我"这样思考。

我的意志由我自己决定。

让我们积极参与社会，用我们自己的意志创造理想社会吧！这与创造自己的本质密切相关。

萨特

让我们一边创造理想社会一边创造自己吧。

理想的社会

通过主动参与社会，人可以自己创造自己的本质。

萨特，不是那样的。人类的意志是因社会结构形成的哟。

阿尔都塞

但是**阿尔都塞**认为，个人的思想和**信条（意识形态）**是学校、媒体、企业等系统根据国家需要创造出来的。他将国家这一结构称为**意识形态国家机器**。用意识形态国家机器创造的主体会无意识地自行服从国家，并成为**意识形态**的创造者。

意识形态国家机器

媒体

学校、团体

出口

企业、公司

入口

宗教

意识形态

适应社会的
个人意识形态
是由学校、媒体等系统
创造的。

无意识地
服从社会，
并成为意识形态的
创造者。

　　列维－施特劳斯（P355）、**拉康**（P146）、**巴特**（P147）和**阿尔都塞**等人的思想被称为**结构主义**（P387）。在**结构主义**看来，人类没有主体性，是在无意识中被社会结构规定好的。不久，**德里达**（P355）和**德勒兹**（P355）等后结构主义的思想家们便开始摸索解体结构的方法和逃离结构的方法。

英美分析哲学

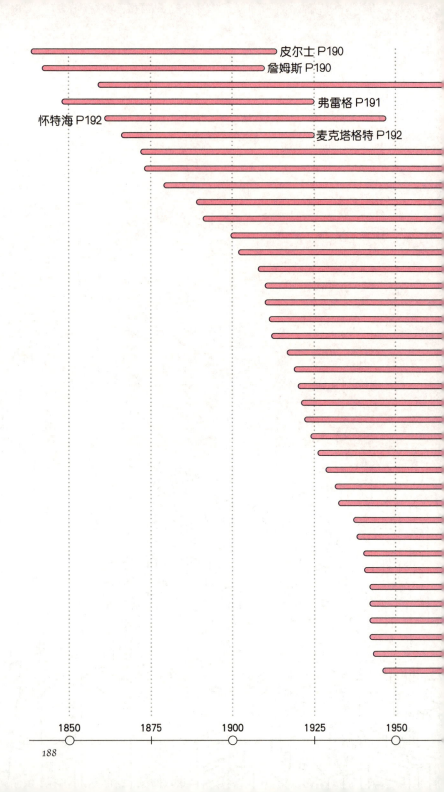

皮尔士 P190
詹姆斯 P190
弗雷格 P191
怀特海 P192
麦克塔格特 P192

1850　1875　1900　1925　1950

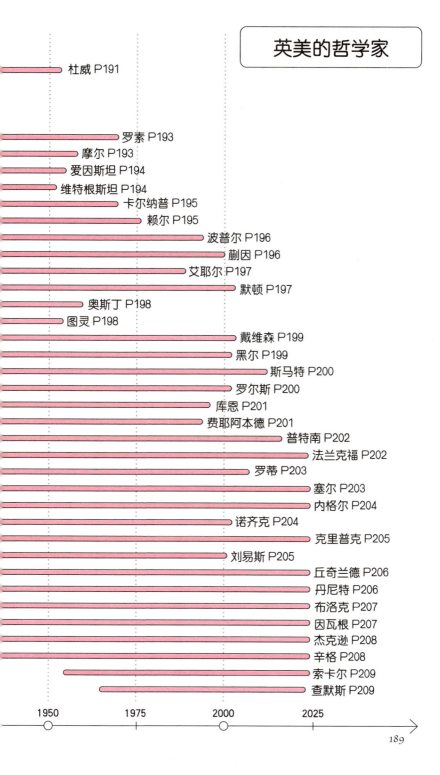

杜威 P191

罗素 P193
摩尔 P193
爱因斯坦 P194
维特根斯坦 P194
卡尔纳普 P195
赖尔 P195
波普尔 P196
蒯因 P196
艾耶尔 P197
默顿 P197
奥斯丁 P198
图灵 P198
戴维森 P199
黑尔 P199
斯马特 P200
罗尔斯 P200
库恩 P201
费耶阿本德 P201
普特南 P202
法兰克福 P202
罗蒂 P203
塞尔 P203
内格尔 P204
诺齐克 P204
克里普克 P205
刘易斯 P205
丘奇兰德 P206
丹尼特 P206
布洛克 P207
因瓦根 P207
杰克逊 P208
辛格 P208
索卡尔 P209
查默斯 P209

1950 1975 2000 2025

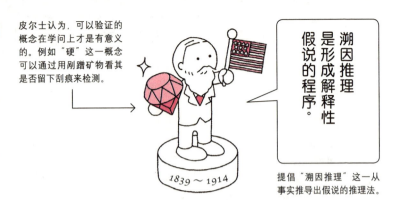

皮尔士认为，可以验证的概念在学问上才是有意义的。例如"硬"这一概念可以通过用刷蹭矿物看其是否留下刮痕来检测。

溯因推理是形成解释性假说的程序。

1839 ～ 1914

提倡"溯因推理"这一从事实推导出假说的推理法。

查尔斯·桑德斯·皮尔士

CHARLES SANDERS PEIRCE ▶P214～218

　　创立实用主义的美国哲学家。生于马萨诸塞州的坎布里奇，父亲是大学教授。曾在哈佛大学学习数学和物理学，毕业后以技术人员的身份活跃在哈佛大学天文台和美国海岸测量局，同时创设了形而上学俱乐部，发表数学和哲学相关论文。因离婚丑闻未能到大学任教，中年以后陷入贫困。

在《实用主义》中，詹姆斯用藏在树荫中的松鼠这一比喻来说明实用主义的含义。

不是因为悲伤而哭泣，而是因为哭泣而悲伤。

1842 ～ 1910

论述生理反应先于心理反应的著名章节。

威廉·詹姆斯

WILLIAM JAMES ▶P220

　　推动了实用主义发展的美国哲学家、心理学家。曾在哈佛大学学习医学并取得博士学位。后来创立美国第一个心理学实验室，在心理学和哲学上大展拳脚。在形而上学俱乐部中与皮尔士一起活动，继承皮尔士的思想并确立了实用主义。对日本哲学家西田几多郎产生了巨大影响。

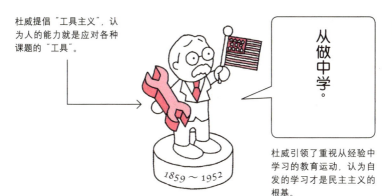

杜威提倡"工具主义"，认为人的能力就是应对各种课题的"工具"。

从做中学。

杜威引领了重视从经验中学习的教育运动，认为自发的学习才是民主主义的根基。

约翰·杜威

JOHN DEWEY

▶P222～226

　　推动实用主义发展的美国哲学家、教育学家。生于佛蒙特州。从佛蒙特大学毕业后先后担任高中教师和小学教师，后进入约翰·霍普金斯大学取得学位。历任芝加哥大学和哥伦比亚大学哲学教授。曾创办实验学校，并投身于从问题解决中学习的方法，在教育思想领域也具有巨大的影响力。

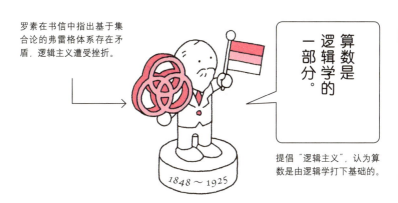

罗素在书信中指出基于集合论的弗雷格体系存在矛盾，逻辑主义遭受挫折。

算数是逻辑学的一部分。

提倡"逻辑主义"，认为算数是由逻辑学打下基础的。

戈特洛布·弗雷格

FRIEDRICH LUDWIG GOTTLOB FREGE

▶P232～236

　　德国的数学家、逻辑学家、哲学家。生于波罗的海沿岸的威斯马。在耶拿大学学习后转至哥廷根大学，取得数学博士学位。1874年任耶拿大学讲师，之后的44年间一直在此讲授数学（1896年就任教授）。提倡的算数源自逻辑的逻辑主义遭受挫折，但和罗素共同开拓了20世纪的符号逻辑学和分析哲学。1925年去世。

将世界视为创造性生成过程的怀特海哲学被称为"过程哲学"。

西方哲学不过是柏拉图的脚注。

怀特海以柏拉图的理型论为样板，提出了"永恒客体"这一概念。

阿尔弗雷德·诺斯·怀特海

ALFRED NORTH WHITEHEAD ▶210

英国哲学家、数学家。生于肯特郡萨尼特岛上的拉姆斯盖特。学生时代喜爱诗歌和历史。先后在剑桥大学和伦敦大学任教，1924年起担任美国哈佛大学教授。与罗素合著的《数学原理》被视为伦理学的里程碑。后来深入研究自然哲学和形而上学，提出独树一帜的"有机体哲学"。

麦克塔格特所提出的独特的时间论，在世界范围内讨论仍在持续。

时间是非实在的。

许多哲学家都论述过时间的非实在性。麦克塔格特在论文中举出斯宾诺莎、康德、黑格尔和叔本华。

约翰·麦克塔格特

JOHN MCTAGGART ▶P338

英国哲学家，生于伦敦。少年时代曾在预备学校就读，因多次公开发表无神论而被驱逐。1885年进入剑桥大学三一学院，开始哲学研究。作为英国观念论者，其黑格尔研究受到高度评价，另一方面，于1908年在哲学杂志《心灵》上发表论文《时间的非实在性》，成为现代时间论的开端。

第二次世界大战后仍积极推动和平运动，与爱因斯坦共同发表禁止核爆宣言。

被爱的人大抵也是爱人的人。

罗素也是广为人知的作家，著有幸福论和婚姻论的相关作品。

伯特兰·罗素

BERTRAND ARTHUR WILLIAM RUSSELL

▶P238

英国数学家、哲学家，生于威尔士地区的特雷勒克。在剑桥大学学习数学和哲学并执教。与怀特海合著《数学原理》，在现代符号逻辑学领域做出巨大贡献。第一次世界大战中发起反战运动，被大学驱逐。活跃在教育论、宗教论、社会论等多个领域，1950 年获得诺贝尔文学奖。

摩尔认为直观能让人明白道德的基本真理。

善就是善。

摩尔批判人们尝试用"好"等自然性质定义"善"，认为那是"自然的谬误"。

乔治·爱德华·摩尔

GEORGE EDWARD MOORE

▶P320

英国哲学家、伦理学家，生于伦敦郊外的上诺伍德。曾在剑桥大学学习古典文学，后在罗素的劝告下学习哲学，担任剑桥大学讲师、教授。作为哲学杂志《心灵》的编辑骨干十分活跃，与罗素共同构建起英美分析哲学的基础，其伦理学为现代伦理学带来了决定性影响。

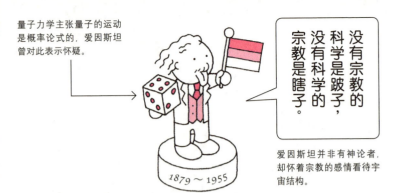

量子力学主张量子的运动是概率论式的,爱因斯坦曾对此表示怀疑。

没有宗教的科学是跛子,没有科学的宗教是瞎子。

爱因斯坦并非有神论者,却怀着宗教的感情看待宇宙结构。

1879 ~ 1955

阿尔伯特·爱因斯坦

ALBERT EINSTEIN　　▶P252 ▶P347

　　20 世纪最具代表性的理论物理学者。生于德国。从苏黎世联邦理工学院毕业后在专利局工作,同时发表了光量子说、布朗运动和狭义相对论的论文。20世纪初发表作为重力理论的广义相对论。1921 年获得诺贝尔物理学奖。由于是犹太人,为逃离纳粹而前往美国,在普林斯顿高等研究院从事研究。第二次世界大战后主张废除核武器。

- -

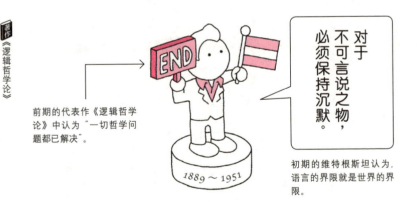

前期的代表作《逻辑哲学论》中认为"一切哲学问题都已解决"。

END

对于不可言说之物,必须保持沉默。

初期的维特根斯坦认为,语言的界限就是世界的界限。

1889 ~ 1951

路德维希·维特根斯坦

LUDWIG WITTGENSTEIN　　▶P230 ▶P240～244

　　生于奥地利的哲学家,给分析哲学和语言哲学的形成与发展带来了决定性影响。父亲是奥匈帝国的钢铁巨头。曾在柏林的工科大学学习航空工学,但关注点在数学和逻辑学上,后进入剑桥大学师从罗素。四个哥哥中有三个死于自杀。曾做过志愿兵和小学教员,一生命运坎坷。

将"能否被验证"视作科学的条件。

『万物的本源是水』这样的主张，说了等于没说。

卡尔纳普认为，无法用经验证明的命题毫无意义。

鲁道夫·卡尔纳普
RUDOLF CARNAP

▶P246～248

　　德国哲学家，逻辑实证主义的代表人物之一。先后在弗莱堡大学和耶拿大学学习哲学、数学和物理学。1926 年至 1931 年在维也纳大学担任讲师，同时加入了推崇逻辑实证主义的维也纳学派。后来为免受纳粹迫害逃亡到美国，先后在芝加哥大学和加利福尼亚大学执教。

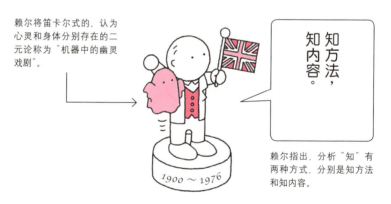

赖尔将笛卡尔式的、认为心灵和身体分别存在的二元论称为"机器中的幽灵戏剧"。

知方法，知内容。

赖尔指出，分析"知"有两种方式，分别是知方法和知内容。

吉尔伯特·赖尔
GILBERT RYLE

▶P276 ▶P280～284

　　英国哲学家。生于布莱顿。曾在布莱顿大学就读，后至牛津大学学习哲学和伦理学。1924 年起担任牛津大学基督教会学院讲师，后被任命为牛津大学维因弗里特纪念讲座哲学教授，一直在此职位工作到 1968 年。1947 年起担任哲学杂志《心灵》总编辑，是日常语言学派的先驱。

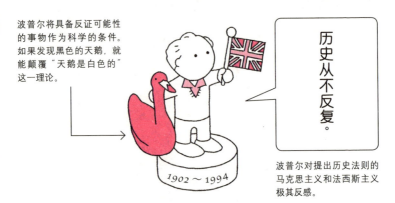

波普尔将具备反证可能性的事物作为科学的条件。如果发现黑色的天鹅，就能颠覆"天鹅是白色的"这一理论。

历史从不反复。

波普尔对提出历史法则的马克思主义和法西斯主义极其反感。

卡尔·波普尔

KARL RAIMUND POPPER ▶P250

原籍奥地利的英国哲学家，在科学哲学和政治哲学领域至今仍有巨大影响。出生于维也纳的犹太人家庭，在维也纳大学取得哲学博士学位。后来为躲避纳粹的迫害移居新西兰。第二次世界大战后移居英国，担任伦敦政治经济学院教授。

当地人指着兔子称其为"gavagai"，此时"gavagai"一词到底是指什么？蒯因提出此问题，并就指称的不可能性进行了论述。

经验主义的两个教条。

蒯因在1951年发表了以此为题的论文，猛烈地批判了逻辑实证主义。

威拉德·冯·奥曼·蒯因

WILLARD VAN ORMAN QUINE ▶P252～260

美国哲学家、逻辑学家。生于俄亥俄州阿克伦市。受到罗素启发，专攻数学，从奥柏林大学毕业后，在哈佛大学取得博士学位。后在哈佛大学执教，1948年就任哲学教授。通过批判逻辑实证主义而形成的语义学和存在论，给20世纪后半叶的语言哲学、科学哲学和认识论带来巨大影响。

艾耶尔认为，"神是存在的"之类形而上学的句子毫无意义。

一个句子只有在可以被经验证明的条件下才有意义。

这一验证原理成了逻辑实证主义的精髓。

阿尔弗雷德·艾耶尔

ALFRED JULES AYER

▶ P322

　　英国哲学家，生于伦敦。从牛津大学基督教会学院毕业后前往维也纳大学留学。在罗素和维特根斯坦的影响下撰写《语言、真理与逻辑》，成为英国的逻辑实证主义提倡者。第二次世界大战期间从军，战后担任伦敦大学教授，1958年就任牛津大学教授。

年轻时为挣钱当过魔术师。

中层理论。

说明以限定范围的现象为对象的"中层理论"的必要性。

罗伯特·金·默顿

ROBERT KING MERTON

▶ P269

　　美国社会学家。生于费城。从坦普尔大学毕业后，于1936年在哈佛大学获得博士学位，历任哈佛大学讲师和图兰恩大学副教授、教授，后前往哥伦比亚大学，1947年成为社会学教授，一直工作到1979年退休。1956年就任美国社会学协会主席，引领美国社会学界。1994年获得美国国家科学奖。

奥斯丁的言语行为论对人文和社会科学的多个领域产生了巨大影响。

语言可以分为记述话语和施事话语。

明确指出语言中包含事实确认 (constative) 和行为完成 (performative) 这两种举动。

约翰·奥斯丁

JOHN LANGSHAW AUSTIN

▶P272

英国哲学家。日常语言学派的核心人物，该学派以严密分析日常语言为课题。生于兰开斯特，曾在牛津大学专攻古典学。在万灵学院工作后，于 1952 年就任怀特道德哲学讲座教授。第二次世界大战期间以情报军官身份在陆军工作，引领了诺曼底登陆的成功。1960 年患上癌症去世，时年 48 岁。

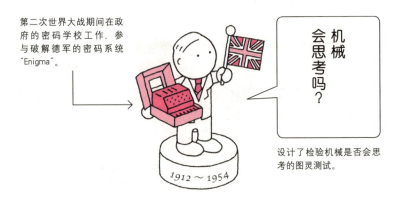

第二次世界大战期间在政府的密码学校工作，参与破解德军的密码系统"Enigma"。

机械会思考吗？

设计了检验机械是否会思考的图灵测试。

阿兰·图灵

ALAN MATHISON TURING

▶P294

英国数学家，设计了将人类进行的计算过程模型化的图灵机。生于伦敦。从剑桥大学毕业后，在普林斯顿大学从事研究，其间发表的《论数字计算在决断难题中的应用》成为数理逻辑学和计算机理论的划时代成果。第二次世界大战后在英国国家物理实验室和曼彻斯特大学工作，投身于计算机的设计和数值计算法。

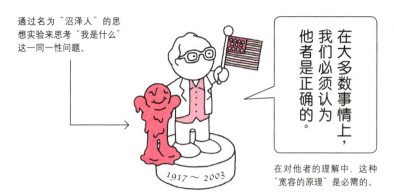

通过名为"沼泽人"的思想实验来思考"我是什么"这一同一性问题。

在大多数事情上，我们必须认为他者是正确的。

在对他者的理解中，这种"宽容的原理"是必需的。

1917 ～ 2003

唐纳德·戴维森

DONALD HERBERT DAVIDSON ▶P288 ▶P344

　　美国哲学家，现代语言哲学的最重要人物。生于马萨诸塞州斯普林菲尔德。从高中时代就对哲学抱有兴趣，阅读了尼采、柏拉图和康德的著作。曾在哈佛大学学习英语文学、比较文学和古典学，第二次世界大战期间加入海军。战后回到哈佛大学，1949 年取得博士学位。1951 年就任斯坦福大学副教授，后来在加州大学伯克利分校担任教授二十余年。

认为"应该～"这一道德判断属于命令或指令。

两层次说。

提倡"两层次说"，将道德思考分为直觉和批判。

1919 ～ 2002

理查德·麦尔文·黑尔

RICHARD MERVYN HARE ▶P324

　　英国伦理学家、功利主义者。生于萨默塞特郡巴克韦尔，曾在牛津大学贝利奥尔学院学习古典学，第二次世界大战期间被日军俘虏。第二次世界大战后回到牛津大学，历任学生指导员和研究员。1966 年就任牛津大学基督教会学院的道德哲学教授。1983 年成为佛罗里达大学哲学教授。

提倡心灵状态和大脑状态相同的"同一说"。

行为功利主义。

行为功利主义并不重视道德规则，而是主张应从功利主义角度评价个体行为。斯马特对此表示支持。

J.J.C. 斯马特

John Jamieson Carswell Smart ▶286

澳大利亚哲学家、伦理学家。生于英国剑桥。曾在格拉斯哥大学和牛津大学学习。1950年在墨尔本阿德莱德大学取得教职，移居澳大利亚。先后在拉筹伯大学和澳大利亚国立大学任教，是莫纳什大学的名誉教授。活跃在形而上学、科学哲学、心灵哲学等领域，同时作为行为功利主义的重要评论者受到关注。

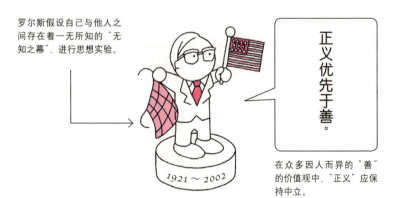

《正义论》《作为公平的正义：正义新论》

罗尔斯假设自己与他人之间存在着一无所知的"无知之幕"，进行思想实验。

正义优先于善。

在众多因人而异的"善"的价值观中，"正义"应保持中立。

约翰·罗尔斯

John Bordley Rawls ▶P326

美国政治哲学家。生于马里兰州。从普林斯顿大学毕业后加入陆军，经新几内亚和菲律宾，跟随占领军进入日本。第二次世界大战后在普林斯顿大学获得博士学位，1953年担任康奈尔大学副教授，后就任哈佛大学教授。1971年发表的《正义论》引起巨大反响，被翻译到世界各地。

范式转换是指看待事物的方法突然变化，这一词语是从库恩的讨论中普及开来的。

科学革命！

库恩将理论框架和思维方式的焕然一新称为科学革命。

1922 ～ 1996

托马斯·库恩

THOMAS SAMUEL KUHN

▶P264～266

　　生于美国俄亥俄州一个德裔犹太人土木工程师家庭。在哈佛大学学习物理学，获得博士学位。先后在哈佛大学、加州大学和普林斯顿大学任教，1979 年就任麻省理工学院科学史、科学哲学教授。提倡的"范式"概念在科学史以外的领域也得到广泛运用。

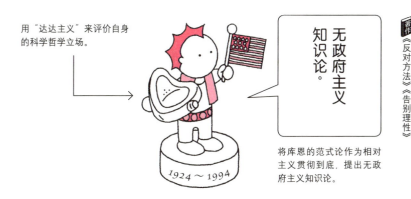

用"达达主义"来评价自身的科学哲学立场。

无政府主义知识论。

将库恩的范式论作为相对主义贯彻到底，提出无政府主义知识论。

1924 ～ 1994

保罗·费耶阿本德

PAUL KARL FEYERABEND

▶P268

　　活跃在美国的科学哲学家，过激的相对主义者。生于维也纳。青年时期曾在维也纳音乐大学、维也纳大学、魏玛戏剧研究所等地学习。1952 年前往英国，在伦敦政治经济学院跟随波普尔进行哲学研究。1958 年前往加州大学伯克利分校，同时兼任苏黎世联邦理工学院教授。

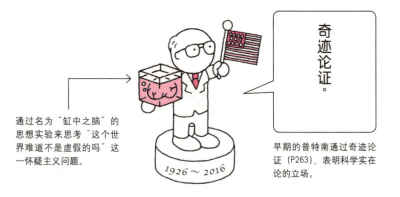

通过名为"缸中之脑"的思想实验来思考"这个世界难道不是虚假的吗"这一怀疑主义问题。

奇迹论证。

早期的普特南通过奇迹论证（P263），表明科学实在论的立场。

希拉里·普特南

HILARY WHITEHALL PUTNAM

▶ P262～263
▶ P290～292
▶ P334～336

美国哲学家。生于芝加哥。曾在宾夕法尼亚大学学习哲学和数学，后在加州大学洛杉矶分校获得博士学位。先后在普林斯顿大学、麻省理工学院、西北大学、哈佛大学任教，1976年被选为美国哲学学会会长。曾经活跃在分析哲学、心灵哲学、语言哲学、科学哲学等多个领域。

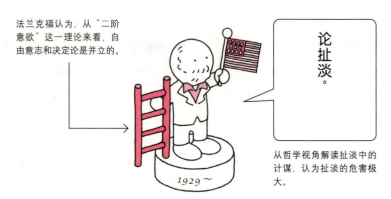

法兰克福认为，从"二阶意欲"这一理论来看，自由意志和决定论是并立的。

论扯淡。

从哲学视角解读扯淡中的计谋，认为扯淡的危害极大。

哈里·G·法兰克福

HARRY GORDON FRANKFURT

▶ P347

美国哲学家。生于宾夕法尼亚，在约翰霍普金斯大学获得博士学位。先后在耶鲁大学、洛克菲勒大学、俄亥俄大学工作，后就任普林斯顿大学名誉教授。主要研究领域为道德哲学、心灵哲学和行为哲学等。1986年的小文《论扯淡》于2005年单独再版，在美国成为畅销书。

罗蒂批判基础主义。在基础主义看来，心灵像镜子一样映出自然，将知识作为基础。

自由的反讽主义者。

指在公共领域应贯彻自由主义，在私人领域应贯彻反讽主义。

《哲学与自然之镜》《偶然、反讽与团结》《筑就我们的国家》

理查德·罗蒂

RICHARD RORTY

▶P270

美国哲学家。生于纽约。从芝加哥大学毕业后，在耶鲁大学获得博士学位。曾在军队服务，任卫斯理学院副教授，后任普林斯顿大学和弗吉尼亚大学教授，后就任斯坦福大学比较文学教授。批判近代的认识论，表明贯彻实用主义的新实用主义立场。影响力不仅限于英美，更遍及世界。

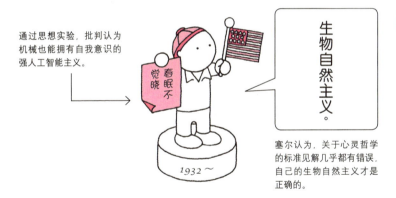

通过思想实验，批判认为机械也能拥有自我意识的强人工智能主义。

生物自然主义。

觉晓睡眠不

塞尔认为，关于心灵哲学的标准见解几乎都有错误，自己的生物自然主义才是正确的。

《言语行动》《意向性：论心灵哲学》

约翰·塞尔

JOHN ROGERS SEARLE

▶P311～312

美国哲学家。生于科罗拉多州丹佛。曾在威斯康星大学学习，后赴牛津大学留学，获得文学硕士与哲学硕士学位。1959 年回到美国，赴加州大学伯克利分校任教，1967 年任教授。专业为心灵哲学和语言哲学。在语言哲学领域发展性地继承了奥斯丁的言语行为论。

从哲学角度论述了"对于蝙蝠来说，作为一只蝙蝠是什么样的感觉"。

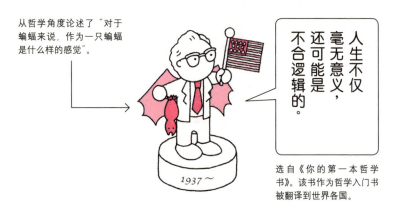

人生不仅毫无意义，还可能是不合逻辑的。

选自《你的第一本哲学书》。该书作为哲学入门书被翻译到世界各国。

托马斯·内格尔

THOMAS NAGEL ▶P314

　　美国哲学家。生于塞尔维亚的贝尔格莱德。1939 年移居美国，在纽约长大。曾在康奈尔大学、牛津大学和哈佛大学学习，1963 年获得博士学位。先后在加州大学伯克利分校和普林斯顿大学任教，后就任纽约大学哲学教授。研究范围很广，包括他者论、认识论、伦理学和社会哲学等。

美国的富裕阶层中有很多像诺齐克这样的自由至上主义者。

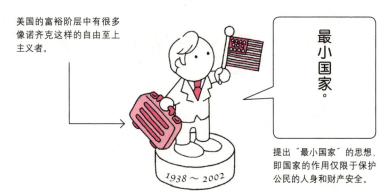

最小国家。

提出"最小国家"的思想，即国家的作用仅限于保护公民的人身和财产安全。

罗伯特·诺齐克

ROBERT NOZICK ▶P337

　　美国哲学家。出生于纽约布鲁克林一个俄裔犹太人移民家庭。先后在哥伦比亚大学和普林斯顿大学获得学士学位和博士学位。1969 年成为哈佛大学哲学教授。第一部著作《无政府、国家和乌托邦》从自由至上主义的立场批判罗尔斯，受到学界瞩目。此外，在分析哲学方面也有诸多论文和著作。

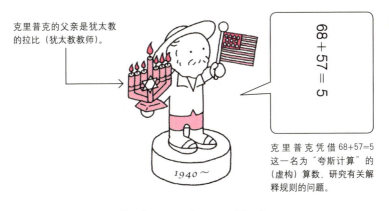

克里普克的父亲是犹太教的拉比（犹太教教师）。

68＋57＝5

克里普克凭借68+57=5这一名为"夸斯计算"的（虚构）算数，研究有关解释规则的问题。

1940 ～

索尔·克里普克

SAUL AARON KRIPKE　▶P340

美国哲学家、逻辑学家。生于纽约。18岁时在美国数学会发表有关模态逻辑语义学的完全性的证明，一举成名。在哈佛大学师从蒯因，获得博士学位。历任哈佛大学讲师、洛克菲勒大学副教授和教授、普林斯顿大学教授、纽约市立大学教授。被普林斯顿大学授予名誉教授称号。

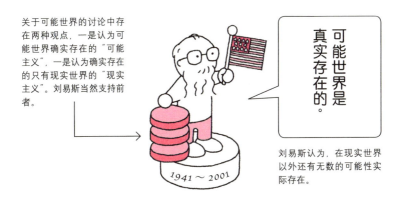

关于可能世界的讨论中存在两种观点，一是认为可能世界确实存在的"可能主义"，一是认为确实存在的只有现实世界的"现实主义"。刘易斯当然支持前者。

可能世界是真实存在的。

刘易斯认为，在现实世界以外还有无数的可能性实际存在。

1941 ～ 2001

大卫·刘易斯

DAVID KELLOGG LEWIS　▶P342

美国哲学家，英美分析哲学的核心人物之一。生于俄亥俄州欧柏林。曾在史瓦兹摩尔大学学习，在牛津大学留学一年，上过赖尔、斯特劳森、奥斯丁等人的课。后在哈佛大学蒯因门下学习，1967年获得博士学位。1970年开始在普林斯顿大学任教。2001年因糖尿病恶化去世，时年60岁。

主张"取消主义",即表现内心（意识）状态的"信念""感情""感觉""欲望"等哲学上的说明最终会被科学的语言完全代替。

取消主义。

取消主义的主张是,由心情来说明行动的"朴素心理学"最终也会消失。

保罗·丘奇兰德

PAUL CHURCHLAND

▶P296

　　加拿大哲学家。生于温哥华。在不列颠哥伦比亚大学学习哲学、数学和物理学。1969 年在匹兹堡大学获得博士学位。先后在多伦多大学、马尼托巴大学和普林斯顿高等研究所工作,1984 年就任加州大学圣迭戈分校教授。主要兴趣领域为心灵哲学和神经哲学,从脑科学的角度研究心灵哲学。

丹尼特认为,就连宗教性也可以从进化论的视角进行自然科学式的说明。

笛卡尔剧场是不存在的。

"Cartesian"意为"笛卡尔的"。丹尼特批判笛卡尔所说的意识是脑中小人居住的剧场。

丹尼尔·丹尼特

DANIEL CLEMENT DENNETT

▶P298 ▶P346

　　美国哲学家。生于波士顿。在哈佛大学学习哲学,接受蒯因的指导。1965 年在牛津大学获得博士学位,并在吉尔伯特·赖尔门下从事研究。现在担任塔夫茨大学哲学教授和认知科学研究中心主任。其研究在哲学和生物进化学与认知科学间架起桥梁,受到世界瞩目。

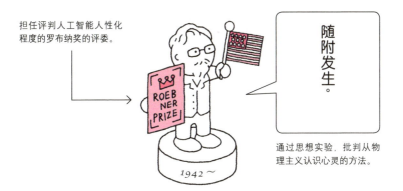

担任评判人工智能人性化程度的罗布纳奖的评委。

随附发生。

通过思想实验，批判从物理主义认识心灵的方法。

1942 〜

内德·布洛克

NED BLOCK ▶P310

　　美国哲学家。生于芝加哥。1971 年在希拉里·普特南的指导下于哈佛大学获得博士学位。后在麻省理工学院任教，1996 年就任纽约大学教授。专业为心灵哲学，研究"blockhead"这一理论上的计算机系统，因批评图灵测试而受到瞩目。

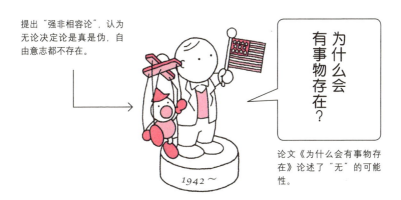

提出"强非相容论"，认为无论决定论是真是伪，自由意志都不存在。

为什么会有事物存在？

论文《为什么会有事物存在》论述了"无"的可能性。

1942 〜

彼得·范·因瓦根

PETER VAN INWAGEN ▶P348

　　美国哲学家。生于纽约。曾在伦斯勒理工学院学习，1969 年在罗切斯特大学获得博士学位。在雪城大学任职，后于 1995 年就任圣母大学哲学教授。主要研究领域为形而上学、宗教哲学和行为哲学。在自由意志论上认为自由意志与决定论并不相容，是非相容论的代表。

提倡作为物的大脑与心灵各自存在的伴随现象说，但后来转向与物理主义相近的表象主义。

玛丽的房间。

通过"玛丽的房间"这一思想实验，批判将心灵还原为物质的物理主义。

弗兰克·杰克逊

FRANK CAMERON JACKSON
▶P304～306

　　澳大利亚哲学家。父亲也是哲学家。在墨尔本大学学习数学和哲学，后在拉筹伯大学取得哲学博士学位。先后在阿德莱德大学和莫纳什大学任教，1986 年就任澳大利亚国立大学教授。专业为心灵哲学、认识论、形而上学和元伦理学。在心灵哲学领域批判物理主义，因提倡伴随现象说而广为人知。

著作 《动物解放》《实践伦理学》

站在功利主义的立场上，主张动物的权利和素食主义。

批判物种中心主义。

辛格思想的根本是批判认为自己所属物种就是中心的物种中心主义。

彼得·辛格

PETER SINGER
▶P328

　　澳大利亚伦理学者、功利主义者。生于墨尔本。曾在墨尔本大学和牛津大学学习。历任牛津大学讲师和纽约大学哲学系客座副教授，1977 年起在墨尔本的莫纳什大学哲学系担任教授，1999 年起在普林斯顿大学担任生命伦理学教授。国际生命伦理学学会第一任会长，当今世界上最著名的伦理学家。

索卡尔事件，指索卡尔将充斥着物理和数学方面虚假内容的恶搞论文投稿给后现代文化研究杂志《社会文本》，结果论文被原封不动地刊登。

1997年在现代思想的根据地法国出版了全面批判现代思想的《知识的骗局》。

阿兰·大卫·索卡尔

ALAN DAVID SOKAL

▶P269

美国物理学家、哲学家。生于波士顿。在哈佛大学获得学士学位，1981年在普林斯顿大学获得博士学位。现在同时担任伦敦大学学院的数学教授和纽约大学的物理学教授。专业为物理学、数学和科学哲学。因1995年引发批判后现代主义的索卡尔事件而闻名。

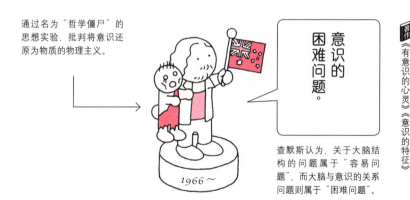

通过名为"哲学僵尸"的思想实验，批判将意识还原为物质的物理主义。

查默斯认为，关于大脑结构的问题属于"容易问题"，而大脑与意识的关系问题则属于"困难问题"。

大卫·查默斯

DAVID JOHN CHALMERS ▶P300～302 ▶P308～309

澳大利亚哲学家。生于悉尼。高中时代曾获数学奥林匹克竞赛铜牌。在阿德莱德大学和牛津大学学习数学后改专业为哲学，在印第安纳大学获得哲学、认知科学的博士学位。先后在加州大学圣克鲁斯分校和亚利桑那大学任职，2004年就任澳大利亚国立大学教授。心灵哲学的核心人物。

英美分析哲学

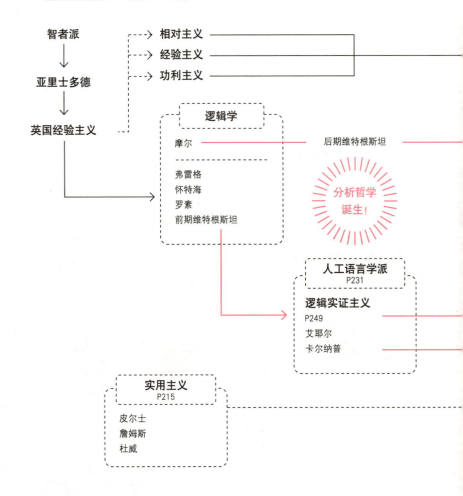

智者派 → 亚里士多德 → 英国经验主义

相对主义
经验主义
功利主义

逻辑学
摩尔 ———— 后期维特根斯坦
弗雷格
怀特海
罗素
前期维特根斯坦

分析哲学诞生！

人工语言学派
P231

逻辑实证主义
P249
艾耶尔
卡尔纳普

实用主义
P215
皮尔士
詹姆斯
杜威

　　20世纪初期，研究语言的**指称**（P232）的**分析哲学**（P230）从**弗雷格**（P191）、**罗素**（P193）、**维特根斯坦**（P194）、**摩尔**（P193）等人的**逻辑学**中产生，成为一大流派。**分析哲学**分为受**弗雷格**与前期**维特根斯坦**影响的德国**人工语言学派**（P231）和受**摩尔**与后期**维特根斯坦**影响的**日常语言学派**（P231）。

英美哲学从传统上有相对主义、经验主义和功利主义的倾向。

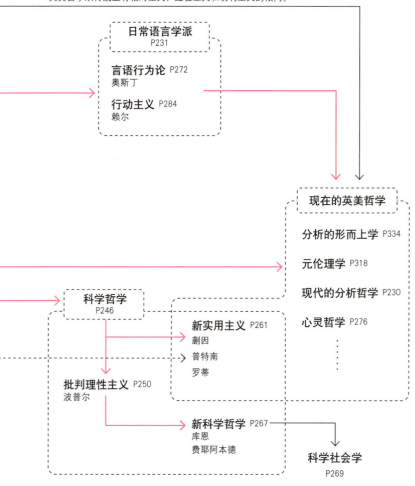

之后，**日常语言学派**主要在英国发展，而德国**人工语言学派**逃离纳粹而到了美国，与**功利主义**（P372）和美国原有的**实用主义**（P215）相结合，继续在美国发展。现在，**分析哲学**的范围已经过于广阔，界限变得有些不太分明，但说到**英美哲学**，多数情况下都是指**分析哲学**。

实用主义

皮尔士等

▶190

实用主义

含　义 ------------------------------ 用经验的结果来判断
事物是否为真理的哲学态度

示　例 ------------------------------ 皮尔士、詹姆斯、杜威

备　注 ------------------------------ 现在正向新实用主义发展

　　对于**皮尔士**来说，所谓"关于某事物的知识（概念）"，是指"对该事物可以有什么样的**行动（行为）**以及结果如何的知识"。比如"知道""冰"，并不意味着"知道""冰本身"，而是"知道""摸到冰会觉得凉"或"冰靠近热源就会溶化"。就算外形或素材是"冰"，如果摸起来不觉得凉，就不是"冰"。

所谓知识，是对结果的预测。

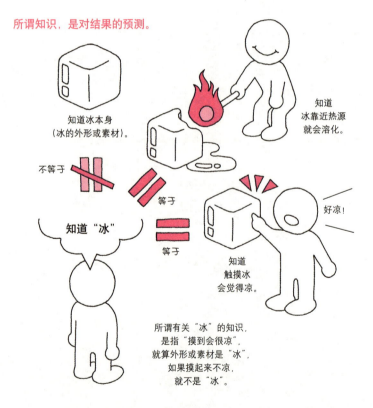

知道冰本身
（冰的外形或素材）。

知道
冰靠近热源
就会溶化。

不等于

等于

知道"冰"

等于

好凉！

知道
触摸冰
会觉得凉。

所谓有关"冰"的知识，
是指"摸到会很凉"，
就算外形或素材是"冰"，
如果摸起来不凉，
就不是"冰"。

　　即，对于某事物的知识，是指可以**预测**针对此事物的**行动结果**。由此想来，知识（概念）是**可以检验**的。

将**皮尔士**这种把知识与**行动（行为）**的结果关联起来的思想进一步发展的，是**詹姆斯**（P190）。**詹姆斯**认为，基于某一知识采取行动的结果若是**有用**的，那么这一知识就是**真理**。这就是**实用主义**（P221）。此外，**杜威**（P191）提倡**工具主义**（P223），认为知识自身没有价值，必须成为对人类**有用**的工具才有价值。

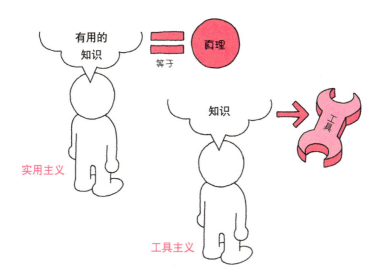

知识是行动结果的预测，而且若对人类有用便是真理，这样的立场称为**实用主义**。

实用主义

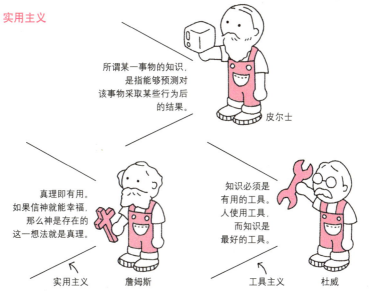

可错论

含　义 --------------------------------- 人类总会在未来
发现知识中的错误并进行修正

文　献 -------------------- 皮尔士《可错论，连续性，进化》

相　关 -------------- 实用主义（P214）、有根据的断言（P224）

皮尔士

　　首先查明无可怀疑的绝对真理，然后展开理论，这是传统哲学的理想模式，可以说是"最初即真理"。

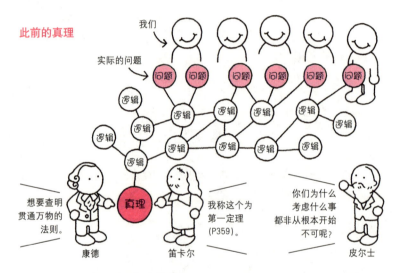

此前的真理

我们

实际的问题

问题 问题 问题 问题 问题 问题

逻辑

真理

想要查明
贯通万物的
法则。

康德

我称这个为
第一定理
（P359）。

笛卡尔

你们为什么
考虑什么事
都非从根本开始
不可呢？

皮尔士

　　但是对于**皮尔士**来说，所谓**真理**，是指关于日常问题的**知识**，这种知识是科学家等人通过实验或观察获得的、可以合理说明的**知识**。这样得到的真理（知识）必须被不断检验，不能从一开始就将其设定为绝对真理。

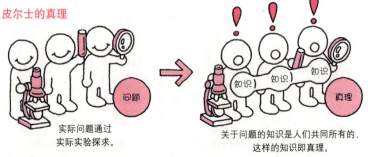

皮尔士的真理

问题

知识 知识 知识

真理

实际问题通过
实际实验求索。

关于问题的知识是人们共同所有的，
这样的知识即真理。

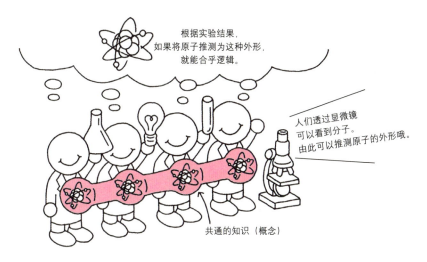

根据实验结果，
如果将原子推测为这种外形，
就能合乎逻辑。

人们透过显微镜
可以看到分子。
由此可以推测原子的外形哦。

共通的知识（概念）

比如原子，即使使用显微镜也无法看到。但通过观测、研究分子，科学家们共同拥有了原子的知识（概念）。**皮尔士**认为，尽管新的实验或观测有可能让人们发现知识中的错误，但对于我们来说，在该时间点上有关原子的知识就是**真理**。

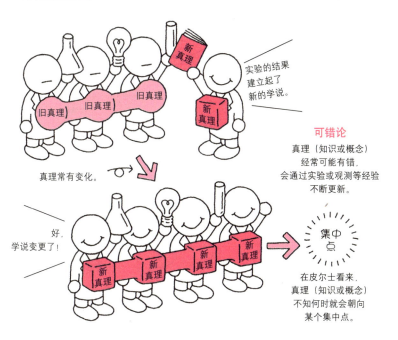

实验的结果
建立起了
新的学说。

旧真理　旧真理　旧真理

新真理

新真理

可错论
真理（知识或概念）
经常可能有错，
会通过实验或观测等经验
不断更新。

真理常有变化。

好，
学说变更了！

新真理　新真理　新真理　新真理

集中点

在皮尔士看来，
真理（知识或概念）
不知何时就会朝向
某个集中点。

我们无法找出绝对真理，因为只要有新的合理说明，**真理**就会被更新。真理不是事先存在的，而是由实验或观测等行为产生的。这一看待**真理**的方法称为<u>可错论</u>。

皮尔士

溯因

文　献 ----------------- 米盛裕二《溯因：假说与发现的逻辑》
相　关 ----------------------------- 实用主义（P214）
备　注 -----------------------------日语译为"假说形成的推论"

实用主义（P215）处理的不是抽象的问题，而是实际发生的问题，因此需要依靠**溯因**。所谓**溯因**，是指在遭遇某个意外时，设立**假说**来说明"为何会变成这样"的**推理方法**。

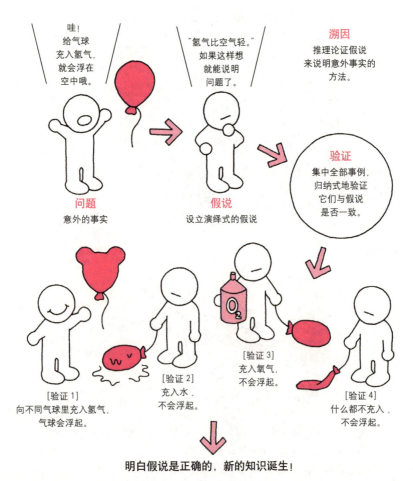

哇！
给气球
充入氢气，
就会浮在
空中哦。

"氢气比空气轻。"
如果这样想
就能说明
问题了。

溯因
推理论证假说
来说明意外事实的
方法。

问题
意外的事实

假说
设立演绎式的假说

验证
集中全部事例，
归纳式地验证
它们与假说
是否一致。

[验证1]
向不同气球里充入氢气，
气球会浮起。

[验证2]
充入水，
不会浮起。

[验证3]
充入氧气，
不会浮起。

[验证4]
什么都不充入，
不会浮起。

明白假说是正确的，新的知识诞生！

推理方法还有**演绎法**和**归纳法**，但仅凭**演绎法**或**归纳法**都无法获得新的**知识**。然而，若使用**溯因**，就能获得新的知识。

演绎法	归纳法	溯因
从一般原理 探明个体真理 的方法。	从大量事实 导出一般结论 的方法。	推理论证能说明 意外事实的假说 的方法。

演绎法

大前提

兔子喜欢胡萝卜。

↓

小前提

这只动物是兔子。

↓

结论

因此这只动物
喜欢胡萝卜。

前提包含在结论中，
因此知识量
不会增加。

归纳法

前提

这只兔子喜欢胡萝卜。

那只兔子也喜欢胡萝卜。

那只兔子也喜欢胡萝卜。

↓

结论

因此兔子
喜欢胡萝卜。

仅仅确认现有知识，
不能称为
新的知识。

溯因

实际的
↘ **问题**

明明是老鼠
却喜欢胡萝卜，
为什么？

鼠兔

↓

假说

兔子喜欢
胡萝卜。

假设
这只动物
是兔子。

↓

验证

验证一下
它是否符合
兔子的特征吧。

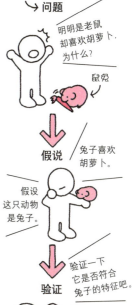

↓

结论

这只动物果然是
兔子的同类。

可以
获得
新的知识。

真理的有用性

文　献 ----------------------------------- 詹姆斯《实用主义》

相　关 ----------------- 实用主义 (P214)、工具主义 (P222)

备　注 ----------------------------------- 詹姆斯认为，实用主义的想法

不仅适用于科学，也适用于宗教、人生和道德

对于**皮尔士**来说，真理是能够带给众人合理说明的**知识**。真理是学者或专家制造出来的，且经常更新（可错论 P217）。

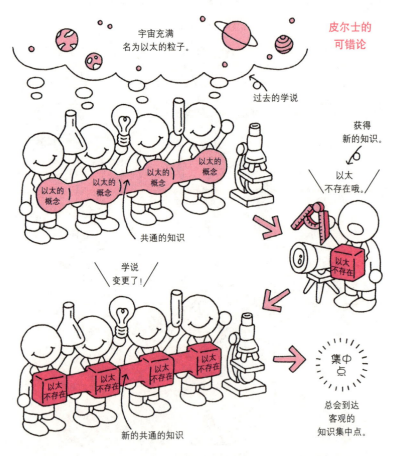

宇宙充满名为以太的粒子。

皮尔士的可错论

过去的学说

获得新的知识。

以太不存在哦。

以太的概念

以太的概念

以太的概念

以太的概念

共通的知识

以太不存在

学说变更了！

以太不存在

以太不存在

以太不存在

以太不存在

新的共通的知识

集中点

总会到达客观的知识集中点。

皮尔士认为，如果继续观察或实验，真理终会到达人类共通的客观的集中点。

对于**詹姆斯**来说，真理是客观的还是事实，这并不成为问题，最重要的是真理是否对**个人有用**。如果**有用**，就是真理（真理的有用性）。

喝下这个营养剂，头脑就会清醒。这个知识对我来说是真理。

我被神拯救了。神对我来说是真理。

鳄鱼危险。这个知识对我来说是真理。

真理并非在远离个人的某处单独存在。在**詹姆斯**看来，宗教信念也一样，如果有人信其正确并起到作用，那个信念对于那人来说就是真理。这就是实用主义。

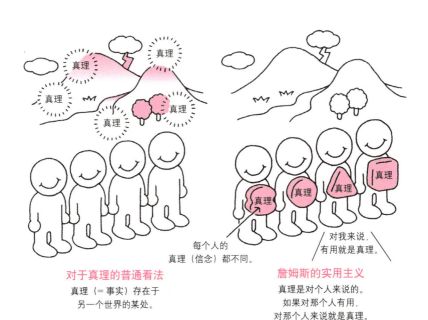

每个人的真理（信念）都不同。

对我来说，有用就是真理。

对于真理的普通看法
真理（＝事实）存在于另一个世界的某处。

詹姆斯的实用主义
真理是对个人来说的。如果对那人有用，对那个人来说就是真理。

杜威

▶191

工具主义

含 义 -------------------------------- 学问和知识是
对人类行动有用的工具
文 献 -------------------------------- 杜威《哲学之改造》
相 关 -------------- 实用主义（P214）、真理的有用性（P220）

　　在生死一线间的严酷环境中，对于开拓荒野的美国人来说，与日常生活无关的**笛卡尔**和**柏拉图**的哲学不是**真理**。**实用主义**正是以这种传统的美国**边界精神**为基础的。

在**杜威**看来，若探究到底就会发现，人类的所有**行动**都是对所处状况的适应性反应。在避开困难、不断创造更佳状况这一层面上，人类与其他生物完全相同。

人与动物的行动原理相同。

太冷了，建座房子住进去吧。

太冷了，挖个洞钻进去吧。

动物和人类的行动都是针对所处状况的适应性反应。

但是，人类为了避开困难会使用**工具**，而最好的工具就是**知识**。知识这一工具与其他工具一样，价值不存在于工具本身，而是存在于使用结果的**有用性**之中。在**实用主义**中，对知识的这一看法被称为工具主义。

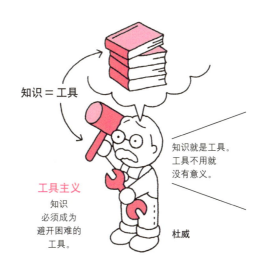

知识＝工具

知识就是工具。工具不用就没有意义。

工具主义
知识必须成为避开困难的工具。

杜威

有根据的断言

文　献 ----------------------------------- 杜威《逻辑学》

相　关 ----------------------------------- 可错论 (P216)

备　注 ----------------------- 杜威的实用主义的特点在于
不仅批判近代哲学，还批判柏拉图以来的哲学

杜威

对于**杜威**来说，**真理**并没有**詹姆斯**思想中的那么主观（真理的有用性 P221），但他也不认为真理会像**皮尔士**所说的，终能到达客观知识的集中点（可错论 P217）。

真理是科学家创造的共通的知识。只要持续探求，就会到达知识的集中点。

集中点

唔～能不能集中还是个问题呢。

皮尔士　　　　　　　　　　　　　　　　杜威

人各有不同的真理，因此真理的数量有人类那么多。

唔～有点说过了吧。

詹姆斯　　　　　　　　　　　　　　　　杜威

在**杜威**看来，**真理**是"专家用众人接受的方法成功证明假说的知识"。虽然这一知识具有客观性，但至于它是否与**事实**一致、是否会到达知识的集中点，则不在问题范围内。

现在我就来证明这个假说是正确的。大家若能接受，那么它就是真理。

假说

嗯嗯。

接受！

是客观的证明。

如果假说被成功证明，那这个假说就是真理。

杜威将这样导出的**真理**称为有根据的断言。

皮尔士认为的真理

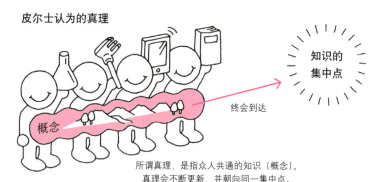

所谓真理，是指众人共通的知识（概念）。
真理会不断更新，并朝向同一集中点。

詹姆斯认为的真理

真理因人而异。
作为客观世界的"事实"如何，
并不在问题范围内。

杜威认为的真理

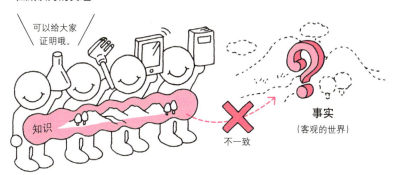

有根据的断言
真理是由合理证明形成的客观之物，
但无须和与人无关的"事实"一致。

创造性思维

文　献 ------------------- 杜威《人性与行为》《民主与教育》
相　关 ------------------- 实用主义（P214）、可错论（P216）
备　注 ------------------- 也称"实践性思维"。杜威认为
通过教育培养创造性思维是民主的基石

杜威

在**杜威**看来，出现问题时，通过观察状况，确立解决的预期，并逐渐接近所求结果，即可逐渐获得**真理**，因此重要的是不断**行动（实践）**。没有实践中的错误尝试，就绝对不可能得到真理。真理不是仅凭思考就能获得的。

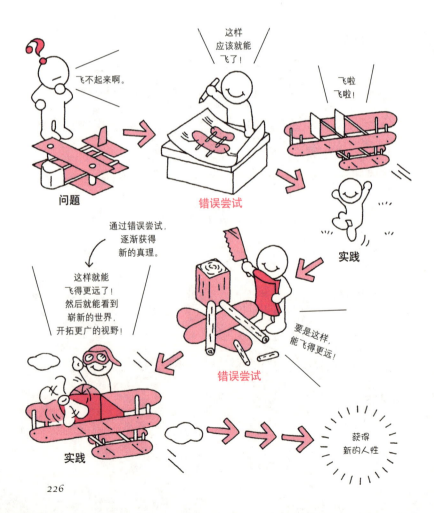

226

创造性思维

通过实践印证的创造性思维
不会轻易相信
那些煞有介事的理论。

理论上
这样就能飞哦!

那样飞不了啊。
我已经在错误尝试中知道了。

杜威认为,通过**行动**获得的知识会开阔我们的视野,让我们获得新的人性。他将这样获得的思维称为创造性思维。

原来,
也有人和我想的
不一样啊!

通过行动获得的
创造性知识
可以让人获得新的人性。

发现了
没见过的石头!

创造性思维和对知识一直保持怀疑态度的**可错论**(P217),通过"**从做中学**"这一表述,成为英美学校的教育者教授如何**解决问题**的基础。

从做中学

创造性思维和可错论
是英美学校教育的基础。

227

语言哲学与科学哲学

▶194

（语言）分析哲学

示　例 ----------- 摩尔、罗素、维特根斯坦、卡尔纳普、赖尔
相　关 ----- 图像论(P240)、语言游戏（P242)、逻辑实证主义(P248)
备　注 --------- 分析哲学是从符号逻辑学的研究中发展出来的，
是现代英美哲学的主流

自古以来，哲学都在探讨"真理""善恶""神"等问题，但这些**词语**本身都是人类创造出来的。

我可以叫你神吗？

不能乱写乱画！神在看着你呢！

神的称呼并不是面对神而取的，
神诞生于我们日常的语言活动中。

那么，如果我们不去考虑"神"是什么，而是去分析"神"这一概念是在什么情况下被使用的，我们就能解决"神"的问题。哲学的作用不在于思考"～是什么"，而是分析语言（语句）的意义，这样的哲学就叫（语言）分析哲学。

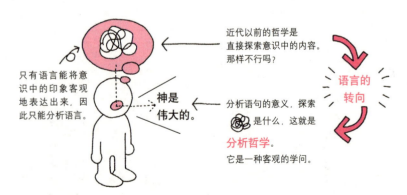

只有语言能将意识中的印象客观地表达出来，因此只能分析语言。

神是伟大的。

近代以前的哲学是直接探索意识中的内容。那样不行吗？

语言的转向

分析语句的意义，探索 是什么，这就是分析哲学。
它是一种客观的学问。

分析哲学让武断的、主观的哲学转向为客观的语言问题，这就是语言的转向。

分析哲学源自**弗雷格**（P191）、**罗素**（P193）和**摩尔**（P193）的哲学，经由**维特根斯坦**，成为现代英美哲学的主流。

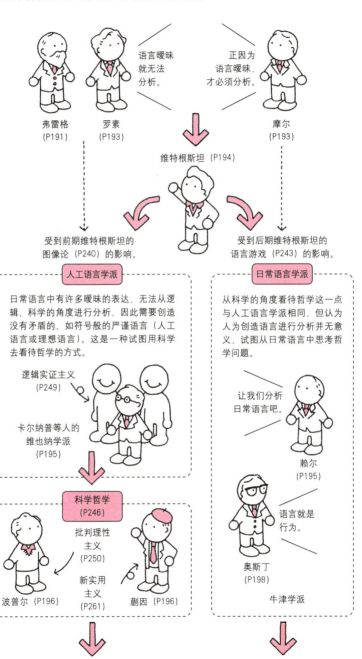

语言暧昧就无法分析。

正因为语言暧昧，才必须分析。

弗雷格（P191）　罗素（P193）　　　　　摩尔（P193）

维特根斯坦（P194）

受到前期维特根斯坦的图像论（P240）的影响。

受到后期维特根斯坦的语言游戏（P243）的影响。

人工语言学派

日常语言中有许多暧昧的表达，无法从逻辑、科学的角度进行分析，因此需要创造没有矛盾的、如符号般的严谨语言（人工语言或理想语言）。这是一种试图用科学去看待哲学的方式。

逻辑实证主义（P249）

卡尔纳普等人的维也纳学派（P195）

日常语言学派

从科学的角度看待哲学这一点与人工语言学派相同，但认为人为创造语言进行分析并无意义，试图从日常语言中思考哲学问题。

让我们分析日常语言吧。

赖尔（P195）

科学哲学（P246）

批判理性主义（P250）

新实用主义（P261）

波普尔（P196）　　蒯因（P196）

语言就是行为。

奥斯丁（P198）

牛津学派

主要在美国发展

主要在英国发展

弗雷格

指称

文　献 ------------------- 弗雷格《算数基础》《哲学论集》
相　关 ------------------- 语句（命题）(P234)、意义 (P236)
备　注 ------------- 弗雷格批判将指称视作内心印象的观点，
　　　　　　　　　　　　　称其为"心理主义"

在**弗雷格**看来，存在于我们心中的事物是**印象**或感情，而不是指称。指称只存在于**语句**之中。

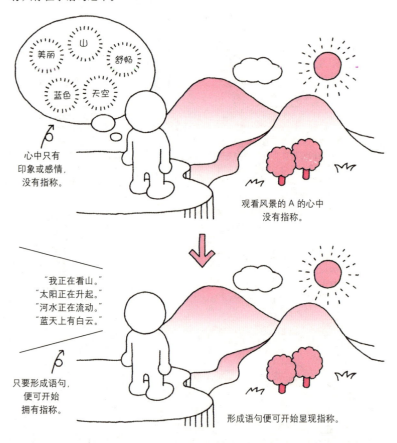

美丽
山
舒畅
蓝色
天空

心中只有
印象或感情，
没有指称。

观看风景的 A 的心中
没有指称。

"我正在看山。"
"太阳正在升起。"
"河水正在流动。"
"蓝天上有白云。"

只要形成语句，
便可开始
拥有指称。

形成语句便可开始显现指称。

反之，**印象**在**语句**中是不存在的。在此之前，人们认为**语句**（**语言**）起着将自己心中的**印象**搬运至他人心中的作用。但**弗雷格**认为，**语句**搬运的不是**印象**，而是**指称**。

弗雷格所说的指称，是指"必须能够判断真（正确）伪（错误）的（语句的）内容"，称为**真值**。这并不是说必须要判断**真伪**，而是说真伪的判断是可能的。在**弗雷格**看来，语法正确的**语句**带有**指称**，也就是带有**真伪**某一方的**真值**。

此前的语句（语言）观念

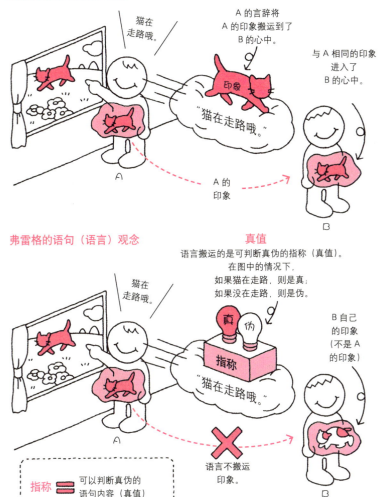

猫在走路哦。

A 的言辞将
A 的印象搬运到了
B 的心中。

与 A 相同的印象
进入了
B 的心中。

印象

"猫在走路哦。"

A

A 的
印象

B

弗雷格的语句（语言）观念

真值

语言搬运的是可判断真伪的指称（真值）。
在图中的情况下，
如果猫在走路，则是真；
如果没在走路，则是伪。

猫在走路哦。

真　伪

指称

"猫在走路哦。"

B 自己
的印象
（不是 A
的印象）

A

✕

语言不搬运
印象。

B

指称 ▤ 可以判断真伪的
语句内容（真值）

　　若**指称**并不存在于心中，而是存在于**语句**中，那么可以说人的**思考**存在于**语句**中。如此一来，就产生了分析**带有指称（真或伪的真值）的语句**，即**命题**（P234）之真伪的**分析哲学**。

语句（命题）

文　献 ---------------------------- 弗雷格《算数基础》《哲学论集》
相　关 ---------------------------- 指称（P232）、意义（P236）
备　注 ---------------------------- 带有指称（真值）的语句称为命题

弗雷格

弗雷格认为，语法正确的<u>语句</u>必然带有**指称**。在他看来，所谓"带有**指称（P232）**"，就是能够判断**语句内容的真伪**，也可以换个说法，称为"带有**真值（P233）**"。

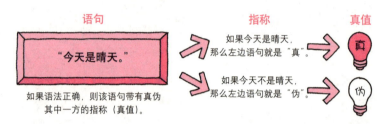

语句　　　　　　　　　　**指称**　　　　　**真值**

"今天是晴天。"

如果语法正确，则该语句带有真伪
其中一方的指称（真值）。

如果今天是晴天，
那么左边语句就是"真"。

如果今天不是晴天，
那么左边语句就是"伪"。

真

伪

在哲学的世界中，带有**指称（真值）**的语句称为<u>命题</u>。哲学所涉及的**语句**必须是**命题**。无法**判断真伪**的诗歌等不是**命题**，因此不是**弗雷格**的哲学所思考的对象。

没有指称（真值）的语句
（不能判断真伪）

带有指称（真值）的语句＝命题
（能够判断真伪）

明天要是
晴天就好了。

明天是
圣诞节。

谁给我
买只火鸡来！

如果能判断出
明天是圣诞节，则是真，
否则就是伪。

诗歌、命令句、疑问句等
无法判断真伪的语句
不是命题。

人类是
哺乳动物。

山是河川，
是天空。

如果能判断出
人类是哺乳动物，则是真，
否则就是伪。

弗雷格主张，**语句**只带有**指称**（真值），不带有**语句**发出者的**印象**（表象）（P237）。

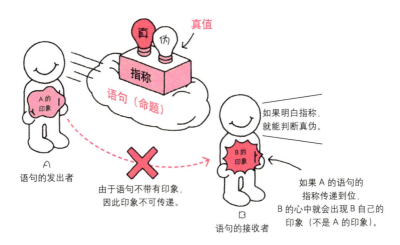

如果**语句**带有个人的主观**印象**，那么**语句**的**指称**就在发出者（主张者）的左右下发生变化。在**弗雷格**看来，**语言不会**被心中的**印象**左右，始终都**客观**存在，否则就无法论证观点的**真伪**。

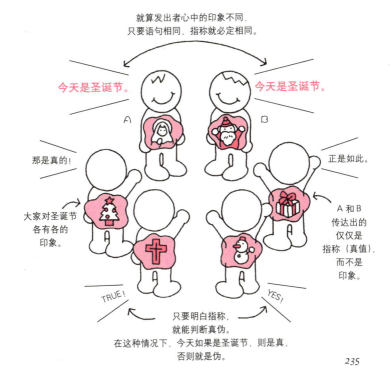

意义

文 献 ---------------------------------- 弗雷格《哲学论集》
相 关 ------------------- 语句（命题）（P234）、指称（P232）
备 注 ------------------- 弗雷格在 a=a 与 a=b 的不同中
思考指称与意义的区别

弗雷格

关于"❶黎明的金星是夜晚的金星"这一命题（P234），若只从**指称**（P232）上考虑，则等同于"❷金星是金星"。

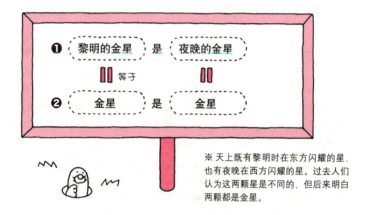

❶ 黎明的金星 是 夜晚的金星

等于

❷ 金星 是 金星

※ 天上既有黎明时在东方闪耀的星，也有夜晚在西方闪耀的星。过去人们认为这两颗星是不同的，但后来明白两颗都是金星。

但是与❷不同的是，❶的命题含有带来新认识、新知识的内容。为了说明像❶这样的命题，**弗雷格**导入了意义这一概念。关于**黎明的金星**和**夜晚的金星**，他认为指称相同，但意义不同。

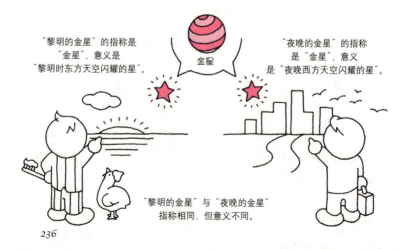

"黎明的金星"的指称是"金星"，意义是"黎明时东方天空闪耀的星"。

金星

"夜晚的金星"的指称是"金星"，意义是"夜晚西方天空闪耀的星"。

"黎明的金星"与"夜晚的金星"指称相同，但意义不同。

弗雷格认为，一切**命题**都带有**指称**和**意义**。例如"**今天下雨**"这一命题的指称非**真**即**伪**（真值 P233），但这一语句在昨天和今天带有不同的**意义**，即命题的**指称**（真伪）是通过**意义**决定的。

指称
决定了真伪其中一方。

意义
"今天"的意义因日期而不同，指称据此确定。

　　弗雷格以用望远镜看到的月球作为比喻，来说明**意义**和**指称**的区别。首先，**语句**、**命题**的指称是作为对象的月球本身，而**意义**是望远镜照出的月球。望远镜中的月球会根据观测场所的不同发生外形上的改变，仅仅是月球的一面，但大家可以看到同一个事物，因此是客观的。在观者心中映出的印象，称为**表象**。

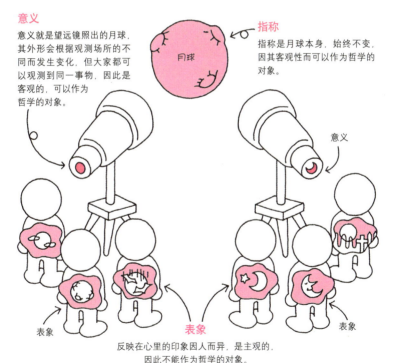

意义
意义就是望远镜照出的月球，其外形会根据观测场所的不同而发生变化，但大家都可以观测到同一事物，因此是客观的，可以作为哲学的对象。

指称
指称是月球本身，始终不变，因其客观性而可以作为哲学的对象。

月球

意义

表象
反映在心里的印象因人而异，是主观的，因此不能作为哲学的对象。

表象

表象

表象

　　表象是主观的，因此无法进行客观分析。**弗雷格**认为，哲学能够做的不是分析**表象**即观念，而是分析客观的**指称**和**意义**，也就是分析**语言**（**命题**）。

摹状词理论

文　献 ------------------------------------- 罗素《论指示》
相　关 ------------------------------------- 语句（命题）(P234)
备　注 ------ 罗素从用符号逻辑表达"现在的法国国王是秃子"时
遇到的困难中研究出摹状词理论

罗素

所谓**命题**（P234），是指从逻辑上可以判断**真伪**（**指称**）的**语句**。而**命题**的**真伪**则是由其主语是否包含在谓语的集合中决定的。例如"**人类是哺乳动物**"这一**命题**，若人类包含在哺乳动物这一集合中，则是**真**命题。

命题❶
"人类是哺乳动物。"
↓
人类（主语）包含在哺乳动物（谓语）
的集合中，因此是真。

命题❷
"鸟是哺乳动物。"
↓
鸟（主语）不在哺乳动物（谓语）
的集合中，因此是伪。

那么，"**现在的法国国王是秃子**"这一语句是**真**还是**伪**？如果这一语句是**伪**，那么"**现在的法国国王不是秃子**"又如何呢？其实，从**逻辑**上判断这类**语句**的**真伪**是非常困难的，因为现在的法国没有国王，所以无法判断主语（现在的法国国王）是否包含在谓语（秃子）的集合中。

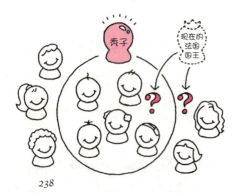

命题❸
"现在的法国国王是秃子。"
↓
现在的法国国王（主语）
并不存在，
所以不知道其是否包含在
秃子（谓语）的集合中，
也就无法判断真伪。

在**罗素**看来，这是不能置之不理的问题。因为如果存在有特定**真值**（P233）的**命题**模式，那么逻辑的根基就会崩塌。他将"**现在的法国国王是秃子**"这一**语句**分解成三个部分，避免使用"**现在的法国国王**"这一表达。若这三个部分不都是**真**的，那么全体语句就不是**真**的。

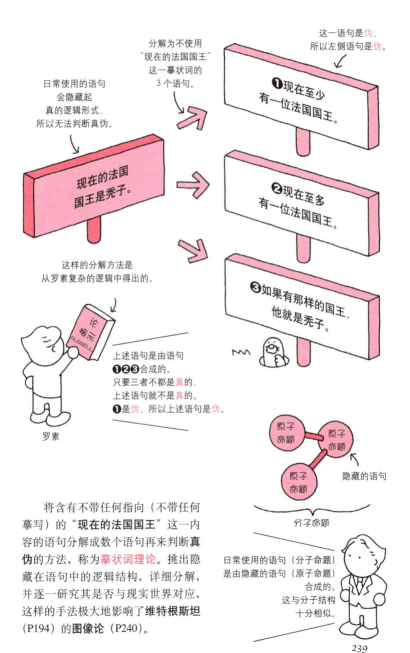

日常使用的语句会隐藏起真的逻辑形式，所以无法判断真伪。

现在的法国国王是秃子。

分解为不使用"现在的法国国王"这一摹状词的3个语句。

这样的分解方法是从罗素复杂的逻辑中得出的。

这一语句是伪，所以左侧语句是伪。

❶现在至少有一位法国国王。

❷现在至多有一位法国国王。

❸如果有那样的国王，他就是秃子。

论 摹示 RUSSELL

上述语句是由语句❶❷❸合成的。只要三者不都是真的，上述语句就不是真的。❶是伪，所以上述语句是伪。

罗素

原子命题

原子命题

原子命题

隐藏的语句

分子命题

将含有不带任何指向（不带任何摹写）的"**现在的法国国王**"这一内容的语句分解成数个语句再来判断**真伪**的方法，称为**摹状词理论**。挑出隐藏在语句中的逻辑结构，详细分解，并逐一研究其是否与现实世界对应，这样的手法极大地影响了**维特根斯坦**（P194）的**图像论**（P240）。

日常使用的语句（分子命题）是由隐藏的语句（原子命题）合成的。这与分子结构十分相似。

239

▶194

维特根斯坦

图像论

含　义 ----------------------------- 语言是对世界的忠实摹写
文　献 ----------------------------- 维特根斯坦《逻辑哲学论》
相　关 -----------摹状词理论（P238）、逻辑实证主义（P248）
备　注 ----------------------------- 前期维特根斯坦哲学的特征

　　在**维特根斯坦**看来，**现实世界**是一个又一个**事实**的集合。另一方面，**语言是科学的命题**（P234）的集合。所谓**科学的命题**，是指像"鸟停在树上"这类摹写某一**事实**的语句。**科学的命题（语句）与事实**一一对应，两者数量相同。这就是**图像论（像的理论）**。

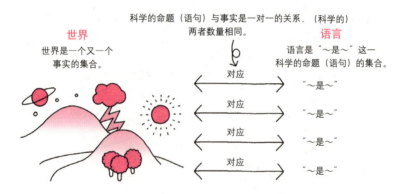

科学的命题（语句）与事实是一对一的关系，（科学的）两者数量相同。

世界
世界是一个又一个
事实的集合。

对应
对应
对应
对应

语言
语言是"～是～"这一
科学的命题（语句）的集合。

"～是～"
"～是～"
"～是～"
"～是～"

　　科学的命题摹写现实世界，因此只要分析所有**科学的命题**，就能分析世界上的一切。每个**科学的命题**从理论上讲都是必须能得到实际确认的。

事实

必须能够得到实际确认 ←

无论多么长的语句，都是由"～是～"这类没有连接词的语句（原子命题）集合而成的。例如这一语句是由"红鸟停在树上"和"白鸟停在树上"构成的。这些语句与事实一一对应（原子命题集合成的语句称为分子命题）。

命题（语句）
红鸟和白鸟
停在树上。

没错！
这句是
对的。

240

与此相反，从理论上看，不能实际确认的**命题**无法与**事实**对应，这并不是内容对错的问题，而是语言的误用。在维特根斯坦看来，例如"上帝已死""月亮很美"这类与宗教、美、伦理相关的**命题**，并不属于语言的正确用法。

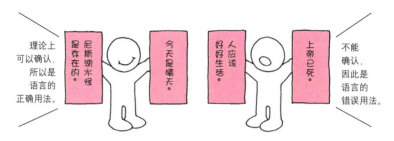

与**事实**不对应的语言不属于能够判断**真伪**的**命题**。在**维特根斯坦**看来，此前的哲学正是由这种语言的误用所创造的学问。

维特根斯坦认为，哲学的真正作用在于确定能用语言表达的事物和无法用语言表达的事物之间的界线。他留下了这样的话："我们必须对无法付诸语言的事物保持**沉默**。"

语言游戏

文　献 ------------------------------------- 维特根斯坦《哲学研究》
相　关 -------------------- 图像论（P240）、家族相似性（P244）
备　注 --------------------- 后期维特根斯坦的核心概念，
是基于对图像论的反省而提出的

　　维特根斯坦曾认为，只要分析与事实对应的**科学的语言**，就可分析世界（图像论 P240），但他随后又否定了自己的这一观点。因为他注意到，并非**科学语言**在先，而后被使用在**日常对话**中；而是**日常对话**在先，然后**科学语言**得以体系化。因此，想要理解世界，必须要分析原始的**日常语言**。

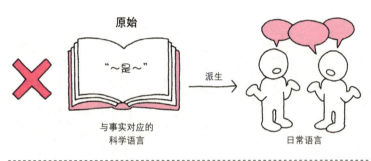

原始

与事实对应的
科学语言　　派生　→　　日常语言

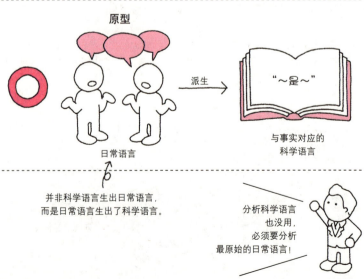

原型

日常语言　　派生　→　　"～是～"

与事实对应的
科学语言

并非科学语言生出日常语言，
而是日常语言生出了科学语言。

分析科学语言
也没用，
必须要分析
最原始的日常语言！

此外，**日常语言**并不像**科学语言**那样与事实一一对应。根据时间和环境不同，"今天是个好天气"具有多重含义。我们如果不知道这一对话的规则，就无法使用**日常语言**。**维特根斯坦**将对话的这一特性称为**语言游戏**。我们只能在日常生活中学习**语言游戏**的规则。

语言游戏

日常语言会在不同的时间和场合下改变含义。

「今天是个好天气。」

不用带伞。

洗干净的衣服应该能在今天干。

今天正是去露营的好日子。

昨天下雨了。

暗号（开始作战！）

我曾经认为语言是科学的事物，没想到它不过是日常进行的游戏啊！

如果脱离对话，只分析"今天是个好天气"等**日常语言**本身，就会产生误会。为了知道该语句是指什么，需要在日常生活中参加这种**语言游戏**。但遗憾的是，无论多么想对**日常语言**进行分析，但由于我们这些处理**日常语言**的人就存在于结构之中，因此无法把握全貌。

END ▶194

维特根斯坦

家族相似性

文 献 ------------------------------ 维特根斯坦《哲学研究》

相 关 ------------------------------ 语言游戏（P242）

备 注 ------------ 家族相似性这一理念颠覆了以往的逻辑学

维特根斯坦将日常语言比作**语言游戏**（P243），但又表示"游戏"一词本身并没有明确的定义。

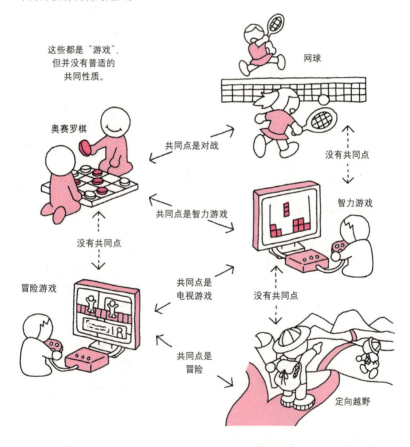

这些都是"游戏"，但并没有普适的共同性质。

网球

奥赛罗棋

共同点是对战

没有共同点

智力游戏

共同点是智力游戏

没有共同点

冒险游戏

共同点是电视游戏

没有共同点

共同点是冒险

定向越野

"游戏"这个**词语**的范围非常宽松，可以比喻成**家庭照**，即家人在外貌上虽然没有任何共同特征，但有可能哥哥的耳朵像父亲的耳朵、眼睛像母亲的眼睛，而妹妹的鼻子像母亲的鼻子，所以综合来看总觉得大家都很像。

这类通过相互关系结成的松散集合体，称为**家族相似性**。

这两人
没有
共通的特征

家族相似性
所有人并没有某一共同特征，
但相互间有相似之处，
所以大家看起来很像。
这样的集合体称为家族相似性。

家庭照

从**家族相似性**这一观点出发，可以得出结论：一个集合体中不一定要有一个共同的性质。例如，世上存在各种各样的正义，但其中未必存在一个共同的性质。这就否定了**柏拉图**的**理型（P356）论**。

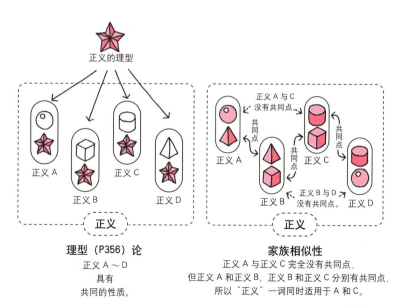

正义的理型

正义 A

正义 B

正义 C

正义 D

正义

理型（P356）论
正义 A～D
具有
共同的性质。

正义 A 与 C
没有共同点

共同点

共同点

共同点

共同点

正义 A

正义 B

正义 C

正义 D

正义 B 与 D
没有共同点。

正义

家族相似性
正义 A 与正义 C 完全没有共同点，
但正义 A 和正义 B、正义 B 和正义 C 分别有共同点，
所以＂正义＂一词同时适用于 A 和 C。

科学哲学

含　义 ---------------------------- 从哲学的角度研究科学
示　例 -------------- 卡尔纳普、波普尔、库恩、费耶阿本德等
相　关 -------------------- 可证伪性（P250）、整体论（P252）、
　　　　　　　　　科学实在论（P262）、奇迹论证（P263）、范式（P264）

卡尔纳普等

你一定听过"没有科学根据""那不科学"这类话。那么，成为**科学**的条件到底是什么呢？

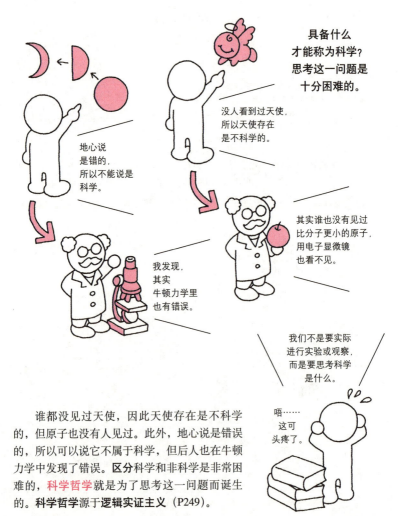

地心说是错的，所以不能说是科学。

没人看到过天使，所以天使存在是不科学的。

具备什么才能称为科学？思考这一问题是十分困难的。

我发现，其实牛顿力学里也有错误。

其实谁也没有见过比分子更小的原子，用电子显微镜也看不见。

我们不是要实际进行实验或观察，而是要思考科学是什么。

唔……这可头疼了。

　　谁都没见过天使，因此天使存在是不科学的，但原子也没有人见过。此外，地心说是错误的，所以可以说它不属于科学，但后人也在牛顿力学中发现了错误。**区分**科学和非科学是非常困难的，科学哲学就是为了思考这一问题而诞生的。**科学哲学**源于**逻辑实证主义**（P249）。

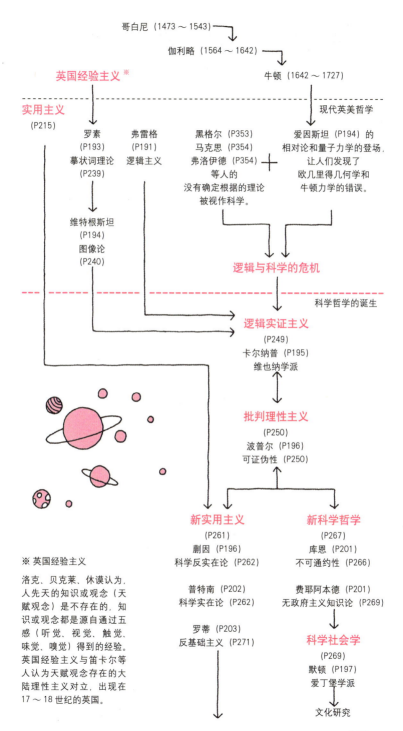

哥白尼（1473～1543）

伽利略（1564～1642）

牛顿（1642～1727）

英国经验主义※

实用主义
（P215）

现代英美哲学

罗素
（P193）
摹状词理论
（P239）

弗雷格
（P191）
逻辑主义

黑格尔（P353）
马克思（P354）
弗洛伊德（P354）
等人的
没有确定根据的理论
被视作科学。

爱因斯坦（P194）的
相对论和量子力学的登场，
让人们发现了
欧几里得几何学和
牛顿力学的错误。

维特根斯坦
（P194）
图像论
（P240）

逻辑与科学的危机

科学哲学的诞生

逻辑实证主义
（P249）
卡尔纳普（P195）
维也纳学派

批判理性主义
（P250）
波普尔（P196）
可证伪性（P250）

新实用主义
（P261）
蒯因（P196）
科学反实在论（P262）

普特南（P202）
科学实在论（P262）

罗蒂（P203）
反基础主义（P271）

新科学哲学
（P267）
库恩（P201）
不可通约性（P266）

费耶阿本德（P201）
无政府主义知识论（P269）

科学社会学
（P269）
默顿（P197）
爱丁堡学派

文化研究

※ 英国经验主义

洛克、贝克莱、休谟认为，
人先天的知识或观念（天
赋观念）是不存在的，知
识或观念都是源自通过五
感（听觉、视觉、触觉、
味觉、嗅觉）得到的经验。
英国经验主义与笛卡尔等
人认为天赋观念存在的大
陆理性主义对立，出现在
17～18 世纪的英国。

卡尔纳普等

逻辑实证主义

示　例 ------------------------- 石里克、卡尔纳普、艾耶尔
备　注 ------------------ 逻辑实证主义是 20 世纪 20 年代末期
　　　　　　　　　　由维也纳大学的哲学家和科学家组成的"维也纳学派"
　　　　　　　　推动的哲学革新运动，活动中心从第二次世界大战开始移至英美

　　20 世纪初期，相对论和量子力学的出现使得自然科学获得了显著发展。在这样的环境中，**马克思**（P354）的**社会科学**、**弗洛伊德**（P354）的**精神分析**等没有确定根据的逻辑也被描述成科学的一部分。

科学的危机

人类的行动
由潜意识
支配！

世界最终会变成
共产主义哦！
社会科学
不会有错！

　　卡尔纳普等物理学家和数学家结成的**维也纳学派**对此抱有危机感，因此他们制定了统一规则：可以通过观察或实验得到**验证**的理论（命题）是科学的，不能验证的理论则是非科学的。

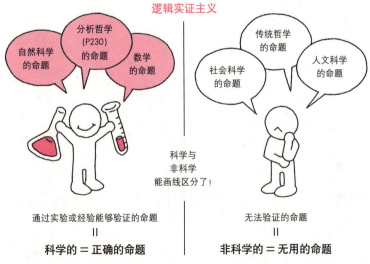

逻辑实证主义

自然科学
的命题

分析哲学
(P230)
的命题

数学
的命题

传统哲学
的命题

社会科学
的命题

人文科学
的命题

科学与
非科学
能画线区分了！

通过实验或经验能够验证的命题
＝
科学的＝正确的命题

无法验证的命题
＝
非科学的＝无用的命题

在他们看来，此前在哲学中一直被视作问题的"神是～"等属于无法**验证**的非科学理论，只是无用的知识。就像**维特根斯坦**指出的那样，只是错误的语言用法（图像论 P240）。**维也纳学派**提倡逻辑实证主义，即只有通过**验证**能够证实的"科学的事实"才是正确的理论。哲学的作用不在于用语言说明世界，而仅仅在于**分析**语言本身。

哲学家
只需要分析
"语言"！
探求"事实"
就交给
科学家！

维也纳学派
的成员

逻辑实证主义
以维特根斯坦的
图像论
为基础。

传统的哲学
无法实验也
无法观察，
是假的学问。

自然科学是
任何人都能经验的、
可信的学问。

但是，**实证**作为科学的理论条件也是行不通的，因为**实证**带来的"科学的事实"每时每刻都可能由于新事实的发现而被推翻。其实，几乎所有的"科学的事实"都是在不断更新的（可证伪性 P250）。

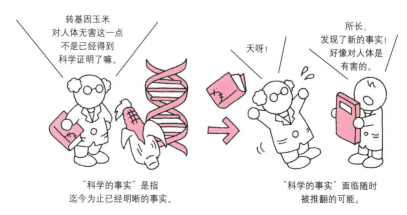

转基因玉米
对人体无害这一点
不是已经得到
科学证明了嘛。

天呀！

所长，
发现了新的事实！
好像对人体是
有害的。

"科学的事实"是指
迄今为止已经明晰的事实。

"科学的事实"面临随时
被推翻的可能。

可证伪性

文　献 ----------------------------- 波普尔《科学发现的逻辑》

相　关 ----------------------------- 逻辑实证主义（P248）

备　注 -------------------- 可证伪性的理论是作为对归纳主义和
逻辑实证主义的批判被提出的

　　逻辑实证主义（P249）提倡的只有可**验证**的逻辑才是科学这一观点存在重大缺陷。因为无论多么完美的理论，都有可能只因一个例外就被推翻。人不可能通过验证来证明**科学理论**。

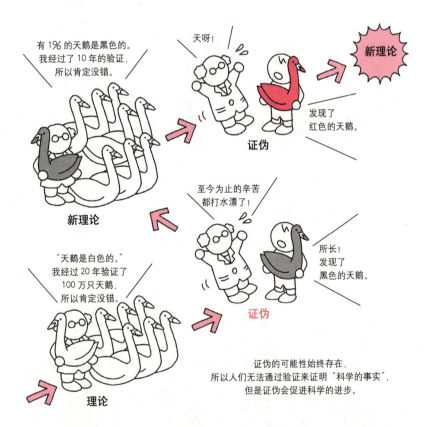

有1%的天鹅是黑色的。我经过了10年的验证，所以肯定没错。

新理论

天呀！

发现了红色的天鹅。

证伪

新理论

"天鹅是白色的。"我经过20年验证了100万只天鹅，所以肯定没错。

理论

至今为止的辛苦都打水漂了！

所长！发现了黑色的天鹅。

证伪

证伪的可能性始终存在，所以人们无法通过验证来证明"科学的事实"，但是证伪会促进科学的进步。

　　因此**波普尔**认为，科学与非科学的区别不能像**卡尔纳普**（P195）那样用能否验证来判断，而是应该用能否**证伪**来判断。这种**可证伪性**是科学观念的条件，科学通过证伪可以取得进步（批判理性主义）。

卡尔纳普区别科学与非科学的方法

若以能否验证作为区别方法，属于科学的理论就将消失。

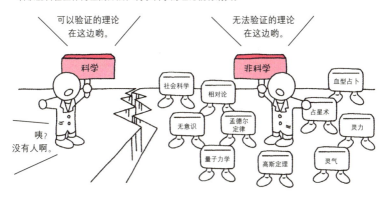

波普尔区别科学与非科学的方法

若以能否证伪作为区别方法，属于科学的理论就是存在的。

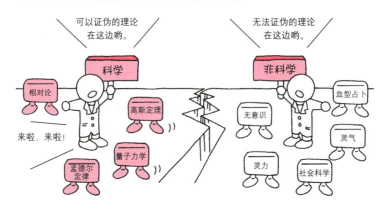

在**波普尔**看来，科学的理论可以换言之为"目前未被证伪的理论"。相对地，伪科学以直觉或感性为基础，无法证伪。

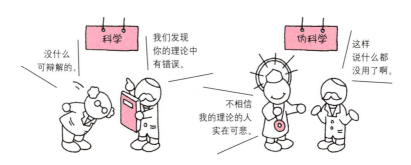

科学家会痛快地承认错误，但伪科学似乎存在许多逃避的途径？

251

整体论

文　献 ------------------------- 蒯因《经验主义的两个教条》
备　注 ------------------------- 在上述论文中，蒯因有
"我们所谓知识或信念的整体，
是仅仅在其边缘与经验接触的人造作品"的论述

蒯因

19 世纪的天文学家**勒维耶**在观测水星轨道时，发现其运行和牛顿力学的推测结果不同。他认为太阳系里还有一颗未确认的名为 vulcan 的行星，正是 vulcan 的引力让水星的轨道发生了异变。

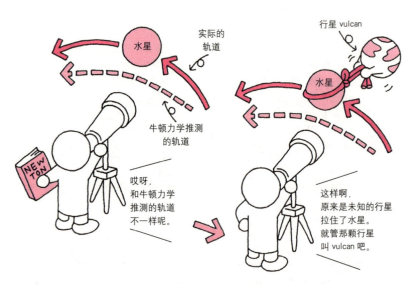

但是后来，随着**相对论**的发表，**牛顿力学**被指出存在错误。也就是说，就算观测结果出现问题，明白天文学或物理学理论中的某处有错，也不知道具体错在哪里。

为了合乎某一实验或观测的逻辑，应该可以修改整体中的某一点，这就叫**整体可修正论（迪昂－蒯因命题）**。科学家通常不会去修改像牛顿力学那样的根本理论。

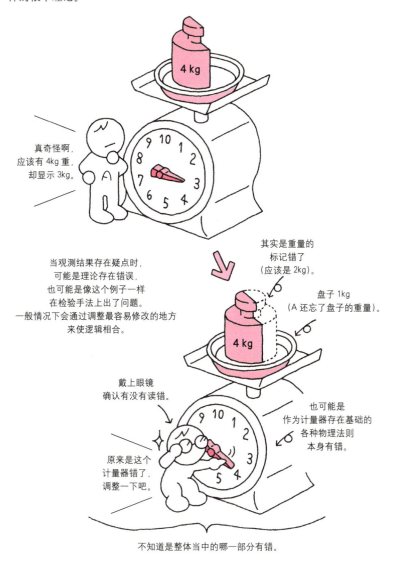

真奇怪啊，应该有 4kg 重，却显示 3kg。

当观测结果存在疑点时，可能是理论存在错误，也可能是像这个例子一样在检验手法上出了问题。一般情况下会通过调整最容易修改的地方来使逻辑相合。

其实是重量的标记错了（应该是 2kg）。

盘子 1kg（A 还忘了盘子的重量）。

戴上眼镜确认有没有读错。

也可能是作为计量器存在基础的各种物理法则本身有错。

原来是这个计量器错了，调整一下吧。

不知道是整体当中的哪一部分有错。

逻辑实证主义（P249）认为，一个**命题**（P234）可以独立确定真伪。但是**命题**之间相互关联，组成一个体系，因此不能只**验证**某一单独**命题**的真伪。每个**命题**都只能作为整个体系的一部分来看待。这样的观点称为**整体论**。

► 196

自然主义

含　义 ------------ 将人类的认识活动作为自然现象进行研究
文　献 ------------------------ 蒯因《自然化认识论》
相　关 ---------- 整体论（P252）、经验主义的两个教条（P256）

蒯因等

逻辑实证主义（P249）**者**认为**真理**有两种，一种是仅凭语言的含义或概念即可判断为真的分析真理，另一种是若不进行实际确认就无法判断为真的综合真理。两者的区别则是**逻辑实证主义**的基石。

分析真理（理性的真理）	综合真理（事实的真理）
仅凭语言的含义或概念即可判断的真理。不会因为实验或经验发生变化。分析哲学研究的问题属于这边。	必须通过实验或经验确认的真理。科学研究的问题属于这边。

矛盾律

同一物体不可能同时是四角和三角
（因为四角形是指有四个角的图形）。

地球是圆的
（科学发现的命题）。

同一律

单身者没有结婚
（因为"单身"一词意为没有结婚）。

好自由~

A 是单身。

排中律

尼斯湖里要不就有水怪，要不就没有
（因为真伪不可能同时成立）。

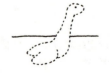

尼斯湖里
没有水怪。

逻辑实证主义相信，**分析真理**是不会因科学实验或经验改变的。

圆形的四角形是不存在的。（＝真）
真和伪不可能同时成立。（＝真）
单身者没有结婚。（＝真）

这些事情不可能
因为科学进步
而改变吧。

但是，**蒯因**否定了这一观点。如果实验结果不合逻辑，就要改变作为**分析真理**的**矛盾律和排中律**（P254）等逻辑法则。

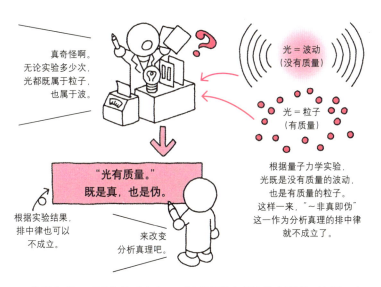

真奇怪啊。
无论实验多少次，
光都既属于粒子，
也属于波。

光＝波动
（没有质量）

光＝粒子
（有质量）

根据量子力学实验，
光既是没有质量的波动，
也是有质量的粒子。
这样一来，"～非真即伪"
这一作为分析真理的排中律
就不成立了。

"光有质量。"
既是真，也是伪。

根据实验结果，
排中律也可以
不成立。

来改变
分析真理吧。

分析真理一旦因实验而改变，一切真理就会成为**综合真理**。这样一来，将两者区别开来的**逻辑实证主义**就不宜登场了。**蒯因**认为，应该否定哲学的特权，将（经验）科学导入哲学（认识论）。这样的观点称为**自然主义**。

交给我们吧！

接下来就
交给你们了！

蒯因

经验主义的两个教条

文　献 ------------------------ 蒯因《经验主义的两个教条》
相　关 ------------------------ 整体论（P252）、自然主义（P254）、
新实用主义（P260）

　　蒯因提出的**"经验主义的两个教条"**大大地改变了哲学的存在理由。
（这里的经验主义是指逻辑实证主义，教条是指独断。）

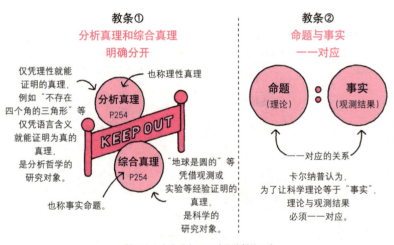

教条①
分析真理和综合真理
明确分开

仅凭理性就能
证明的真理，
例如"不存在
四个角的三角形"等
仅凭语言含义
就能证明为真的
真理，
是分析哲学的
研究对象。

也称理性真理

分析真理
P254

KEEP OUT

综合真理
P254

"地球是圆的"等
凭借观测或
实验等经验证明的
真理，
是科学的
研究对象。

也称事实命题。

教条②
命题与事实
一一对应

命题
（理论）

事实
（观测结果）

——对应的关系

卡尔纳普认为，
为了让科学理论等于"事实"，
理论与观测结果
必须一一对应。

蒯因认为这些观点只不过是独断的思考。

　　无论是提倡**逻辑实证主义**（P249）的**卡尔纳普**（P195），还是提倡**批判
理性主义**（P250）的**波普尔**（P196），都没有怀疑过**综合真理**（P254）与**分
析真理**（P254）的区别。在**蒯因**看来，这是第一个**教条**（独断）。由于**分析
真理**会根据实验或观察等经验改变，所以一切真理都是**综合真理**（自然主义
P255）。

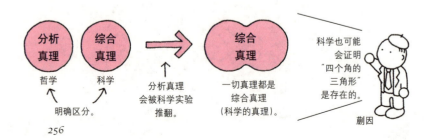

分析
真理

哲学

综合
真理

科学

明确区分。

综合
真理

一切真理都是
综合真理
（科学的真理）。

分析真理
会被科学实验
推翻

科学也可能
会证明
"四个角的
三角形"
是存在的。

蒯因

第二个独断是将**命题（理论）**和**事实（观测结果）**视作**一一**对应关系的观点。理论是由其他许多理论构成的，就算和观测结果一致，其理论也不会是真实的（整体性 P253）。

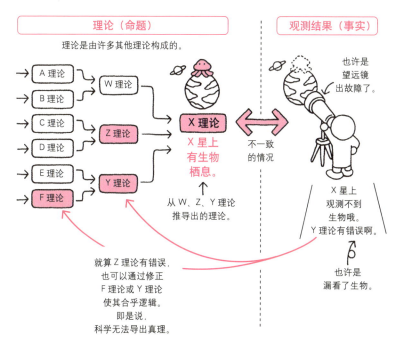

蒯因认为，科学（观测等经验）无法探明真实，因此重要的不是理论的真伪，而是理论对人类是否有用（新实用主义 P261）。

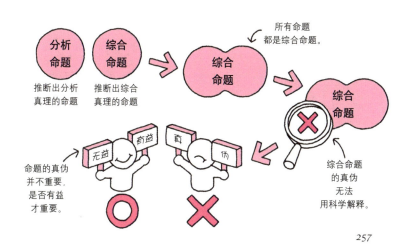

蒯因

翻译不确定性

▶196

备 注 --------------------------------《语词和对象》中有
"可用不同的方式编写一些把一种语言
译为另一种语言的翻译手册，
所有这些手册都与全部言语倾向相容，
但彼此之间却不相容"

Gavagai！

Gavagai
是指兔子吗？

翻译家

　　如果在初访之地听到当地人指着兔子说"gavagai"，一般人都会认为
gavagai就是兔子的意思，但对于他们来说，gavagai可能是指"兔子的形
状"，也可能是指"像兔子"的性质，还可能是指"神"。

◎△□※

咦？开始
拜兔子了啊。

　　无论调查得多么详细，最终都无法得知gavagai的正确含义。**蒯因**将这
种无法凭借某一发音确定所指的现象称为指示的不可测性。

翻译不确定性

因为在发音和指示对象的关联中没有正确答案，所以在翻译一无所知的语言时，可以做出体系相异的数个翻译。**蒯因**将这种无法确定正确翻译、可能具备数个翻译的情况称为**翻译不确定性**。从原理上看，**翻译不确定性**在使用相同语言对话的人之间也是不变的。没有任何事物能保证我们自己和他人之间的语言指示范围是一致的。

蒯因等

▶196

新实用主义

示　例 ------------------------------ 蒯因、罗蒂、普特南
相　关 ------------------------------ 实用主义（P214）、
　　　　经验主义的两个教条（P256）、反基础主义（P270）
备　注 ------------------------------ 多指罗蒂的主张

　　电子和基本粒子实际上是无法观测到的，它们是科学家为了方便研究而设置的对象。这样的对象称为**理论对象**。

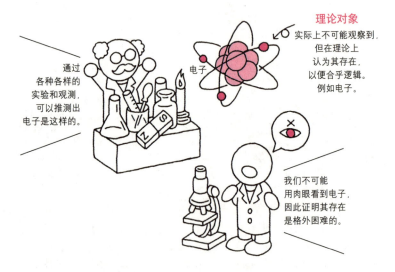

通过
各种各样的
实验和观测，
可以推测出
电子是这样的。

电子

理论对象
实际上不可能观察到，
但在理论上
认为其存在，
以便合乎逻辑。
例如电子。

我们不可能
用肉眼看到电子，
因此证明其存在
是格外困难的。

　　认为**理论对象**真实存在的立场，称为**科学实在论**（P262）。但是，根据**蒯因的整体论**（P253），当不合理论的实验结果出现时，由于无法确定哪里存在理论错误，因此**整体论**与**科学实在论**并不相容。

是否采用
这些理论，
是由是否有用
决定的。

电子等
理论对象

相对论等
科学法则

$E = mc^2$

蒯因

就像在**经验主义的两个教条**（P256）也能看到的，科学无法探明真理。

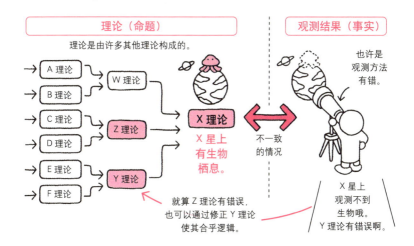

因此**蒯因**认为，是否选择某一**理论或命题**，是由该理论对系统整体是否**有用**来决定的。**实用主义的工具主义**（P223）在此复活。**逻辑实证主义**（P249）之后全新诞生的**蒯因**和**罗蒂**（P203）等人的**实用主义**，被称为新实用主义。

普特南等

科学实在论 | 反实在论

相　关 ------------------------ 奇迹论证 | 悲观归纳 (P263)

备　注 ----------- 普特南后来不断改变主张，否定科学实在论，
先后提倡内在实在论和自然实在论

虽然无法观察电子和基本粒子，但只要认为它们存在，便能证明可以实际观察到的现象。这类由科学家创造出的理论上的对象，称为**理论对象**（P260）。

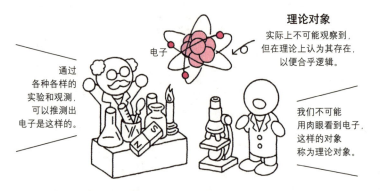

理论对象
实际上不可能观察到，
但在理论上认为其存在，
以便合乎逻辑。

电子

通过
各种各样的
实验和观测，
可以推测出
电子是这样的。

我们不可能
用肉眼看到电子，
这样的对象
称为理论对象。

认为**理论对象**真实存在的立场，称为<u>科学实在论</u>。认为**理论对象**只不过是用来方便说明实际现象的装置，则称为<u>反实在论</u>。

伊恩·哈金

前期的
普特南

电子和基本粒子等
理论对象是
实际存在的！

反实在论并不是观念论，
因此若世界本身不存在，
人就不可能思考，
也就不可能从崖上跳下。

理论对象
并不存在！

爱因斯坦

蒯因

费耶阿本德

范·弗拉森

科学实在论

反实在论

262

普特南等

奇迹论证｜悲观归纳

▶202

相　关 ------------------ 科学实在论｜反实在论（P262）
备　注 ------------------------ 从顺序上来看，
奇迹论证在先，随后为批判它而提出了悲观归纳

让我们以电子的存在为例，来看看否定**科学实在论（P262）**与否定**反实在论（P262）**的主张。前者以**拉里·劳丹**（1941～2022）的悲观归纳闻名，后者以**普特南**的奇迹论证闻名。

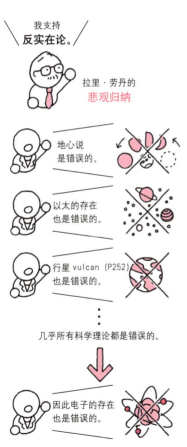

我支持
反实在论。

拉里·劳丹的
悲观归纳

地心说
是错误的。

以太的存在
也是错误的。

行星 vulcan（P252）
也是错误的。

⋮

几乎所有科学理论都是错误的。

因此电子的存在
也是错误的。

因为科学理论以归纳法为基础，
所以悲观归纳的否定
等同于科学本身的否定。

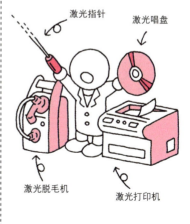

我支持
科学实在论。

普特南的
奇迹论证

激光技术
以电子的存在为基础。
如果电子不存在，
所有激光制品
能够顺利运转
就都会成为
奇迹般的偶然。

激光指针

激光唱盘

激光脱毛机

激光打印机

关于事物，
如果有是奇迹和非奇迹两种选项，
那么还是认为非奇迹比较妥当。

范式

含　义 -------- 在某一时代或领域对事物的主流看法或认识方式

文　献 ------------------ 库恩《科学革命的结构》

备　注 ----------- 狭义上指某个科学共同体所共有的理论框架

库恩

人们长期以来都认为，科学知识会随着观察或实验的积累，逐渐接近真实。但**库恩**注意到，科学知识并非连续性而是**断续性**变化的。

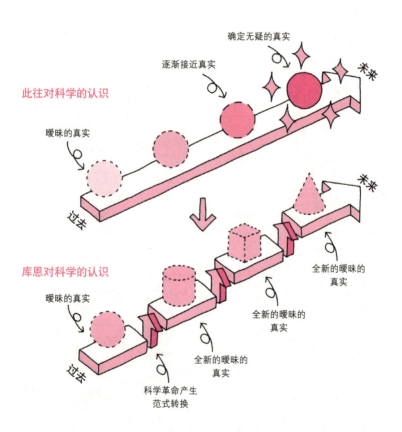

此往对科学的认识

确定无疑的真实

逐渐接近真实

未来

暧昧的真实

过去

库恩对科学的认识

暧昧的真实

全新的暧昧的真实

全新的暧昧的真实

全新的暧昧的真实

科学革命产生范式转换

过去

未来

例如，当以往被公认为定论的地心说或牛顿力学难以解释的事实相继出现时，科学家们开始拥护日心说或相对论。随后，这些新学说成了知识的标准。**库恩**将一个时代的**思考框架**称为**范式**，将其变换称为**范式转换**。

范式转换

科学并不是凭借观察或实验一步步连续接近真实的，而是通过范式转换，断断续续地转换解释世界的方式。

一旦旧的范式的矛盾得到解决，形成新的范式，科学家就必须据此重新进行计算。

全部更新了。教科书也必须重写！

在一个时代的范式中，科学家总能让计算与之相合。但是逻辑会渐渐偏离……

计算渐渐变得不合理。

未来的科学家

范式转换

哥白尼的日心说 ← 范式

与其认为天在动，不如认为地球在动，这样才更合逻辑，因此要变更学说！

哥白尼

范式转换

托勒密的地心说

范式转换

托勒密

范式
一个时代共通的思考框架。

无论发生多少次范式转换，宇宙本身都不会变化。那是不是可以说，"科学"与"真实"毫无关系？

　　科学是**相对的**这一想法和**蒯因**（P196）的**整体论**（P253）、**费耶阿本德**（P201）的**无政府主义知识论**（P269）、**反实在论**（P262）有所共鸣（新科学哲学 P267）。

新科学哲学

示　例 ----------------------------------- 库恩、费耶阿本德
相　关 --------------- 范式（P264）、无政府主义知识论（P268）
备　注 ------------------ 代表新科学哲学的库恩和费耶阿本德
都生于 20 世纪 20 年代

库恩认为，科学通过**范式转换**（P264）不断变化。

各**范式**的知识基础截然不同，相互间没有共通的尺度，因此没有客观手法能够判断自己的**范式**和他人的**范式**究竟哪个才是正确的。这就是**不可通约性**。

现在的科学与过去的科学孰优孰劣，没有一个合理的判断基准。

库恩进一步认为，不能只将**范式**看作各个时代的思考框架，还要将其看作多数人的思考之一。既然它们之间**不可通约**，那么就不能说被视作最尖端的西方科学优于中国、印度等西方以外的思想。

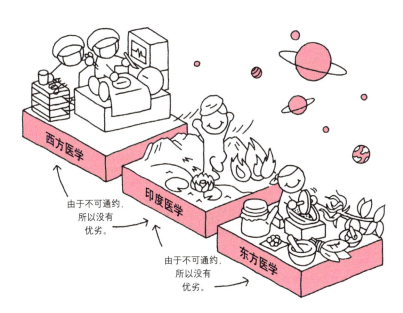

与将科学视为绝对之物的**逻辑实证主义**（P249）和**批判理性主义**（P250）的**科学哲学**（P246）相对，**库恩和费耶阿本德**（P201）等人认为，科学是**相对的、反实在论**（P262）的，他们的立场被称为新科学哲学。

无政府主义知识论

文　献 ------------------------------ 费耶阿本德《反对方法》
备　注 ------------ 费耶阿本德认为，无论多么合理的基准，
都无法保证科学的进步，
人们不能放弃各式各样的传统

费耶阿本德

201

各个时代的思考框架（范式 P264）没有共通的尺度，相互间无法通约（不可通约性 P266）。例如中世纪的思维与现代的科学孰优孰劣，我们是没有合理的理由进行判断的。

各范式的知识
无法通约，
因此不分优劣。
科学知识只不过是
现代范式的人们
共有的
"世界观"。

现代的思维＝科学

中世纪的思维

这样一来，科学与非科学就无法**画线区分**，公认为最尖端的西方科学也只不过是诸多"世界观"中的一个。此外，**费耶阿本德**认为，如果西方科学与印度或中国的思维存在优劣，那么政治方针、经济差距、教育内容还有感情都是其中的主要原因。

268

对于**费耶阿本德**将科学过度**相对化**的观点，人们称其为**无政府主义知识论**。主张"科学受到所处时代的社会影响"的**科学社会学**也受到了**无政府主义知识论**的巨大影响。

认为科学受所处时代的社会影响的科学社会学（默顿和爱丁堡学派）与
认为科学是相对之物的新科学哲学（库恩和费耶阿本德）观点相近。

反基础主义

文　　献 ---------------------------- 罗蒂《哲学与自然之镜》
相　　关 ------------------ 工具主义（P222）、新实用主义（P260）
备　　注 ---------------------------- 在实用主义（P215）中，
　　　　　　　　　　　　　　　　罗蒂与杜威特别有共鸣

罗蒂

　　想要将某种知识正当化，必须要有**根据**。许多哲学家都认为，为知识**奠定基础**的最后的根据才是**真理**。**英美分析哲学**从**经验**中寻求知识的根据，**欧洲大陆哲学**则从**理性**中寻求知识的根据。但是，无论需要多少根据，该根据都需要作为前提的根据，而成为前提的根据也需要另一根据来作为它的前提。在**罗蒂**看来，这种**基础主义**最终会陷入**无限后退**。

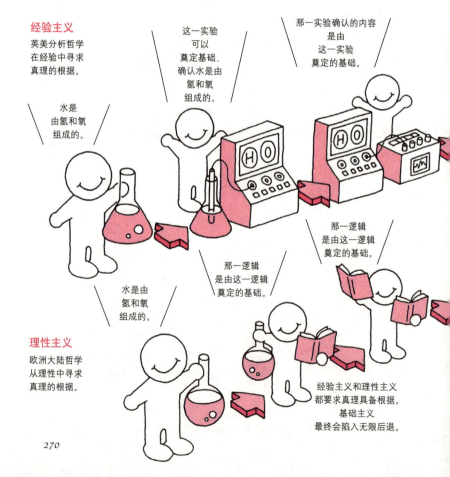

经验主义
英美分析哲学
在经验中寻求
真理的根据。

水是
由氢和氧
组成的。

这一实验
可以
奠定基础，
确认水是由
氢和氧
组成的。

那一实验确认的内容
是由
这一实验
奠定的基础。

那一逻辑
是由这一逻辑
奠定的基础。

那一逻辑
是由这一逻辑
奠定的基础。

水是由
氢和氧
组成的。

理性主义
欧洲大陆哲学
从理性中寻求
真理的根据。

经验主义和理性主义
都要求真理具备根据。
基础主义
最终会陷入无限后退。

罗蒂认为，为知识**奠定基础**的最后的**真理**是不存在的。**真理**不可能离开我们的社会单独存在。为了改善眼前堆积如山的问题，我们共同创造的故事才是**真理**。

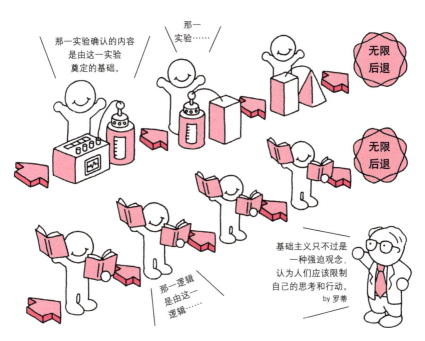

反基础主义认为，知识不是**奠定基础**，而是我们创造的事物。**马克贝斯**等 21 世纪的**新实用主义**（P261）哲学家继承了这一观点。

引领 21 世纪
新实用主义的
女性哲学家们

马克贝斯　　提艾尔斯兰　　米萨克　　哈克

言语行为论

文　献 ------------------------------ 奥斯丁《如何以言行事》
相　关 ------------------------------ 分析哲学（P230）
备　注 ------------------------------ 在奥斯丁之后，言语行为论
　　　　　　　　　　　　　　　　　通过塞尔得以体系化

　　人们曾认为**语言**是为了描写事实而存在的，与**行为**无关。但**日常语言学派**（P231）的**奥斯丁**将语言和行为相结合，提出**言语行为论**。他首先将话语分为**记述句**（constative）和**完成行为句**（performative）。

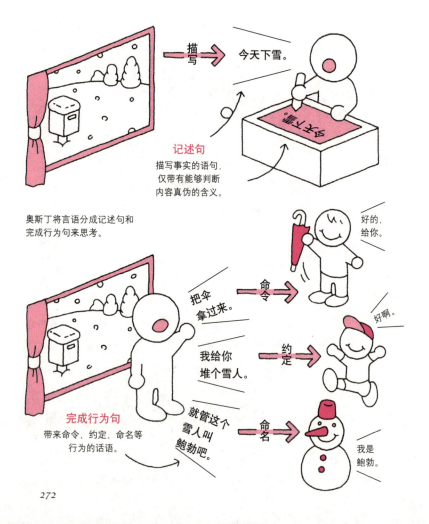

记述句

描写事实的语句，
仅带有能够判断
内容真伪的含义。

奥斯丁将言语分成记述句和
完成行为句来思考。

完成行为句

带来命令、约定、命名等
行为的话语。

但是后来，**奥斯丁**认为没有必要区别**记述**与**完成行为**，所有话语都是**完成行为**，即话语都属于以言行事的行为。

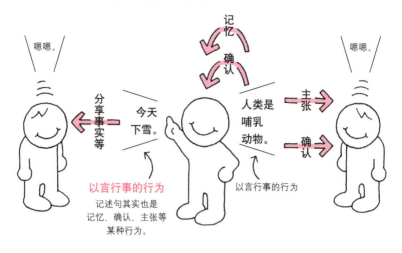

以言行事的行为
记述句其实也是
记忆、确认、主张等
某种行为。

如此一来，**分析哲学**的范围大幅度扩展，从语言分析扩展到了**行为**分析。

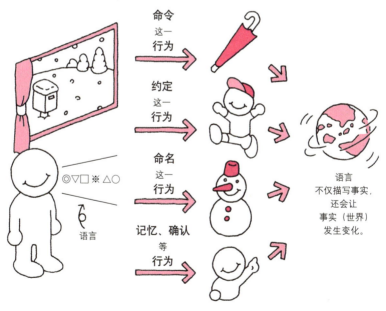

语言不仅描写事实，还是一种**行为**，因此会让事实（世界）发生变化。"语言创造世界"这一说法并非比喻。与语言的含义相比，**奥斯丁**之所以更关注**行为**，是因为他重视的不是"人类知道什么"，而是人类"能做什么"。

心灵哲学

心灵哲学

赖尔等

备 注 ---------------------------------- 心灵哲学是指从哲学的角度
思考心为何物，思考心与身体或心与大脑之间的关系。
因此，心灵哲学与脑科学、认知科学、进化心理学等
自然科学的关系也十分密切

　　科学能够解开心灵之谜吗？机器人能拥有心吗？心原本是指什么呢？**心灵哲学**挑战的就是这些问题。自**笛卡尔**（P352）以来，心的问题就是哲学的重要主题，现在主要放在**分析哲学**（P230）的范围内讨论。

心灵不是
单纯的物体！

塞尔　　　　杰克逊

对战

心灵是
物质！

斯马特　　丘奇兰德

内格尔　　查默斯

丹尼特　　赖尔

那个问题现在
还在讨论啊！

贝克莱
斯宾诺莎
笛卡尔

　　让我们从回顾**笛卡尔**如何看待心灵开始，走进**心灵哲学**的篇章吧。

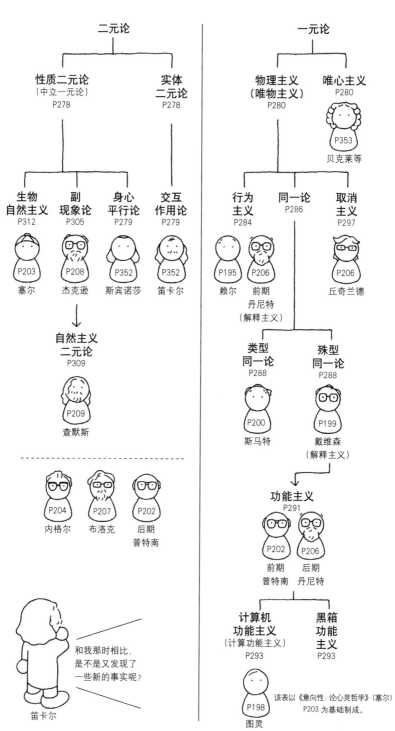

二元论

性质二元论
（中立一元论）
P278

实体
二元论
P278

生物
自然主义
P312
P203
塞尔

副
现象论
P305
P208
杰克逊

身心
平行论
P279
P352
斯宾诺莎

交互
作用论
P279
P352
笛卡尔

自然主义
二元论
P309
P209
查默斯

P204
内格尔

P207
布洛克

P202
后期
普特南

和我那时相比，
是不是又发现了
一些新的事实呢？

笛卡尔

一元论

物理主义
（唯物主义）
P280

唯心主义
P280
P353
贝克莱等

行为
主义
P284
P195
赖尔
P206
前期
丹尼特
（解释主义）

同一论
P286

取消
主义
P297
P206
丘奇兰德

类型
同一论
P288
P200
斯马特

殊型
同一论
P288
P199
戴维森
（解释主义）

功能主义
P291
P202
前期
普特南
P206
后期
丹尼特

计算机
功能主义
（计算功能主义）
P293
P198
图灵

黑箱
功能
主义
P293

该表以《意向性：论心灵哲学》（塞尔）
P203 为基础制成。

277

►352

实体二元论｜性质二元论

文　献 -------------- 笛卡尔《谈谈方法》、斯宾诺莎《伦理学》

相　关 ----------- 身心二元论（P361）、在永恒的相下（P364）、
　　　　　　　　　　泛神论（P362）、机器中的幽灵（P282）、笛卡尔剧场（P298）

笛卡尔等

　　在**笛卡尔**看来，人是由**心灵**和**身体**这两种独立的**实体**构成的。**心灵**是难以替换的、崇高的、精神层面的东西，身体则是与杯子或机械相同的**物质**。**心灵**和**身体**通过大脑取得联络（**实体二元论**）。

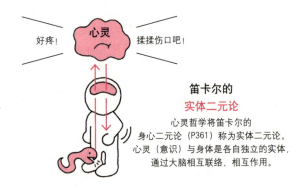

好疼！　　心灵　　揉揉伤口吧！

笛卡尔的

实体二元论

心灵哲学将笛卡尔的
身心二元论（P361）称为实体二元论。
心灵（意识）与身体是各自独立的实体，
通过大脑相互联络、相互作用。

　　但是，如果身体与杯子或机械同为物质，那为什么只有身体能和心灵（意识）相通，而杯子或机械就不能呢？

心灵
（意识）

如果身体与杯子等物体
同为"物质"，
那为什么只有
身体能和心灵相通，
而杯子却不能呢？

　　与**笛卡尔**生活在同一时代的**斯宾诺莎**（P352）是这样回答的：心灵（意识）和身体是相同的，但是具备**物理性质**和**心灵性质**这两个侧面。**斯宾诺莎**的哲学一般称为一元论（P363），不过在**心灵哲学**中称为**性质二元论（中立一元论）**。

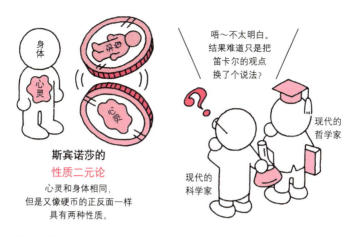

斯宾诺莎的
性质二元论

心灵和身体相同，
但是又像硬币的正反面一样
具有两种性质。

　　在**斯宾诺莎**看来，我们从生到死的行动全部是由神决定的（在永恒的相
下 P365），即人的心灵（意识）并没有指挥身体活动。在他的观点中，身体
和心灵原本就是相同的。如果人们认为自己的身体活动是由心灵控制的，那
只能是神制造的错觉。

斯宾诺莎的身心平行论

心灵（意识）和身体
就像硬币的正反面一样
平行前进。

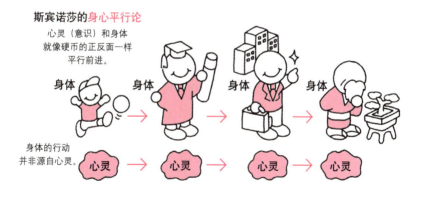

身体的行动
并非源自心灵。

　　斯宾诺莎如此主张的**性质二元论**称为**（身心）平行论**。笛卡尔的实体二
元论与此相对，称为**（身心）交互作用论**。

笛卡尔的交互作用论

我身体的疼痛等
会传递给我的心灵（意识），
我的心灵
让我的身体活动起来。

心灵（意识）和身体
通过大脑
相互作用。

二元论

性质二元论 **实体二元论**

斯宾诺莎 笛卡尔
平行论 **交互作用论**

（同时参照 P277）

▶195

物理主义

含　义	--------------	心灵可以从物质的层面进行解读
示　例	--------------	赖尔、丘奇兰德、斯马特、丹尼特
相　关	--------------	行为主义（P284）、同一论（P286）、
		功能主义（P290）、取消主义（P296）

赖尔等

　　笛卡尔（P352）认为，心灵（意识）和身体是各自独立的实体（实体二元论 P278）。但是，这样的**二元论**无法解释一个人的手脚为什么会遵从此人的意识来行动。那么，<u>一元论</u>的观点能够解决这一疑问吗？**一元论**大体可分成<u>唯心主义</u>和<u>唯物主义</u>。**心灵哲学**将**唯物主义**称为<u>物理主义</u>。

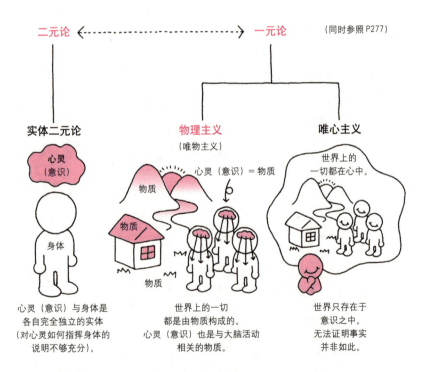

二元论 ⟵------------⟶ 一元论　　　（同时参照 P277）

实体二元论

心灵（意识）

身体

心灵（意识）与身体是
各自完全独立的实体
（对心灵如何指挥身体的
说明不够充分）。

物理主义
（唯物主义）

心灵（意识）＝物质

物质

物质

物质

世界上的一切
都是由物质构成的。
心灵（意识）也是与大脑活动
相关的物质。

唯心主义

世界上的
一切都在心中。

世界只存在于
意识之中。
无法证明事实
并非如此。

　　在极端的**唯心主义**看来，世界存在于心灵之中。例如**贝克莱**（P353）就认为，能称为实体的只有心灵（意识）。对于唯心主义者来说，这本书无论写了什么都没有意义，因为这本书本来就是不存在的。

另一方面，**物理主义**属于普通的科学观点，主张世界上的一切都是由**物质**构成的。如果世界上只有物质，那么心灵就必须是物质。

物理主义

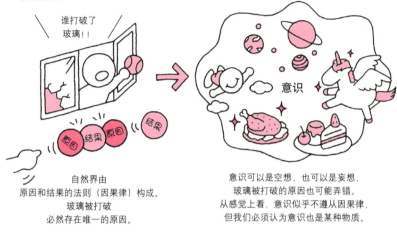

自然界由
原因和结果的法则（因果律）构成。
玻璃被打破
必然存在唯一的原因。

意识可以是空想，也可以是妄想，
玻璃被打破的原因也可能弄错。
从感觉上看，意识似乎不遵从因果律，
但我们必须认为意识也是某种物质。

多数**物理主义者**认为，心灵（意识）与大脑的功能相关，心灵的构成可以从脑科学的角度进行物理上的解释。

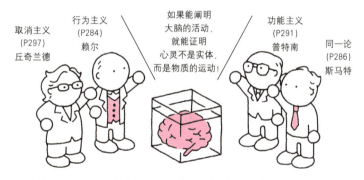

物理主义可以说是现在的标准观点，而认为心灵（意识）无法仅凭如今的物理学进行说明这一看法也是理所当然存在的。

赖尔

195

机器中的幽灵

文 献 ------------------------------ 赖尔《心的概念》
备 注 ---------------- 动画电影《攻壳机动队》的英译名称
"Ghost in the Shell"
来源于赖尔的"机器中的幽灵（Ghost in the machine）"

赖尔是对**笛卡尔**的**实体二元论**（P278），即心灵和身体是各自独立的实体这一观点抱有疑问的哲学家之一。**笛卡尔**认为，名为心灵的**幽灵**操纵着作为机器（物质）的**身体**；**赖尔**则用**机器中的幽灵**来表现对此观点的轻蔑。

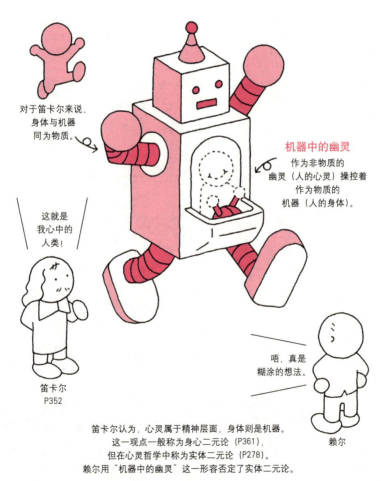

对于笛卡尔来说，身体与机器同为物质。

机器中的幽灵

作为非物质的幽灵（人的心灵）操控着作为物质的机器（人的身体）。

这就是我心中的人类！

唔，真是糊涂的想法。

笛卡尔
P352

赖尔

笛卡尔认为，心灵属于精神层面，身体则是机器。
这一观点一般称为身心二元论（P361），
但在心灵哲学中称为实体二元论（P278）。
赖尔用"机器中的幽灵"这一形容否定了实体二元论。

范畴错误

含　义 ---------------------------- 将不同范畴的事物并列并建立关系
文　献 ---------------------------- 赖尔《心的概念》
相　关 ----------------- 机器中的幽灵（P282）、行为主义（P284）

　　赖尔认为，**实体二元论**（P278）基于语言的误用。例如**沙拉**是西红柿、生菜等食材汇集而成的，其中并没有名为**沙拉**的食材。同理，**心灵**是由流下眼泪、露出笑容等**身体行为**汇集而成的。**赖尔**认为，将**沙拉**与西红柿等食材并列对待的范畴错误也适用于笛卡尔观点中**心灵**与**行为**的关系。

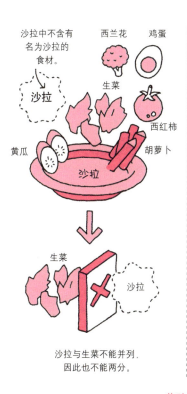

沙拉与生菜不能并列，
因此也不能两分。

心灵与身体不能并列，
因此也不能两分。

范畴错误

将沙拉这一名词与作为沙拉要素的生菜、西红柿等名词列入同一范畴，
这样的错误在笛卡尔对心灵和身体（行为）关系的论述中也可看到。

行为主义

含　义 ----------------------------------- 心灵上的事物就是身体上的行为
文　献 ----------------------------------- 赖尔《心的概念》
相　关 ----------------- 机器中的幽灵（P282）、范畴错误（P283）

赖尔等

就像在**范畴错误**（P283）中看到的，**赖尔**认为，所谓**心灵**，就是哭泣、欢笑、温柔、聪慧等**身体行为**。

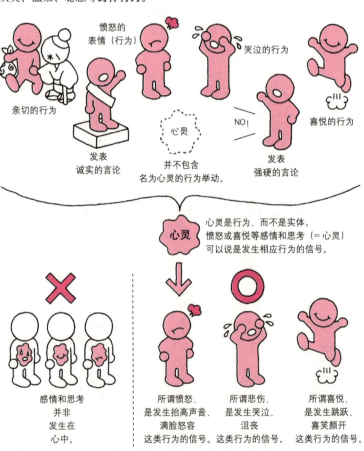

愤怒的表情（行为）

哭泣的行为

亲切的行为

喜悦的行为

发表诚实的言论

心灵

并不包含名为心灵的行为举动。

NO！

发表强硬的言论

心灵是行为，而不是实体。
愤怒或喜悦等感情和思考（＝心灵）可以说是发生相应行为的信号。

心灵

感情和思考并非发生在心中。

所谓愤怒，是发生抬高声音、满脸怒容这类行为的信号。

所谓悲伤，是发生哭泣、沮丧这类行为的信号。

所谓喜悦，是发生跳跃、喜笑颜开这类行为的信号。

赖尔主张，喜怒哀乐等**心灵**状态并不发生在身体内部，而是向哭泣、欢笑等**身体行为**发出的信号。这样的观点称为**行为主义**。

心灵的状态是**行为（言行）**的**表面化**，人们可以进行**客观地观察**。

行为主义

只要观察行为，就可分析心灵。

嗯嗯。

20 世纪前半叶还出现了行为主义心理学，通过观察老鼠的行为或调查婴儿的行为来探究心灵之谜。将心灵科学化的时代终于到来。

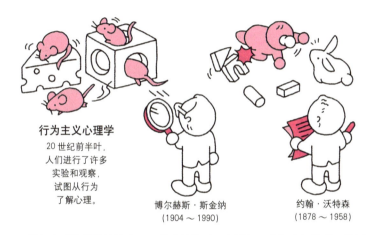

行为主义心理学

20 世纪前半叶，人们进行了许多实验和观察，试图从行为了解心理。

博尔赫斯·斯金纳
(1904～1990)

约翰·沃特森
(1878～1958)

赖尔之后的**丹尼特**认为，一种感情并不一定只与一种行为相关联，分析行为时需要综合性的**解释**。这样的立场称为解释主义。

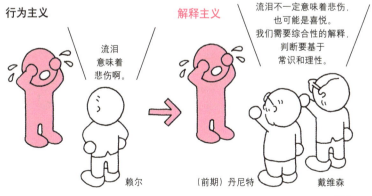

行为主义

解释主义

流泪意味着悲伤啊。

流泪不一定意味着悲伤，也可能是喜悦。我们需要综合性的解释，判断要基于常识和理性。

赖尔

（前期）丹尼特

戴维森

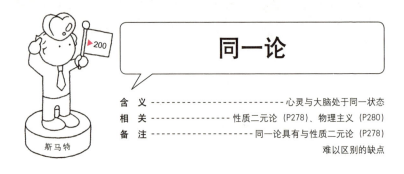

同一论

含　义 ------------------------------ 心灵与大脑处于同一状态
相　关 ---------------- 性质二元论 (P278)、物理主义 (P280)
备　注 ---------------------------- 同一论具有与性质二元论 (P278)
　　　　　　　　　　　　　　　　　　　难以区别的缺点

斯马特

赖尔认为，只要观察言行，就能解读心灵。但是，如果心灵的动向不表现在言行中，就无法观察。此外，对于同样的感情，无论是谁都不可能始终表现出同样的言行。

在**斯马特**看来，心灵是某种物质，但并不等于行为。他主张心灵和大脑是**同一事物**，所谓心灵的状态，就是大脑的状态。这一观点被称为**同一论**。

就像云和水分子是同一事物一样，"疼痛"这一心灵状态也与某一部分神经细胞起火的大脑状态**相同**，这就是**同一论**。

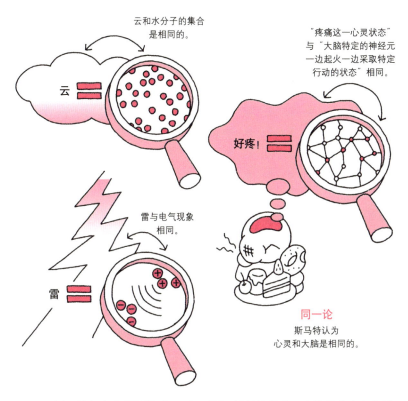

云和水分子的集合是相同的。

云 ＝

"疼痛这一心灵状态"与"大脑特定的神经元一边起火一边采取特定行动的状态"相同。

好疼！ ＝

雷与电气现象相同。

雷 ＝

同一论

斯马特认为心灵和大脑是相同的。

同一论与**身心平行论**（P279）不同。**平行论**认为，大脑的状态和心灵的状态是一个实体的两个侧面。而**同一论**认为，大脑的状态与心灵的状态只是**称呼**不同，其实完全一样。

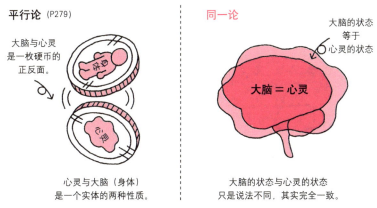

平行论 (P279)

大脑与心灵是一枚硬币的正反面。

心灵与大脑（身体）是一个实体的两种性质。

同一论

大脑的状态等于心灵的状态

大脑 ＝ 心灵

大脑的状态与心灵的状态只是说法不同，其实完全一致。

▶199

戴维森等

类型同一论
殊型同一论

相　关 ---- 物理主义（P280）、同一论（P286）、功能主义（P290）
备　注 --------------- 黎明的金星与夜晚的金星为同一事物，
这一比喻经常用在同一论中

　　"疼痛"这一心灵状态与某一部分神经元起火这一大脑状态完全一致，这就是同一论（P286）。"愉快的心灵状态"即是"愉快时的大脑状态"，"看到苹果时的心灵状态"即是"看到苹果时的大脑状态"。

同一

好开心。

恭贺

愉快时的
神经元或突触的
大脑状态

同一

好疼！

疼痛时的
大脑状态

同一

看起来
很好吃。

想吃时的
大脑状态

　　斯马特认为，同一种类的心灵状态始终和同一种类的大脑状态一致，这就是类型同一论。但是如果人类的大脑构造不一样，类型同一论就无法成立，这就促使戴维森等人为了修正类型同一论而提出殊型同一论。类型指一般的概念，殊型指具体的个体。

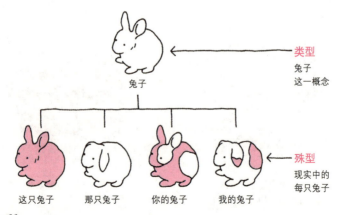

类型
兔子
这一概念

兔子

殊型
现实中的
每只兔子

这只兔子　　那只兔子　　你的兔子　　我的兔子

在**类型同一论**中，例如"疼痛"这一大脑状态，无论何人都会始终保持相同。但**殊型同一论**认为，A 的疼痛中有其大脑状态，B 的疼痛中也有其大脑状态，个别的心灵状态对应个别的大脑状态。现代的**物理主义**（P280）都是从**殊型同一论**中派生出来的。

普特南等

▶202

功能主义

含　义 --------------------- 心灵层面的状态被定义为某种功能

相　关 --------------------------------- 殊型同一论（P288）、
计算机功能主义｜黑箱功能主义（P292）

备　注 --------------------- 功能主义以殊型同一论为前提

　　赖尔认为心灵就是**行为**（行为主义 P284），但**普特南**认为心灵不是行为本身，而是行为的**原因**。

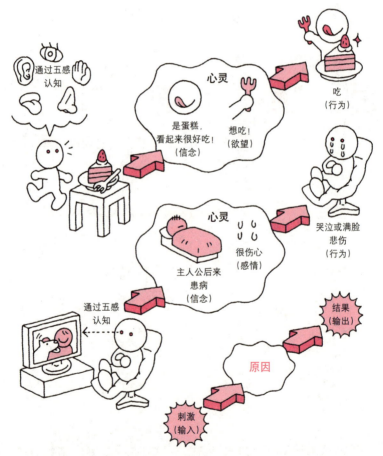

　　普特南认为，看到蛋糕（通过五感进行认知），**心灵**首先会生出"看起来很好吃"的**信念**，进而变成想吃的**欲望**。然后这一欲望成为原因，引发实际去吃的**行为**。

290

像这样，认为引起行为的**功能（工作）**就是**心灵**的观点，称为**功能主义**。如同胃的工作就是消化一样，心灵的工作就是产出行为。而让心灵启动的就是大脑。心灵与大脑的关系可以对应计算机的软件（程序）和硬件的关系。

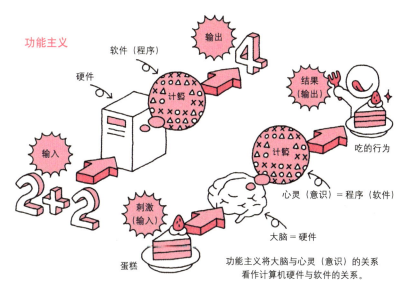

功能主义

软件（程序）

硬件

输出

输入

结果
（输出）

吃的行为

刺激
（输入）

蛋糕

计算

计算

心灵（意识）= 程序（软件）

大脑 = 硬件

功能主义将大脑与心灵（意识）的关系
看作计算机硬件与软件的关系。

功能主义以认为心灵和大脑相同的心脑**同一论**（P286）为基础，但是随着**功能主义**的出现，**同一论**在分析计算机时出现了硬件与软件相同的矛盾主张。**功能主义**这一观点，被认为修正了**同一论**与**行为主义**之间的矛盾和不自然部分。

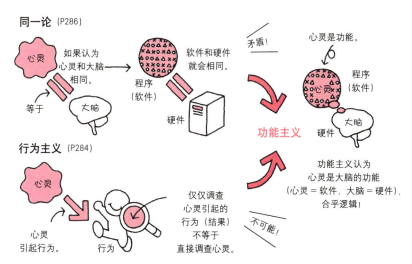

同一论 (P286)

心灵

如果认为
心灵和大脑
相同。

等于

大脑

程序
（软件）

软件和硬件
就会相同。

硬件

矛盾！

心灵是功能。

程序
（软件）

大脑

功能主义

硬件

功能主义认为
心灵是大脑的功能
（心灵 = 软件，大脑 = 硬件），
合乎逻辑！

行为主义 (P284)

心灵

心灵
引起行为。

行为

仅仅调查
心灵引起的
行为（结果）
不等于
直接调查心灵。

不可能！

普特南等

计算机功能主义
黑箱功能主义

相　关 ━━━━━━━━━ 功能主义（P290）、图灵测试（P294）

备　注 ━━━━━━ 塞尔将计算机功能主义认为的心灵的理想状态称为
"强人工智能"

　　心灵在计算机中相当于程序（软件），是一种**功能**，在名为刺激的输入下会引发名为行为的输出。与作为心灵的软件相对，硬件的任务就像**大脑**（功能主义 P291）。

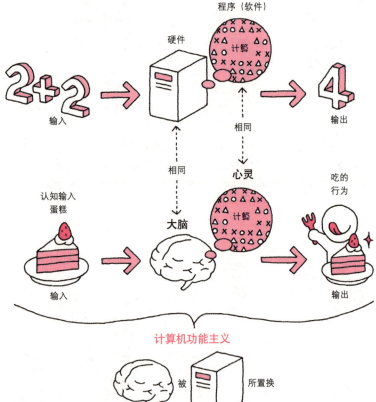

程序（软件）

硬件

计算

输入

相同

输出

相同

心灵

认知输入
蛋糕

大脑

计算

吃的
行为

输入

输出

计算机功能主义

大脑

被　　所置换

硬件

心灵（智能）是可以人工创造的。

（人工智能 P295）

将**心灵**看成是基于程序的计算过程即软件，然后积极地分析带动软件的硬件即大脑，这样的立场就是计算机功能主义。一般提到**功能主义**，指的就是**计算机功能主义**。

计算机功能主义

将人类的心灵比作计算机程序，
从而进行人工智能的研究，
进而接连诞生出联结主义等新学说。

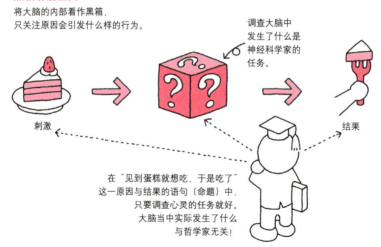

要调查一下大脑在输入和输出之间进行了什么样的计算！

大脑并非凭借语法（主语→谓语）来思考事物，而是形成了神经网络吗！！必须要进一步研究大脑的构造才行。

程序　神经元　突触

硬件

蛋糕

输入

吃的行为

输出

黑箱功能主义

将大脑的内部看作黑箱，
只关注原因会引发什么样的行为。

调查大脑中发生了什么是神经科学家的任务。

刺激

结果

在"见到蛋糕就想吃，于是吃了"这一原因与结果的语句（命题）中，只要调查心灵的任务就好。大脑当中实际发生了什么与哲学家无关！

　　另一方面，有一种观点是只注重**刺激（原因）**引发了心灵中的何种**行为（结果）**，认为应该将大脑的工作看作黑箱，这一立场被称为黑箱功能主义。他们认为大脑功能的研究属于神经（脑）科学的领域，哲学不宜参与其中。

图灵测试

文　献 ------------------------ 塞尔《意向性：论心灵哲学》
相　关 ------------ 计算机功能主义（P292）、语言房间（P311）
备　注 ------------ 如果遵循计算机功能主义，那么人类的心灵
　　　　　　　　　和在图灵测试中合格的人工智能是没有区别的

图灵

如果能让名为**心灵**的程序（软件）发挥作用，那么作为硬件的**大脑**素材就无须是人类的细胞（计算机功能主义 P293），金属或塑料制成的机器也可以。

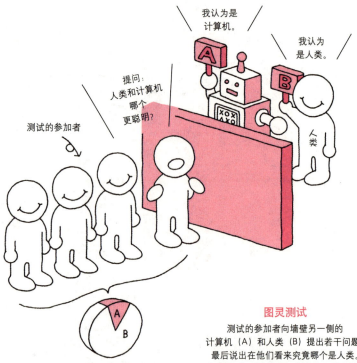

我认为是计算机。

我认为是人类。

提问：人类和计算机哪个更聪明？

测试的参加者

人类

如果有 30％ 以上的参加者认为 A 是人类，则 A 就会被看作人类。

图灵测试

测试的参加者向墙壁另一侧的计算机（A）和人类（B）提出若干问题，最后说出在他们看来究竟哪个是人类。如果超过 30％ 的参加者认为 A 是人类，那么 A 就会被视作拥有心灵的人类。

图灵认为，向墙壁另一侧被程序化的计算机提出若干问题，如果无法看穿那是计算机，则应该认为该计算机拥有和我们一样的心灵（智能）（**图灵测试**或**模仿游戏**）。

现在，人们将像**图灵**这种认为计算机拥有心灵的观点称为强人工智能，将认为计算机可以在心灵研究中发挥作用、但并不拥有心灵的观点称为弱人工智能。

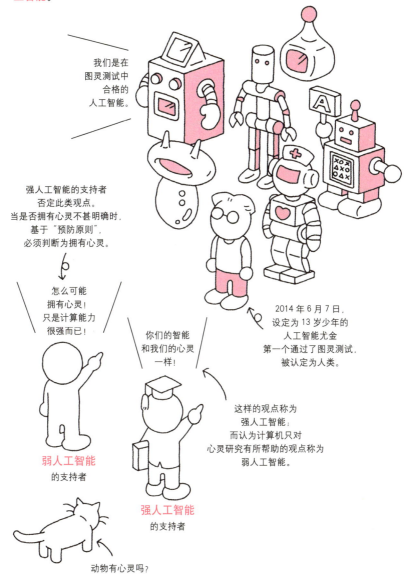

我们是在图灵测试中合格的人工智能。

强人工智能的支持者否定此类观点。当是否拥有心灵不甚明确时，基于"预防原则"，必须判断为拥有心灵。

怎么可能拥有心灵！只是计算能力很强而已！

你们的智能和我们的心灵一样！

2014年6月7日，设定为13岁少年的人工智能尤金第一个通过了图灵测试，被认定为人类。

这样的观点称为强人工智能；而认为计算机只对心灵研究有所帮助的观点称为弱人工智能。

弱人工智能的支持者

强人工智能的支持者

动物有心灵吗？

我们无法确认高精度计算机是否拥有心灵。在此基础上，**强人工智能**的支持者认为必须信其有。如果先信其无，再证明其存在就为时已晚了。

丘奇兰德

206

取消主义

含　义 ---------- 表现心灵状态的"信念""感情"等哲学说明
　　　　　　　　最终会被科学语词完全替代

示　例 ---------- 罗蒂、费耶阿本德、丘奇兰德

相　关 ---------- 物理主义（P280）

19世纪，人们认为宇宙中充满了一种名为以太的物质，这一说法得到了牛顿力学的证实。但是相对论一发表，牛顿力学就失去了效力，以太的概念也随之消失。

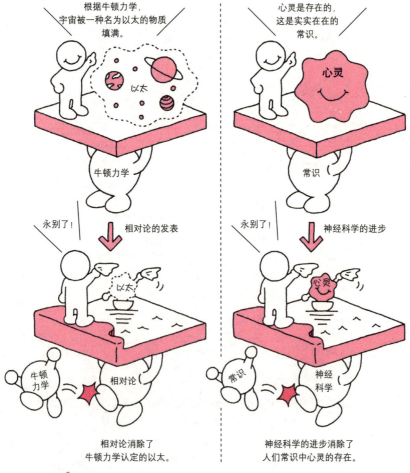

相对论消除了
牛顿力学认定的以太。

神经科学的进步消除了
人们常识中心灵的存在。

丘奇兰德认为，普遍认为存在的心灵也会随着脑科学的进步而终像以太一样被消除，这样的立场称为取消主义。

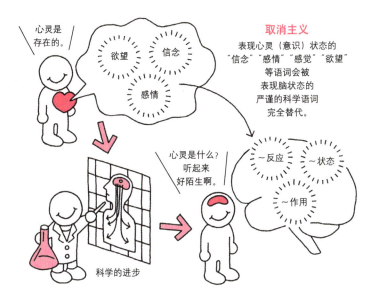

所谓心灵概念的消失，指的是表现心灵状态的"信念""感情"等词语最终会被严谨的科学词语替代。

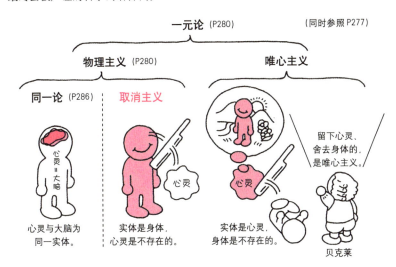

在物理主义（P280）看来，取消主义与同一论（P286）的区别在于，同一论认为心灵和大脑相同，而取消主义认为心灵是无用的概念，要完全抛弃。

笛卡尔剧场

文 献 ----------------------------------丹尼特《意识的解释》
相 关 ------------实体二元论（P278）、机器中的幽灵（P282）
备 注 ------------笛卡尔的拉丁语名字是 Renatus Cartesius，
因此又称 Cartesian 剧场

　　笛卡尔认为，作为精神的**心灵（意识）**和作为物质的身体是各自独立存在的（实体二元论 P278）。但是，**物理主义者**（物理主义 P280）**丹尼特**认为，不能接受像**心灵**这种非物质的存在。他将**笛卡尔**的想法揶揄为**笛卡尔剧场**。

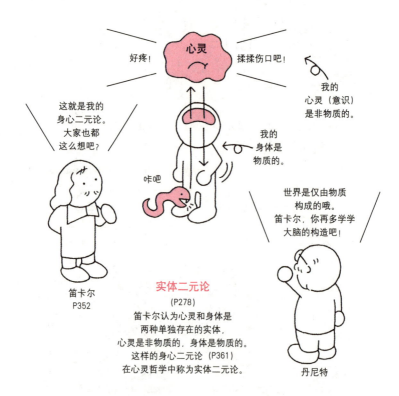

　　在**笛卡尔剧场**中，住在个人脑中名为"我"的小人通过认知获得感觉和感情，并由此带动身体行为。但是神经科学已经明确大脑中并不存在统合信息的中心，只是各部位在履行各自的任务。

大脑的各个部位并不会通过某个中心，而是联结成网状，相互直接联络并带动身体行为。**丹尼特**认为，只要模仿这一系统，就能制造出**人工智能**（P295）。

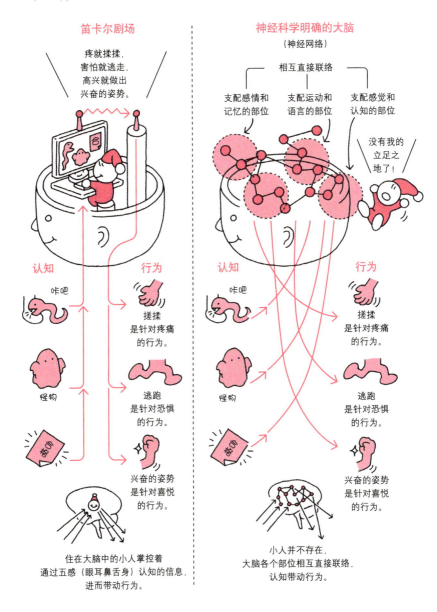

最新科学实验结果表明，个人意识决定个人行为其实是错觉，意识是紧随行为之后出现的。我们尚不清楚人类是否具备**自由意志**。

查默斯等

▶209

现象意识

备　注 ---------- 查默斯认为，意识分为功能意识和现象意识。
功能意识是指作为生物学功能的意识，
现象意识是指作为表象（P301）或感受质（P302）等
主观体验的意识

　　物理主义（P280）**者**和一般的科学家都认为**世界**仅由物质构成。在物质中，**原因和结果的法则** （因果律）是必然成立的。自然界的事物必然存在先行原因，每一个结果都只有一个原因与之对应。

因果律

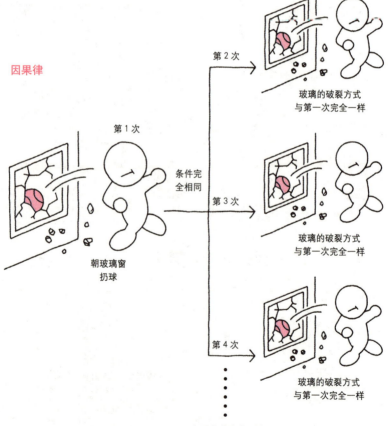

第1次

朝玻璃窗
扔球

条件完全相同

第2次

玻璃的破裂方式
与第一次完全一样

第3次

玻璃的破裂方式
与第一次完全一样

第4次

玻璃的破裂方式
与第一次完全一样

如果条件完全一致
（速度相同、球和玻璃窗相同、环境相同……），
则无论扔多少次都会得到完全一致的结果。

但是**心灵**又怎么样呢？在**心灵哲学**中，**心灵**中存在的某种印象（**表象**）和好吃、晃眼等主观感觉（感受质 P302）被称为**现象意识**（或只称为**意识**）。**现象意识**似乎不遵从作为物理法则的**因果律**。

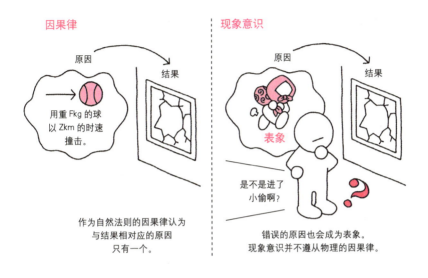

因果律

原因 —— 结果

用重 Fkg 的球以 Zkm 的时速撞击。

作为自然法则的因果律认为与结果相对应的原因只有一个。

现象意识

原因 —— 结果

表象

是不是进了小偷啊？

错误的原因也会成为表象。现象意识并不遵从物理的因果律。

我们也可以将面前没有的遥远之物，如世界上不存在的虚构事物或围绕宇宙的遐想视为**表象**。并不遵从**因果律**的**现象意识**，使得认为世界仅由物质构成的**物理主义**遭到怀疑。

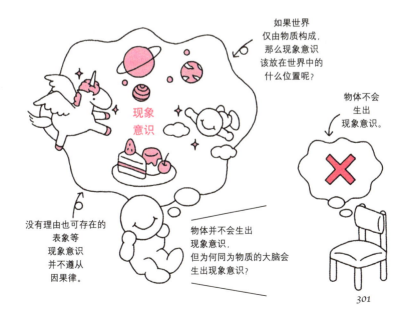

如果世界仅由物质构成，那么现象意识该放在世界中的什么位置呢？

现象意识

物体不会生出现象意识。

没有理由也可存在的表象等现象意识并不遵从因果律。

物体并不会生出现象意识，但为何同为物质的大脑会生出现象意识？

查默斯等

感受质

文　献 ------------------------------- 查默斯《有意识的心灵》
相　关 ------------------------------- 哲学僵尸 (P308)
备　注 ---------- 这一概念在日本因脑科学家茂木健一郎的著作
　　　　　　　　　　　　　《大脑与感受质》等）而得到普及

209

困扰**物理主义**（P280）的重要问题中包括**表象**（P301）和**感受质（感觉质）**。所谓**感受质**，是指**个人**确实感受到的美味、疼痛、愉悦等主观的**"感觉"**。

感受质（感觉质）
心灵中出现的主观感觉
称为感受质。

物理主义的支持者们确实通过大脑状态等从物理上说明了心灵的构造与功能，但是**查默斯**认为他们完全无视了主观的**感受质**的存在。就算能再客观不过地说明心灵的功能，也很难客观说明**个人**主观的疼痛或愉悦感等。这种说明上的不一致被称为**解释的鸿沟**。

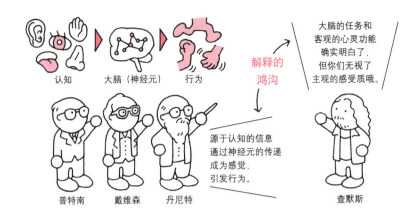

认知　　大脑（神经元）　　行为

解释的鸿沟

大脑的任务和客观的心灵功能确实明白了，但你们无视了主观的感受质哦。

普特南　　戴维森　　丹尼特

源于认知的信息通过神经元的传递成为感觉，引发行为。

查默斯

此外，世界归根结底是粒子的集合，但**感受质**似乎并不是**粒子**。应该把**感受质**放在物质世界的什么位置？主观的感受质又是怎样从作为物质的大脑中生成的？这种仅凭唯物主义难以说明的问题被称为意识的难题。

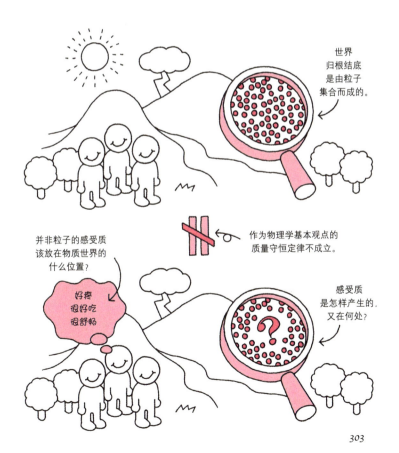

世界归根结底是由粒子集合而成的。

作为物理学基本观点的质量守恒定律不成立。

并非粒子的感受质该放在物质世界的什么位置？

好疼　很好吃　很舒畅

感受质是怎样产生的，又在何处？

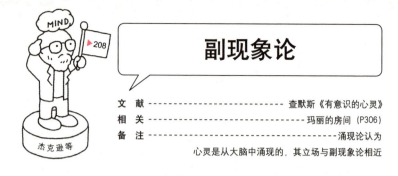

副现象论

文　献 ------------------------------------- 查默斯《有意识的心灵》
相　关 --------------------------------------- 玛丽的房间（P306）
备　注 --- 涌现论认为
心灵是从大脑中涌现的，其立场与副现象论相近

杰克逊等

　　二元论（参照 P277）的支持者们认为，**意识（心灵）**和桌椅等物体是不同的。那是因为，人们确实可以感受到**表象**（P301）和**感受质**（P302）等**意识**，而且**意识**并不遵循作为自然原则的**因果律**。

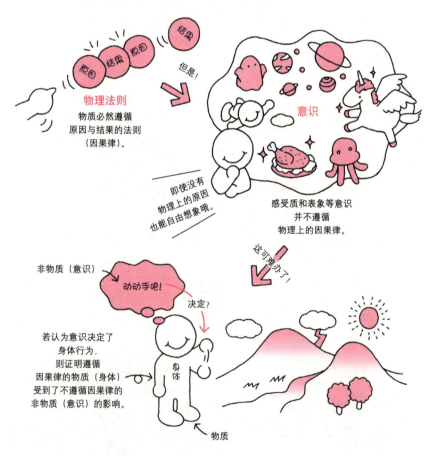

　　但是，如果认为个人的**意识**带动了个人的**身体**，就等于与**因果律**无关的**非物质**带动了**物质**。

从原则上讲，物质的世界必然不会受到作为非物质的意识的影响（**因果上的封闭**）。

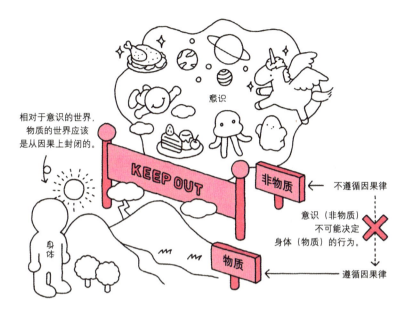

于是，副现象论的观点出现，即虽然不遵循**物理法则**的**意识**是确实存在的，但它完全不会带给物质（身体）任何影响，只是伴随在身体旁边。如果**副现象论**是正确的，那么意识带动身体的感觉就是错觉。

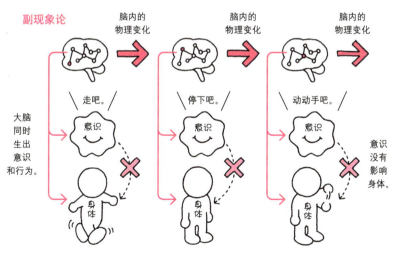

意识只是伴随着身体，不会对身体造成影响。
意识带动身体的感觉只不过是错觉。

玛丽的房间

相　关 ------------------------- 副现象论（P304）、感受质（P302）、
图灵测试（P294）、语言房间（P311）

备　注 ------------------------- 玛丽的房间尤其批判了
物理主义中的功能主义

杰克逊从**性质二元论**（P278）之一的**副现象论**（P305）出发，提出了
玛丽的房间这一思想实验。通过该思想实验，他批判了认为世界上包括心灵
在内皆为物质的**物理主义**（P280）。

玛丽的房间

科学家玛丽知道有关颜色的一切物理事实。
但是从出生以来，玛丽一次都没有离开过黑白的房间，
仅凭黑白的显示器和黑白的书来研究颜色。
即她一次都没有见过实际的颜色。

那么，当玛丽打开黑白房间的门，
第一次看见颜色的时候，她会知道什么新情况吗？
如果知道，那么世界上就不仅存在物质，还存在感受质。

科学家玛丽虽然没有亲眼见过颜色，却知道**一切**有关颜色的**物理事实**。从**物理主义**的角度看，她了解颜色的**全部**。但是当玛丽第一次看到红色时，她会不会全新获知相应的**"感觉"**，即红色的**感受质**（P302）呢？

杰克逊认为，仅凭物理学的语言是无法说明意识的。

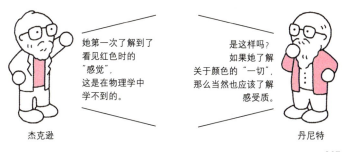

她第一次了解到了
看见红色时的
"感觉"，
这是在物理学中
学不到的。

是这样吗？
如果她了解
关于颜色的"一切"，
那么当然也应该了解
感受质。

杰克逊

丹尼特

查默斯

哲学僵尸

▶209

含　义 ------------------------- 外表与普通人完全相同，
但不具备任何意识（感受质）的人类

文　献 ------------------------- 查默斯《有意识的心灵》

相　关 ------------------------- 感受质（P302）、玛丽的房间（P306）

哲学僵尸的外表和行为与我们完全一致，唯一与我们不同的地方是，他们没有**感受质**（P302），即没有**心灵**。

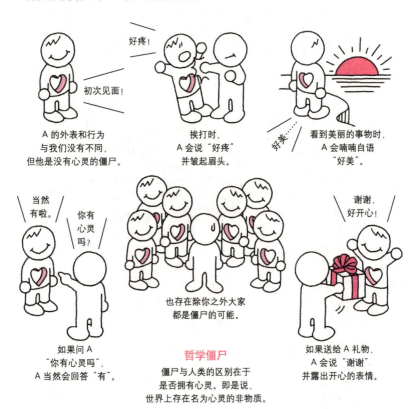

好疼！

初次见面！

A 的外表和行为
与我们没有不同，
但他是没有心灵的僵尸。

挨打时，
A 会说"好疼"
并皱起眉头。

好美……

看到美丽的事物时，
A 会喃喃自语
"好美"。

当然
有啦。

你有
心灵
吗？

如果问 A
"你有心灵吗"，
A 当然会回答"有"。

也存在除你之外大家
都是僵尸的可能。

哲学僵尸

僵尸与人类的区别在于
是否拥有心灵。即是说，
世界上存在名为心灵的非物质。

谢谢，
好开心！

如果送给 A 礼物，
A 会说"谢谢"
并露出开心的表情。

即使**哲学僵尸**混杂在我们的生活中（或者除我以外都是哲学僵尸），我们也绝对无法知道他们是僵尸，但是他们明显与我们存在不同。**查默斯**以**哲学僵尸**和人类的区别为例，主张世界上存在名为**心灵**的非物质，并得出人类的本质为**心灵**这一结论。

自然主义二元论

文　献 ------------------------------ 查默斯《有意识的心灵》
相　关 ------------------------ 副现象论（P304）、哲学僵尸（P308）
备　注 ------------------------------ 查默斯认为，心灵无法
　　　　　　　　　　　　　　　 像物理主义主张的那样还原为物质

查默斯将自己的立场称为**自然主义二元论**。他提出，站在**二元论**的立场上，**心灵（意识）**是无法用现在的物理学说明的。但这并不代表他赞同**笛卡尔**将独立于物体的心灵当作精神实体的**身心二元论**（P361）。他认为，人们不应该使用精神或灵魂等超自然的语言，而是要用**自然的（科学的）**语言来思考作为物质的大脑为什么会生出意识。

① + ② = 自然主义二元论

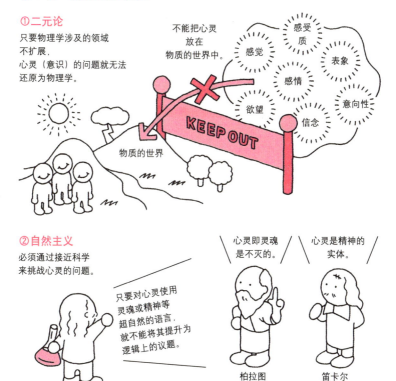

①二元论

只要物理学涉及的领域
不扩展，
心灵（意识）的问题就无法
还原为物理学。

不能把心灵
放在
物质的世界中。

感受
质

感觉

表象

感情

意向性

欲望

信念

KEEP OUT

物质的世界

②自然主义

必须通过接近科学
来挑战心灵的问题。

只要对心灵使用
灵魂或精神等
超自然的语言，
就不能将其提升为
逻辑上的议题。

查默斯

心灵即灵魂
是不灭的。

心灵是精神的
实体。

柏拉图

笛卡尔

布洛克

随附发生

相 关 -------------------------- 计算机功能主义（P292）、
图灵测试（P294）、语言房间（P311）
备 注 -------------------------- "随附发生"的英文是"supervene"

　　布洛克也对无视意识的存在、视**心灵**为物质的**功能主义**（P291）持批判态度，并不认可主张**人工智能**可能存在的**计算机功能主义**（P293）。在他看来，如果每个人都担当一个神经元的角色，当十几亿人进行接力时，意识是不可能随附发生（※supervene）的。

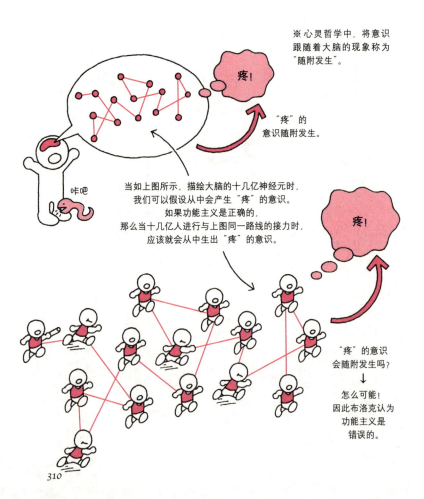

※ 心灵哲学中，将意识跟随着大脑的现象称为"随附发生"。

疼！

"疼"的意识随附发生。

咋吧

当如上图所示，描绘大脑的十几亿神经元时，我们可以假设从中会产生"疼"的意识。如果功能主义是正确的，那么当十几亿人进行与上图同一路线的接力时，应该就会从中生出"疼"的意识。

疼！

"疼"的意识会随附发生吗？
↓
怎么可能！
因此布洛克认为功能主义是错误的。

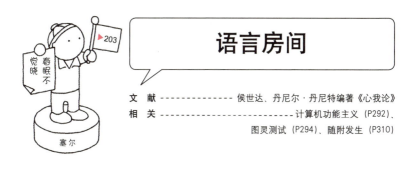

语言房间

文　献 —————————— 侯世达、丹尼尔·丹尼特编著《心我论》
相　关 —————————————— 计算机功能主义（P292）、
图灵测试（P294）、随附发生（P310）

　　塞尔也没有放松对肯定**人工智能**存在的**计算机功能主义**（P293）的批判。他通过思想实验，指出**图灵测试**（P294）的局限性，并得出结论：**人工智能**并未通过思考来理解自己的行为。

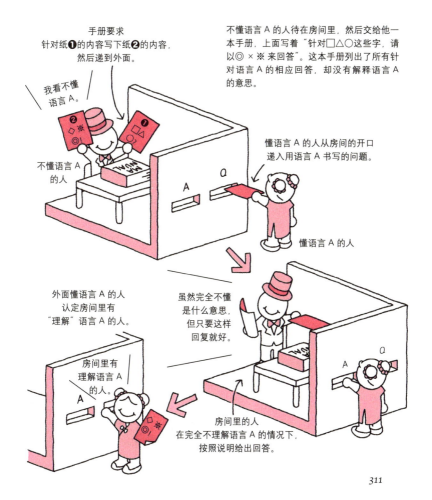

手册要求
针对纸❶的内容写下纸❷的内容，
然后递到外面。

不懂语言 A 的人待在房间里，然后交给他一本手册，上面写着"针对□△○这些字，请以◎×※来回答"。这本手册列出了所有针对语言 A 的相应回答，却没有解释语言 A 的意思。

我看不懂
语言 A。

不懂语言 A
的人

懂语言 A 的人从房间的开口
递入用语言 A 书写的问题。

懂语言 A 的人

外面懂语言 A 的人
认定房间里有
"理解"语言 A 的人。

虽然完全不懂
是什么意思，
但只要这样
回复就好。

房间里有
理解语言 A
的人。

房间里的人
在完全不理解语言 A 的情况下，
按照说明给出回答。

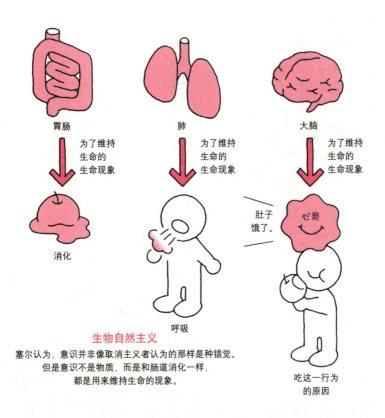

塞尔

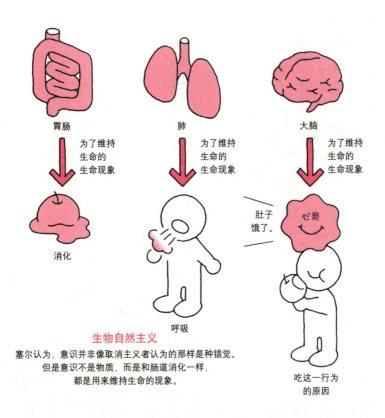

生物自然主义

文　献 ------------------------ 塞尔《意向性：论心灵哲学》
备　注 ------------------------ 《意向性：论心灵哲学》里写道：
"生物自然主义强调心灵状态的生物学特征，
同时排斥唯物主义和二元论"

　　塞尔认为，从神经科学的角度也可明确看到**大脑**不断从物理层面生出**意识**。就像胃肠进行消化一样，大脑由生物学的作用生出意识。**塞尔**将自己的这一立场称为**生物自然主义**。

胃肠

为了维持
生命的
生命现象

消化

肺

为了维持
生命的
生命现象

呼吸

大脑

为了维持
生命的
生命现象

肚子
饿了。

心灵

吃这一行为
的原因

生物自然主义

塞尔认为，意识并非像取消主义者认为的那样是种错觉。
但是意识不是物质，而是和肠道消化一样，
都是用来维持生命的现象。

　　在**塞尔**看来，意识可以用物理学，尤其是生物学来说明。与作为**物理主义**（P280）的**取消主义**（P297）不同的是，**感受质**（P302）或感情不是错觉，而是切实的存在。

不过**塞尔**也指出，**感受质**（P302）或感情属于主观问题，不可能从物理层面上讨论。他认为不能将物理学（神经科学）应该讨论的"意识"与**感受质**等哲学**存在论**或**认识论**应该讨论的"意识"混淆。

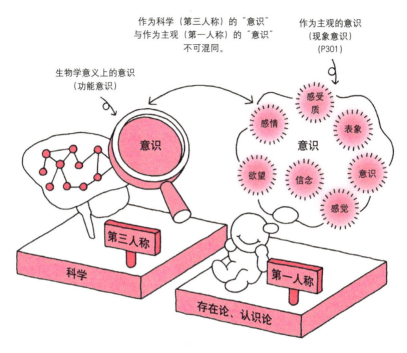

作为科学（第三人称）的"意识"
与作为主观（第一人称）的"意识"
不可混同。

作为主观的意识
（现象意识）
（P301）

生物学意义上的意识
（功能意识）

意识

第三人称

科学

感受质

感情　表象

意识

欲望　信念　意识

感觉

第一人称

存在论、认识论

塞尔指出，比起调查大脑神经元的状态来探究意识之谜，调查有**意识**和无意识时大脑状态区别的方法更有效。因为这样一来，就不会无视**感受质**等主观意识的存在，做到科学上的接近。

为了避免
无视主观意识的存在，
塞尔更推崇方法②。

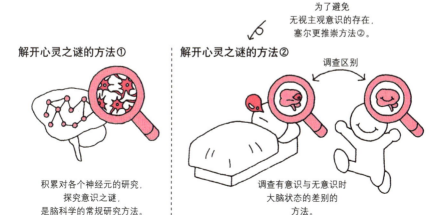

解开心灵之谜的方法①

积累对各个神经元的研究，
探究意识之谜，
是脑科学的常规研究方法。

解开心灵之谜的方法②

调查区别

调查有意识与无意识时
大脑状态的差别的
方法。

作为一只蝙蝠是什么样

▶204

备　注 ------------ 针对"作为一只蝙蝠是什么样"这一问题，
内格尔在著作中表达为"我想知道对于蝙蝠来说，
作为一只蝙蝠是什么样的感觉"

蝙蝠在空中飞行，食物与生活习惯都与人类完全不同。它们没有像人类一样的五感，而是通过超声波把握世界。如果一个人拥有蝙蝠的大脑和身体，会是什么感觉呢？

**试着想象变成
蝙蝠后的样子吧。**

飞起来了！
真开心啊。

不要像这样来想象，
而是尝试以蝙蝠的
大脑看待世界，
之前的记忆和
作为人类的思考
都已不复存在。

内格尔在《作为一只蝙蝠是什么样》一书中论述道：无论物理学如何阐释蝙蝠的大脑或认知的结构，人们都难以经验蝙蝠的主观感受。

蝙蝠对世界的感觉　　　　　　　**我对世界的感觉**

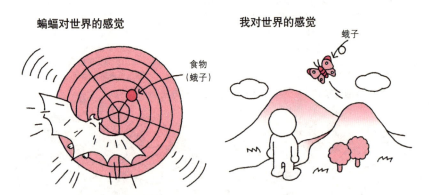

食物
（蛾子）

蛾子

蝙蝠通过雷达捕捉作为食物的蛾子，
用超声波把握空间。
内格尔认为，人们并不知道蝙蝠的意识和思考到了哪个层面，
因此无法感受到蝙蝠的主观感受。

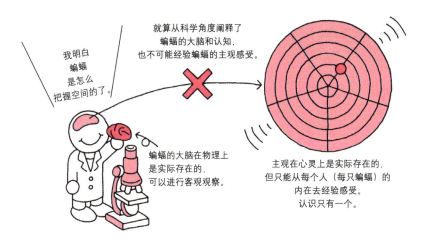

我明白
蝙蝠
是怎么
把握空间的了。

就算从科学角度阐释了
蝙蝠的大脑和认知，
也不可能经验蝙蝠的主观感受。

蝙蝠的大脑在物理上
是实际存在的，
可以进行客观观察。

主观在心灵上是实际存在的，
但只能从每个人（每只蝙蝠）的
内在去经验感受。
认识只有一个。

之所以如此，是因为每个人只能通过自己的大脑来把握世界。不只是人类和蝙蝠，我（第一人称）和他者（第三人称）之间的关系也一样。但是**内格尔**认为，想象**"作为他者是什么样"**是我们能够做到的最重要的行为。

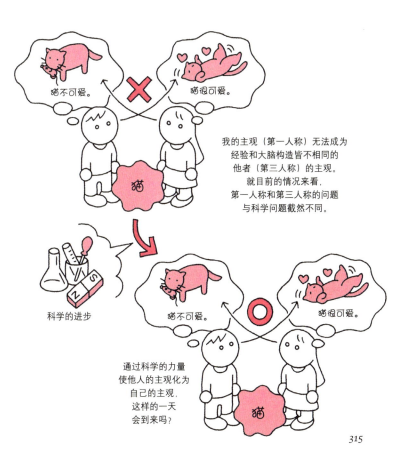

猫不可爱。

猫很可爱。

我的主观（第一人称）无法成为
经验和大脑构造皆不相同的
他者（第三人称）的主观。
就目前的情况来看，
第一人称和第三人称的问题
与科学问题截然不同。

科学的进步

猫不可爱。

猫很可爱。

通过科学的力量
使他人的主观化为
自己的主观，
这样的一天
会到来吗？

猫

伦理学

摩尔等

（现代）伦理学

193

备 注 --------------------------------------- 元伦理学是从
认识论／非认识论、实在论／非实在论的区别中
来对道德判断进行分析的，例如 P319 的直觉主义和自然主义
就是以非自然实在论和自然实在论的形式整理的

现代的**伦理学**可以大致分为三大理论：**分析性地**（逻辑性地）讨论
"善""恶"等语词含义的**元伦理**、探求所谓道德行为的基准的**规范伦理**、将
元伦理和**规范伦理**应用于当代各个问题的**应用伦理**。

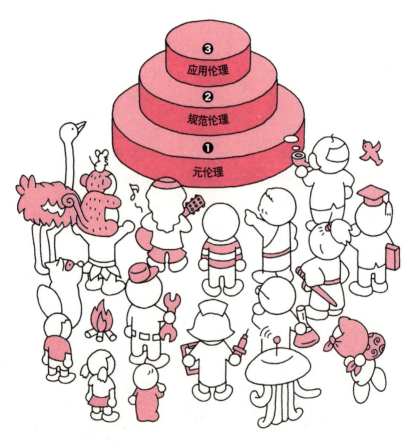

本书将在**伦理学**部分中，以**分析哲学**探讨的**元伦理**（分析伦理）为中心
进行介绍。

318

❶ 元伦理

分析"善""恶"原本为何物，即分析语词的概念。
主要处于分析哲学的探讨范围内，涉及元伦理的伦理学称为分析伦理学。
日常语言学派（P231）的摩尔是创始人。

● 自然主义

认为遵循生物学进化或生存本能的事物为"善"，
伦理这一概念可以进行科学说明。

● 直觉主义 （P320）

● 非认知主义 （P325）

● 情感主义 （P322）

● 规定主义 （P324）

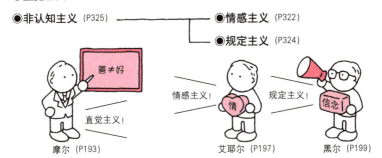

摩尔 （P193）　　　　　　　　艾耶尔 （P197）　　　　　黑尔 （P199）

❷ 规范伦理

探求所谓道德行为的基准。
一般说到伦理学，多指规范伦理。

● 结果主义

仅凭结果判断某一行为
是否正确。

● 义务论

并不看行为的结果，
而是讨论其本质上是否正确。

● 美德伦理学

并不关注实际行为，
而是思考所谓内在善良的人
是什么样的。
源于亚里士多德的伦理学。

功利主义 （P372）

利己主义

以自身利益最大化为善。

福利主义

以经济最大化为善。

情境伦理

善不是固定的，以每个情境中生出爱的
事物为善。

绝对命令 （P369）

自由主义 （P326）

❸ 应用伦理

将元伦理和规范伦理应用于当代各个实践问题。

● 生命伦理 （P330）

● 环境伦理 （P330）

此外，还有讨论 IT 环境中伦理问题的信息伦理和企业经营中伦理问题的商业伦理等。

摩尔等

直觉主义

文　献 ------------------------------ 摩尔《伦理学原理》
备　注 --------《伦理学原理》有〝如果有人问我´善是什么´,
我会回答善就是善,这就是全部答案〞

　　边沁（P353）和**密尔**（P353）将"善"重新定义为"好"。这样一来,快乐计算（P373）就成为可能,"善"的质就能数量化。由此,人们便可客观讨论"善"这一含混的道德价值（功利主义 P372）。

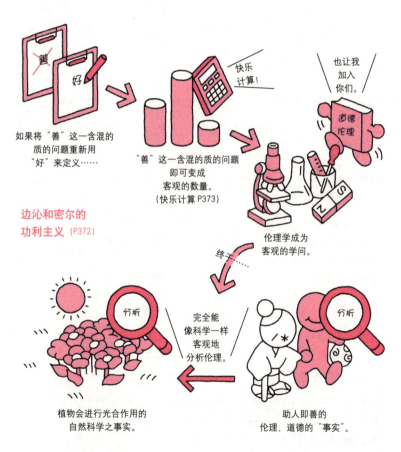

如果将〝善〞这一含混的质的问题重新用〝好〞来定义……

快乐计算!

"善"这一含混的质的问题即可变成客观的数量。
（快乐计算P373）

也让我加入你们。

道德伦理

边沁和密尔的功利主义 (P372)

伦理学成为客观的学问。

终于……

完全能像科学一样客观地分析伦理。

分析

植物会进行光合作用的自然科学之事实。

分析

助人即善的伦理、道德的"事实"。

　　但是,**日常语言学派**（P231）的**摩尔**认为,"善"和"好"是否相同是**并未得到解决的问题**,不能定义为同一事物。

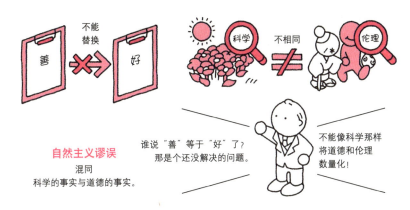

自然主义谬误
混同
科学的事实与道德的事实。

谁说"善"等于"好"了？那是个还没解决的问题。

不能像科学那样将道德和伦理数量化！

　　摩尔认为，将善恶之类的自然道德与自然科学的事实画上等号并进行分析是错误的，这样的错误称为**自然主义谬误**。

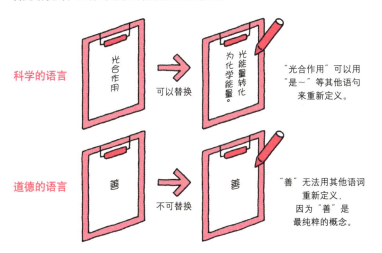

科学的语言

光合作用 可以替换 光能量转化为化学能量。

"光合作用"可以用"是～"等其他语句来重新定义。

道德的语言

善 不可替换 善

"善"无法用其他语词重新定义，因为"善"是最纯粹的概念。

　　摩尔认为"善"是最纯粹的概念，所以不能对其进行进一步的分析、分解，也不能替换成其他语词（"好"等）。而且，因为"善"不是物质，所以只能凭我们的**直觉**才能把握到它。在**摩尔**看来，"只能凭借人类的直觉捕捉到的事物"就是道德的本质。这一观点称为**直觉主义**。

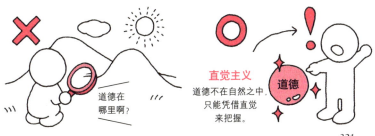

道德在哪里啊？

直觉主义
道德不在自然之中，只能凭借直觉来把握。

道德

情感主义

文　献 ------------------------ 艾耶尔《语言、真理与逻辑》
相　关 ------------ 逻辑实证主义（P248）、非认知主义（P325）
备　注 ------ 在逻辑实证主义看来，"善""恶"之类的价值判断
无法进行客观验证，是对个人心理的表达

艾耶尔
（人物形象）

　　艾耶尔从**逻辑实证主义**（P249）的立场出发研究**伦理**。在他看来，"植物进行光合作用"这一主张虽然是正确的，但是从逻辑角度却无法判断"杀人是错的"这不能实证的主张是**真**是**假**。世界上的植物会进行光合作用的"事实"确实存在，但杀人即错的"事实"并不存在。

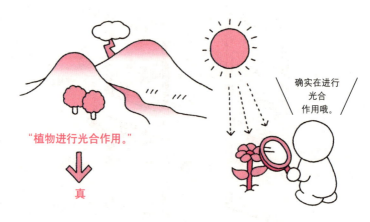

"植物进行光合作用。"

真

确实在进行光合作用哦。

世界上的植物"进行光合作用"的"事实"是存在的，
但并不存在"杀人是错的"这一"事实"。

"杀人是错的"这一"事实"在哪里？

"不能杀人。"

无法问出真伪，
因此不是正确的命题（P234）。

艾耶尔指出，道德不是"事实"，而是立足于**情感**。我们只是认为"杀人不好"，这样的观点称为情感主义。道德不是"事实"，因此不存在所谓"道德的知识"。

情感主义

道德不是事实，而是来自该道德的主张者的情感。

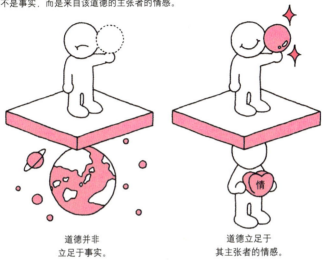

道德并非
立足于事实。

道德立足于
其主张者的情感。

在**艾耶尔**看来，无法根据实证来判断真伪的"杀人是错的"这一语句并非知识，也不是正确的语言用法。但"我反对杀人""我讨厌杀人"就是正确的语言用法。

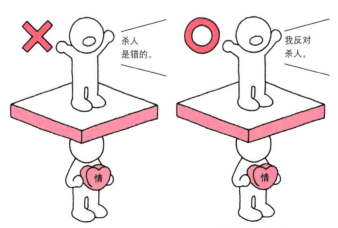

如果不是"杀人是错的"，而是"我反对杀人""我讨厌杀人"，
那么就是正确的语言用法。

规定主义

文　献 ---------------------------------- 黑尔《道德思考》
相　关 ---------------------------------- 非认知主义（P325）
备　注 ----------- 黑尔站在所谓规定主义的元伦理学立场上，
　　　　　　　　支持规范伦理学中的功利主义

　　黑尔也讨论"植物进行光合作用"这一科学语句与"杀人是错的"这一道德语句的区别。在他看来，"植物进行光合作用"这一语句并不会强制我们做出一定的**行为**。另一方面，"杀人是错的"这一语句是主张者对众人发出的不要杀人的**规定**。将道德语言视作**规定**的观点称为规定主义。

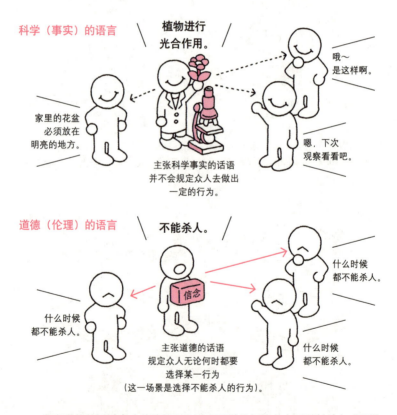

　　发表道德的话语意味着就算别人没有那样的打算，也要强制对方"那样做"。此时最好格外慎重。

非认知主义

文　献	黑尔《道德思考》
相　关	情感主义（P322）、规定主义（P324）
对应词	认知主义
备　注	自然主义就是认知主义

黑尔等

　　世界上存在"事实"，科学就是探求有关"事实"的**知识**。艾耶尔的**情感主义**（P323）和黑尔的**规定主义**（P324）的共通观点在于道德并非"事实"，因此所谓道德的知识并不存在，这就是非认知主义。对于他们来说，道德不像科学那样，不是有关事实的知识，而是某种别的事物。

科学是……

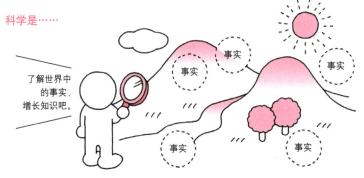

了解世界中的事实，增长知识吧。

科学是探求世界中事实的知识。

道德、伦理是……

道德不是"事实"，因此也不可能存在所谓道德的知识。

道德是情感。

道德是规定。

艾耶尔　黑尔

非认知主义

这一观点认为我们无法判断关于道德的主张是真是假。

不是站在元伦理（P318）的立场上，而是站在规范伦理（P318）中的自由主义（P326）立场上来探索伦理。

关于伦理的语言分析确实很重要，但我们需要思考在伦理上应该做什么。

罗尔斯

自由主义

▶200

罗尔斯

备　注 ---------- 简单翻译为自由主义容易造成误解，须注意。
现代美国出现的要求通过财富再分配来救济经济弱者、
支持福利国家的政策的立场，也被称为自由主义

　　比起**元伦理**（P318），主张**自由主义**的**罗尔斯**更重视讨论伦理内容的**规范伦理**（P318）。作为规范伦理的主流，**功利主义**（P372）认为必须有人为社会整体的幸福做出牺牲，而**罗尔斯**的目标就在于克服这一弱点。在他看来，人们首先应该遮上**无知之幕**，即以不知道自己处在何种立场为前提，再来思考应该创造什么样的社会。

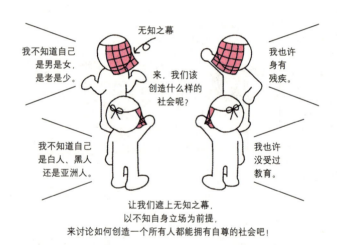

让我们遮上无知之幕，
以不知自身立场为前提，
来讨论如何创造一个所有人都能拥有自尊的社会吧！

　　罗尔斯据此导出了有关社会正义的三个原则。第一个是**基本自由原则**，即原则上必须保障个人的自由。

❶**基本自由原则**

必须保障
良心、思想和言论的
自由。

326

第二个是**机会均等原则**，即就算产生了经济上的差别，也必须平等地给予公平的竞争机会。

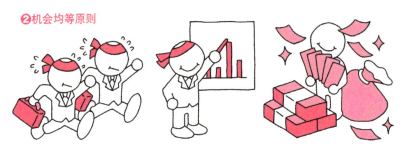

就算产生了差别，也必须保障竞争的自由。

但是，如果身体有残障、遭受歧视或未得到照顾，那么还能参加自由竞争吗？罗尔斯在最后提出**差异原则**，指出必须为了改善在社会中处于最劣势的人的生活而做出调整。

❸差异原则

大家一起来探讨财富的分配方法吧。

由于竞争差异产生的财富。

财富调整

竞争产生的差异
必须用来改善
那些境遇最糟之人的生活。

辛格

动物权利

文　献 -------------------- 辛格《动物解放》《实践伦理学》
备　注 --------------------《实践伦理学》中的论述为
　　　　　　　　　　　　　　"如果某一存在感到痛苦，
　　　　　　　　　　　那么忽视该痛苦是道德上所不允许的"

　　假设存在一种动物实验，目的在于调查感到恐惧的老鼠会采取何种行为。在这种情况下，如果不假设老鼠和人类抱有同样感情，该实验就毫无意义。若使用与人类更接近的灵长类动物，实验就会更加有效。那么，这样的实验在伦理上是否允许呢？

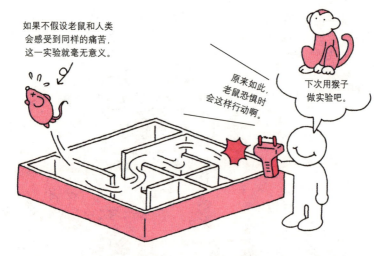

　　针对这一问题，**辛格**应用了属于**规范伦理**（P318）的**功利主义**（P372）。"将生物不必要的痛苦最小化，则世界中的痛苦就会最小化，世界就会变得更好。"像这样在分析实际问题时应用**元伦理**（P318）或**规范伦理**的方法就是**应用伦理**。

若将世界中的痛苦最小化，世界就会变得更好。
（最大多数人的最大幸福 P374）

辛格认为，相对于其他**动物权利**，人类这一物种拥有特权，这就是**物种歧视**。这与自己是白人就认为白人最伟大的想法没有区别。

　　辛格认为，如果不是出于医疗或食用的目的，人类则不能为了微小的**快乐**而侵犯动物最大的生存权利。他提出要废止动物实验、出于兴趣爱好的狩猎和畜产业。

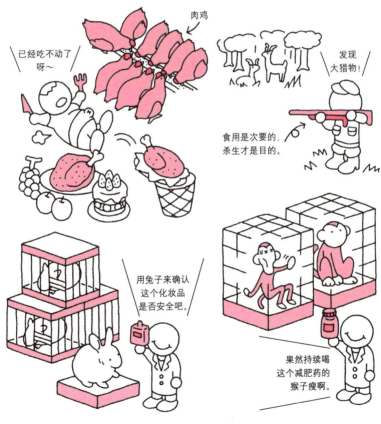

辛格等

生命伦理｜环境伦理

▶208

备注 - 应用伦理中还包括
讨论IT环境中伦理问题的信息伦理、
讨论新闻和言论自由的新闻伦理
和讨论企业经营中伦理问题的商业伦理等

具有代表性的**应用伦理**（P318）包括**环境伦理**和**生命伦理**。我们长期认为"人类""家人""自由""生命"的概念是普遍的，但随着基因技术和医疗技术的进步，这些概念似乎需要重新定义。

基因操控

利用克隆技术已经可以制造出人类，能解决无法生育或失独家庭的问题。但是这在伦理上行得通吗？

可以制造出和父母拥有相同基因组的孩子。

我是克隆人。

克隆人和非克隆人的区别是什么？

产检

可以在胎儿出生前获知其异常，但人类对人类进行有目的的选择真的可以吗？

人工智能、人工脏器

拥有人工身体的电子人和通过人工智能获得感情的智能机器人，两者的区别在哪里？

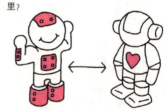

安乐死、脑死亡

医疗技术的进步延长了人类的寿命。该如何迎来最后的时刻呢？此外，脑死亡这一全新标准已经诞生，死亡的概念又是什么？

自然的生存权

人类可以为了获得微小的快乐而侵犯动物"生存"的极大权利吗？
→动物权利 P329

设计婴儿、人工授精

在受精卵的阶段操作基因，或从网上购买优质精子，带有目的性地创造优秀的孩子。所谓优秀的孩子，是指最适合"当今环境"的孩子。如果环境改变，"当今环境"消失了呢？

脏器移植

人们已经可以进行脏器移植。这是人对人的崇高行为，还是将人体看作可以替代之物的非人行为？自己的身体属于自己，就可以自由出售脏器吗？

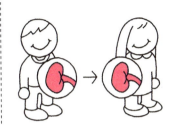

代孕

无法生育的父母也可通过代孕得到孩子。出生的孩子的父母可能最多会有 5 个人。有必要重新考虑"家人"的概念吗？

负责养育的父母

我的爸爸妈妈共有 5 个人。

基因上的父母　　　孩子

负责生育的母亲

代际伦理、地球主义

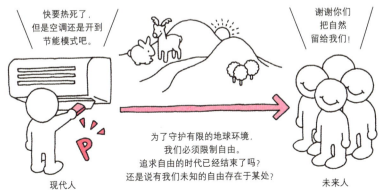

快要热死了，但是空调还是开到节能模式吧。

谢谢你们把自然留给我们！

为了守护有限的地球环境，我们必须限制自由吗？追求自由的时代已经结束了吗？还是说有我们未知的自由存在于某处？

现代人　　　　　　　　　　　　　　　未来人

（现代）形而上学

普特南等

备　注 ----------------------------- 现代形而上学的入门书有
厄尔·科尼和西奥多·赛德合著的《存在之谜》、
秋叶刚史、仓田刚、铃木生郎和谷川卓合著的
《现代形而上学——分析哲学视野下的人、因果与存在之谜》

　　"时间是什么？""我们凭什么觉得自己是自己？""人类有自由意志
吗？"等主题自古以来就是**形而上学**（研究无法实际看到或听到的事物）的
基础。现代的**英美哲学**运用**分析哲学**的手法（根据思考而不是实验得出的逻
辑）挑战这些主题。20世纪以来的**分析式**的形而上学被称为**分析的形而上
学（现代形而上学）**。

分析的形而上学的主题

存在与时间

这个宇宙，
还有我，
都是真实
存在的吗？

我使用
分析哲学的手法
来探究
时间之谜。

普特南
缸中之脑
(P336)

麦克塔格特
时间的非实在性
(P339)

形而上学（metaphysics）

指超过物理学的学问。如果说研究"鹿角由什么构成、有什么作用"是物理
学，那么形而上学就是研究"角是什么，角为什么存在，所谓存在原本是何意"。
"Metaphysics"意为"物理学（physics）之后（meta）"，源于亚里士多德（P352）的
著述。

模态

可能世界是
实际存在的。

刘易斯
模态实在论
(P342)

同一性

Identity
是什么？

戴维森
同一性
(P344)

自由意志

人类有
自由意志吗？

丹尼特
决定论
(P347)

缸中之脑

文　献 ---------------------------- 普特南《理性、真理和历史》
相　关 ---------------------------- 我思故我在（P358）、经验机器（P337）
备　注 ---------------------------- 普特南通过缸中之脑批判基础主义。
此外，电影《黑客帝国》就是以缸中之脑为题材的

普特南

　　你经历着的一切，也许都是浮在与计算机相连的水缸中的大脑正在经历的虚拟现实。你正在注视的世界、触摸某物的感觉和身体本身，都是计算机向大脑输送的信息。

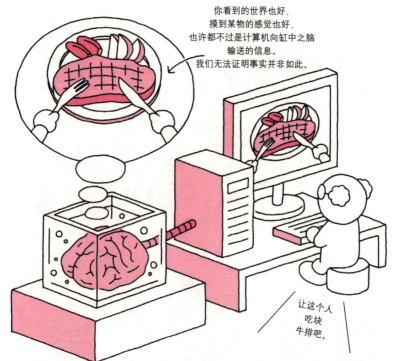

缸中之脑

你看到的世界也好，
摸到某物的感觉也好，
也许都不过是计算机向缸中之脑
输送的信息。
我们无法证明事实并非如此。

让这个人
吃块
牛排吧。

　　以上就是**普特南**设想的名为缸中之脑的思想实验。我们无法证明这一假说是错误的。**笛卡尔**（P352）也曾怀疑"这世界可能本就是一场梦"（P358）。世界真的实际存在吗？目前还没有任何方法能证明这点。

诺齐克

▶204

经验机器

文　献 --------------------- 诺齐克《无政府、国家和乌托邦》
相　关 --------------------- 功利主义（P372）、缸中之脑（P336）
备　注 --------------------- 这一思想实验反对"快乐乃众望所归"
　　　　　　　　　　　　　　　　这一功利主义快乐论

　　经验机器是一种可以让你在虚拟世界中按照自身期待度过人生的机器。但是，一旦进入这种机器，就无法意识到自己身处其中，会将虚拟世界视为现实，直到终老。你想进入这种能保障你幸福快乐的机器吗？如果不想，那么现实世界中有什么比幸福快乐更重要吗？**诺齐克**通过这一思想实验，提示出**功利主义**（P372）无法解决的问题。

麦克塔格特

时间的非实在性

文　献 ----------------- 麦克塔格特《时间的非实在性》
备　注 ----------------- 入不二基义在《时间存在吗》中写道：
"麦克塔格特的时间论已经成了哲学时间论的典范。"
日本也有许多著作和研究与麦克塔格特的时间论有关

　　麦克塔格特认为，时间的本质是**过去、现在、未来这一时间上的变化**
（A 系列），而且无法实际存在。

时间是过去、现在、未来这一系列（A 系列）

　　过去不是现在，也不是未来。现在不是过去，也不是未来。过去、现在
和未来是相互否定的关系，三者无法共存。

如果是过去，那么就既不是现在也不是未来。　如果是现在，那么就既不是过去也不是未来。　如果是未来，那么就既不是过去也不是现在。

过去、现在、未来相互否定，无法共存。

同理

方形、圆形、三角形相互否定，无法共存。

如果是方形，那么就既不是圆形也不是三角形。　如果是圆形，那么就既不是方形也不是三角形。　如果是三角形，那么就既不是方形也不是圆形。

　　让我们将 A 出生一事对应过去、现在、未来这一系列（**A 系列**）。A 如
果现在出生，那么此事对过去来说就是未来，对现在来说就是现在，对未来
来说就是过去。

338

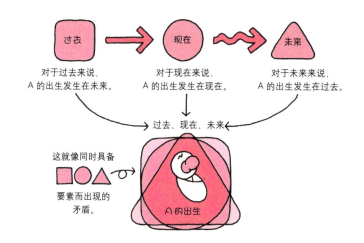

对于过去来说，
A 的出生发生在未来。

对于现在来说，
A 的出生发生在现在。

对于未来来说，
A 的出生发生在过去。

过去、现在、未来

这就像同时具备

要素而出现的
矛盾。

A 的出生

这样一来，A 出生一事既是过去，也是现在，还是未来，具备了无法共存的过去、现在、未来的全部特性。这就是矛盾，因此**时间**并不是实际存在的（时间的非实在性）。

A 出生是在
20 岁前。

A20 岁是在
出生之后、死亡之前。

A 死亡是在
20 岁后。

B 系列

无论今天还是明天，
时间上的顺序关系
都不会改变，
即不受时间
变化的影响。

麦克塔格特认为，有 A 系列和 B 系列两种把握**时间**的方法。B 系列是"在～之前、～之后"这一时间上的顺序关系。但由于 B 系列无法说明**时间**的变化（流动），因此不能说是**时间**的本质。所以，如果能证明作为**时间**本质的 A 系列的矛盾，就能证明**时间**不是实际存在的。

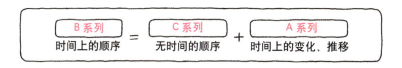

B 系列
时间上的顺序

=

C 系列
无时间的顺序

+

A 系列
时间上的变化、推移

麦克塔格特认为还存在 C 系列，即无时间的顺序关系。将 C 系列与时间变化的 A 系列相加，即可构成作为时间顺序的 B 系列。**麦克塔格特**自己认为 C 系列是实际存在的（不会发生矛盾），至今仍有很多人在对他所提出的一系列证明进行讨论。

克里普克

可能世界

文　献 ------------------------------ 克里普克《命名与必然性》
相　关 ------------------------------ 模态实在论（P342）
备　注 ------------------------------ 与刘易斯等人不同，
　　　　　　　　　　　　　　　克里普克并不认为可能世界是实际存在的

真理包括**分析真理**（P254）和**综合真理**（P254），但同时还有另一种观点，认为**真理**包括**必然真理**和**偶然真理**。所谓**必然真理**，是指"**三角形有 3 个角**"等无法否定的真理。而**偶然真理**，是指"**梵高画了向日葵**"之类视情况而定的真理。

必然真理的例子	**偶然真理例子**
无法否定的真理， 即数学真理等仅凭理性就可获知的真理 （多与分析真理重叠）。	视情况而定的真理， 即科学真理等通过实际经验后得以确认的真理 （多与综合真理重叠）。

三角形有 3 个角

（因为三角形一词意为
有 3 个角的图形）

A＝B 且 B＝C

若是如此

A＝C

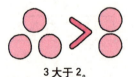

3 大于 2。

水达到 100℃会沸腾。

梵高画了向日葵。

大象比老鼠大。

　　克里普克运用**可能世界**这一概念，尝试准确地说明这两个真理的区别。所谓**可能世界论**，是指我们居住的这一现实世界是无数**可能世界**之一。

有多少可能性，就有多少个**可能世界**。例如"梵高没画向日葵的世界"就至少有一个。

大象比老鼠小的世界

梵高没画向日葵的世界

水达到 50℃就会沸腾的世界

我们居住的现实世界是无数可能世界之一。

"3 大于 2"等必然真理在任何可能世界都是真的。

我使用可能世界这一概念，像这样准确定义了偶然真理和必然真理。

克里普克

可能世界

有多少合理的可能性，就存在多少个可能世界。

偶然真理　＝　现实世界中的真，在其他可能世界则真伪不一（例如"梵高画了向日葵"在现实世界是真，在其他世界则真伪不一）。

必然真理　＝　在全部可能世界中都为真的真理（例如"3 大于 2"就在一切可能世界中都是真）。

　　一旦使用**可能世界**来说明**偶然真理**，那么**偶然真理**就会变成现实世界的**真**，但是在**其他可能世界**中就会真伪不一。对**必然真理**的否定会引发矛盾，所以在一切可能世界中都是**真**的。**可能世界论**原本是**克里普克**为了整理思维而使用的工具，但**刘易斯**等学者主张，**可能世界**是实际存在的（模态实在论P342）。

模态实在论

文　献 ------------------------------------- 刘易斯《论世界的复数性》
相　关 ------------------------------------- 可能世界 (P340)
备　注 ------------------------------------- 刘易斯认为在现实世界之外
还有无数可能性实际存在

刘易斯等

▶205

可能世界

梵高没画
向日葵的世界

水到达 50℃
就会沸腾的世界

地球不存在
的世界

人们生活在
洞穴中的
世界

恐龙存活的世界

存在巨人
的世界

狗比人更有
地位的世界

我所居住的国家与
现在不同的世界

法国大革命
持续至今的世界

可能世界论

有多少合理可能性，
就存在多少个可能世界。

　　我们居住的现实世界是无数**可能世界** (P340) 之一，这样的观点叫**可能世界论**。**可能世界**的数量与合理可能性的数量相对应，例如"水到达50℃会沸腾的世界"就至少存在一个。**克里普克** (P205) 将可能世界当成整理思维的道具来引入这一概念。然而刘易斯等人坚信，**可能世界是实际存在**的，这一观点称为**模态实在论**。

如果**可能世界**实际存在，那么就可以为自古以来的哲学命题"这个世界为什么唯独变成这一**模态**"找出一种回答。

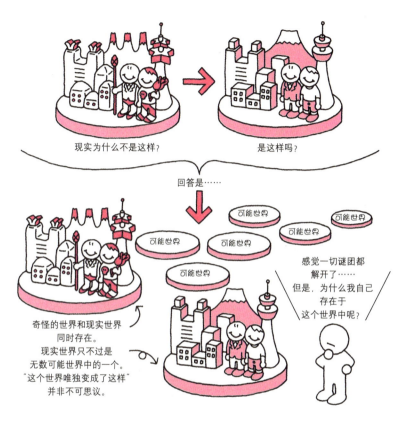

现实为什么不是这样？

是这样吗？

回答是……

可能世界

可能世界

可能世界

可能世界

可能世界

可能世界

感觉一切谜团都解开了……
但是，为什么我自己存在于这个世界中呢？

奇怪的世界和现实世界同时存在。
现实世界只不过是无数可能世界中的一个。
"这个世界唯独变成了这样"并非不可思议。

　　如果**可能世界**实际存在，那么只要有可能性，那个世界就必然存在。那样一来，所有**可能世界**中就不可能没有**现实世界**，因此**现实世界**变成现在的状态并没有什么不可思议。

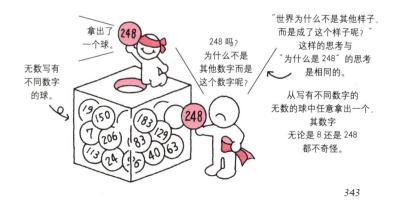

拿出了一个球。

248

无数写有不同数字的球。

248 吗？
为什么不是其他数字而是这个数字呢？

"世界为什么不是其他样子，而是成了这个样子呢？"
这样的思考与
"为什么是 248"的思考
是相同的。

从写有不同数字的无数的球中任意拿出一个，其数字
无论是 8 还是 248
都不奇怪。

沼泽人

戴维森

文　献 ----------- 戴维森《主观、主观间、客观》
相　关 ----------- 感受质（P302）、哲学僵尸（P308）
备　注 ----------- 戴维森不认为
　　　　　　　　　 自己和沼泽人相同

17 世纪，**霍布斯**（P352）通过**忒修斯之船**的故事讨论了何为**同一性**（identity）。花费三年时间更新全部零件的**忒修斯之船**与三年前还是**同一艘船**吗？

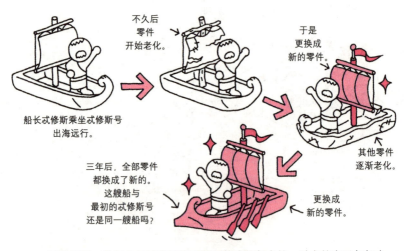

船长忒修斯乘坐忒修斯号
出海远行。

不久后
零件
开始老化。

于是
更换成
新的零件。

其他零件
逐渐老化。

三年后，全部零件
都换成了新的。
这艘船与
最初的忒修斯号
还是同一艘船吗？

更换成
新的零件。

不只是船，我们也是随着细胞不断更替成长起来的。过去的自己与如今的自己为什么就是**同一人**呢？

想要牛奶的孩子和想要孙子的老人是同一人？

想要
牛奶。

想要
玩具。

想要
钱。

想要
孙子。

同一？　同一？　同一？

20 世纪，**戴维森**通过**沼泽人**这一思想实验考察了**同一性**，这与**霍布斯**的考察角度略有不同。在 A 被雷劈死的同时，附近的沼泽里产生了一个无论身体还是大脑都在原子级别上与 A 完全一致的人。这个人和 A 是同一人吗？

A 在沼泽边
被雷劈死。

A 的尸体
不久后消失。

沼泽人

沼泽中出现了一个
无论外表还是大脑
都在原子级别上
与 A 完全相同的人
（沼泽人）！

你好，
A。

大家都以为
沼泽人
就是 A。

沼泽人

沼泽人与 A 拥有相同的记忆，
因此确信自己就是 A。
从第二天开始，
他就和 A 一样
去公司上班，过同样的生活，
世界毫无变化。

假设一个人通过传送机从东京到了纽约。在这种情况下，只要看作是瞬间**移动**就没有问题。但如果不考虑为移动，而是认为此人其实已经**消失**，一个新的人在纽约**诞生**，包含大脑记忆在内的一切都在原子级别上与此人相同，又会怎么样呢？当然，世界上没有任何人怀疑这个人成功地实现了瞬间移动。

将传送看作"移动"，则可确保同一性。

当我被人从东京传送到纽约时，如果看作瞬间移动，
则出现在纽约的人就确实是我。

东京

我 我 我 我 我 我 我

纽约

传送成功
了呢！

传送机

移动

将传送看作"消失与新的诞生"，则同一性不保。

如果当作我已消失，而包含大脑记忆在内的一切都在原子级别上与我相同的人在纽约诞生，
那么那还是我吗？（全新诞生的人应该认为自己就是"我"）

东京

我

消失

啪！

纽约

新的诞生

传送成功
了呢！

丹尼特等

决定论

▶206

文　献 ---------- 门胁俊介、野矢茂树编《自由与行为的哲学》、
丹尼特《自由的进化》

备　注 ------------------------------ 关于自由意志，
古有圣奥古斯丁在《忏悔录》中的论述

重 Xg、直径 Ycm 的球
从 Z 角度以 Gkm 的时速
撞向这块玻璃。

一切结果
都必定存在
一个原因，
这是作为自然法则的
因果律。

　　世界上出现的所有事情或状态中必有先行**原因**，这是作为**自然法则（物理法则）**的因果律（P300）。现在的世界只不过是一秒前的事情的**结果**，而一秒前的世界也是再一秒前的世界的结果。追根溯源，在宇宙大爆炸发生时，世界如今的状态就已经被**决定**下来了。既然大脑属于自然物质，也会遵循这一法则，其中并没有自由意志进入的余地。

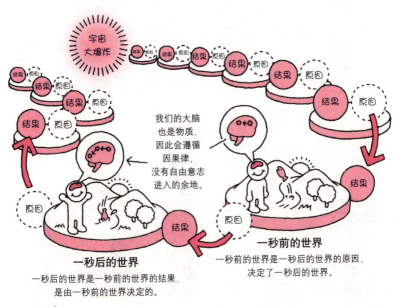

我们的大脑
也是物质，
因此会遵循
因果律，
没有自由意志
进入的余地。

一秒前的世界
一秒前的世界是一秒后的世界的原因，
决定了一秒后的世界。

一秒后的世界
一秒后的世界是一秒前的世界的结果，
是由一秒前的世界决定的。

我们都认为自己的行为是由自己的意志决定的，这只不过是心理上的错觉。这样的观点称为**决定论**。如果没有**自由意志**，那么犯罪也会成为一种**必然**，而非本人的责任。

作为自然法则的因果律

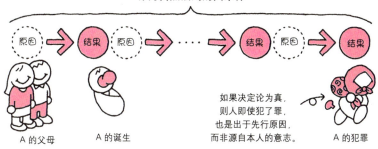

A 的父母　　A 的诞生

如果决定论为真，
则人即使犯了罪，
也是出于先行原因，
而非源自本人的意志。

A 的犯罪

假如**决定论**是错误的，那么**因果律**也会成为错误，自然科学就失去了意义。因此出现了**相容论**，即虽然**决定论**正确，但**自由意志**也是存在的。例如**丹尼特**认为世界是由因果关系而建立的。但是，构成世界的粒子的因果关系非常复杂，已经生成一种不可预测的模式，而**丹尼特**则在其中寻找自由意志能够进入的余地。

非相容论		**相容论**
决定论和自由意志无法并存。		决定论和自由意志可以并存。
强决定论	**自由意志论**	**弱决定论**
决定论是正确的，因此自由意志并不存在。	决定论并不正确，所以自由意志是存在的。	决定论是正确的，但自由意志也是存在的。休谟、霍布斯和詹姆斯均持此立场。

| 上帝不会掷骰子（没有偶然）！by 爱因斯坦 | 即使从量子力学角度来看，基本粒子的运动也是随机的。只凭因果律成不了世界。 | 意识由遵循因果律的意识和自由意志共两层组成。 | 单纯的因果关系逐渐变得复杂，其复杂性与自由意志相关。 |

爱因斯坦
(P194)

罗伯特·凯恩
(1938～)

法兰克福
(P202)

丹尼特
(P206)

因瓦根等

强非相容论

文 献 --------- 门胁俊介、野矢茂树编《自由与行为的哲学》

相 关 --------------------------------- 决定论（P346）

备 注 --------------------------------- 范·因瓦根是
肯定自由意志的自由意志论（P347）者

　　世界上发生的所有事情或状态都是事先决定好的。一切事情都不过是一秒前的事情的结果，一秒前的事情也是再一秒前的结果，这就是作为自然法则的**因果律**（原因与结果的法则）。只要我们的大脑是自然物质，就会遵循这一**因果律**，其中没有**自由意志**可进入的余地。这样的观点就是**决定论**。

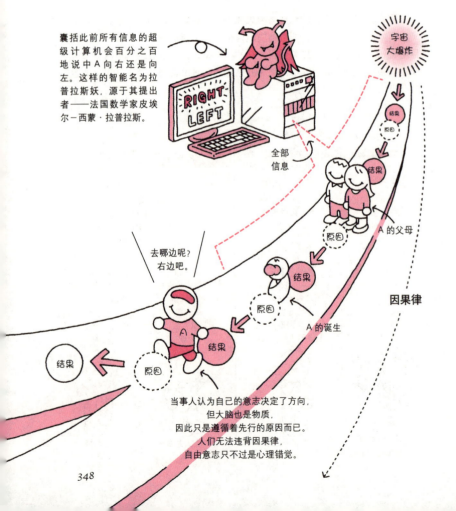

囊括此前所有信息的超级计算机会百分之百地说中 A 向右还是向左。这样的智能名为拉普拉斯妖，源于其提出者——法国数学家皮埃尔-西蒙·拉普拉斯。

宇宙大爆炸

结果
原因

结果
原因

A 的父母

全部信息

去哪边呢？
右边吧。

结果
原因

A 的诞生

因果律

结果
原因

结果

当事人认为自己的意志决定了方向，
但大脑也是物质，
因此只是遵循着先行的原因而已。
人们无法违背因果律，
自由意志只不过是心理错觉。

如果**决定论**（P347）是正确的，那么只要有一台持有某人全部相关信息的超级计算机，说中此人接下来的行为的概率就是百分之百。这样如同全知的超级计算机般的知识，被称为**拉普拉斯妖**。

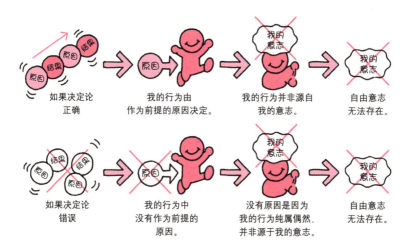

如果决定论
正确

我的行为由
作为前提的原因决定。

我的行为并非源自
我的意志。

自由意志
无法存在。

如果决定论
错误

我的行为中
没有作为前提的
原因。

没有原因是因为
我的行为纯属偶然，
并非源于我的意志。

自由意志
无法存在。

范·因瓦根继续追问：假设**决定论**是错误的，个人行为并未遵循**因果律**，在此情况下，个人的行为中就没有原因。如果没有原因，个人行为就会变为偶然。若只是单纯的偶然，那么就不是个人的意志。因此，无论**决定论**是真是伪，**自由意志**都无法存在（强非相容论）。**自由意志**果然是错觉吗？

拉普拉斯妖

拜托了，
请告诉我，
人真的没有
自由意志吗？

谁知道呢。
你是怎么想的呢？

附录

苏格拉底 B.C.469? ～ B.C.399

出生于雅典。父亲是雕刻家，母亲是助产士，妻子赞西佩被外界认为是"世界三大恶妻"之一。在伯罗奔尼撒战争中，3 次以战士身份加入雅典军队作战。苏格拉底容貌怪异，据说有时会突然陷入冥想状态。他批判诡辩家，认为问答的方法可以求得普遍的真理，然而最终被指控为危险人物，在民众审判下被判处死刑。

柏拉图 B.C.427 ～ B.C.347

出身雅典名门，是一位对西方哲学产生巨大影响的哲学家。青年时代师从苏格拉底学习哲学。苏格拉底死后，对逼死苏格拉底的雅典彻底绝望，于是游历意大利、西西里岛、埃及。回到雅典后，在郊外创办柏拉图学园，专心从事哲学研究和教育活动。柏拉图学园存续约 900 年。

亚里士多德 B.C.384 ～ B.C.322

古希腊最伟大的哲学家。17 岁赴雅典，在柏拉图学园中学习了约 20 年。后在马其顿担任亚历山大（即后来的亚历山大大帝）的家庭教师。亚历山大登基后，他重返雅典，创办了吕克昂学园。由于亚里士多德常常在学园的回廊一边散步（逍遥）一边讲学，因此他的学派又被称为"逍遥学派"。

托马斯·霍布斯 1588 ～ 1679

英国哲学家、政治学家。出生于英国国教会的牧师家庭，就读牛津大学，毕业后一边做贵族家庭的家庭教师，一边继续做研究。曾游历法国和意大利，与培根、笛卡尔及伽利略结缘。由于国内动乱，曾短暂流亡法国。主要著作《利维坦》因宣扬无神论而受到批判，差点被列为禁书。

勒内·笛卡尔 1596 ～ 1650

法国哲学家、自然科学家。有"近代哲学之父"之称。在拉弗莱什的学校接受教育之后，投笔从戎。1619 年 11 月 10 日，他在冬日的德国营地里"发现了令人震惊的学问的基础"。退伍后，他遍游欧洲，最终定居荷兰。晚年应瑞典女王的邀请前往该国，翌年病逝。他的头盖骨在法国巴黎夏乐宫人类博物馆陈列着。

巴鲁赫·德·斯宾诺莎 1632 ～ 1677

荷兰哲学家。出生于从葡萄牙流亡至荷兰的犹太商人家庭。在隶属犹太教团的学校接受教育，却最终热衷于西欧思想。1656 年因为无神论倾向被犹太教团除籍，之后以教书和磨镜片维持生计，坚持写作。44 岁死于长年的肺炎。他是一个孤独的自由思想家，埋首于哲学度过了一生。

乔治·贝克莱 1685～1753

英国哲学家、牧师。出生于爱尔兰。小时候被称为神童。15岁进入都柏林三一学院学习，年纪轻轻便留校任教。代表作《视觉新论》和《人类知识原理》皆成书于20多岁时。作为牧师，他筹划在百慕大创办大学而赴美，但在资金方面受挫。美国加利福尼亚州的伯克利市就是以他的名字命名的。

伊曼努尔·康德 1724～1804

德国哲学家。出生于普鲁士的柯尼斯堡（现俄罗斯的加里宁格勒），父亲是制作马具的工匠。大学毕业后，康德做了9年家庭教师以维持生计，而后就职柯尼斯堡大学，历任教授、院长、校长。他以从起床到就寝都极为规律的生活而闻名，并确立了整合大陆理性主义和英国经验主义的哲学。

边沁 1748～1832

英国哲学家、法学家。功利主义的创始人。出生于伦敦富裕的律师家庭。12岁进入牛津大学，21岁取得律师资格，但无心律师实务，醉心于法学理论的研究。后为了扩大选举权，致力选举法修订等自由主义政治改革。

黑格尔 1770～1831

近代哲学的集大成者。出生于德国斯图加特。在耶拿大学是极受欢迎的讲师，后因拿破仑入侵普鲁士，大学关闭。此后从事新闻编辑工作，担任过中学校长、海德堡大学教授、柏林大学哲学教授，并升任校长，在当时的思想界有巨大影响力。61岁因感染霍乱而去世。

约翰·斯图尔特·密尔 1806～1873

英国哲学家、经济学家。同边沁私交甚笃的父亲对他进行精英教育。16岁创立功利主义协会，17岁入职父亲供职的东印度公司。作为一名边沁功利主义的拥趸，却在20多岁时转而批判边沁的功利主义，并提出了自己的功利主义构想。作为政治家，在英国下议院致力妇女参政权等民主改革。

克尔凯郭尔 1813～1855

丹麦哲学家。出生于哥本哈根。被认为是存在主义哲学之父。起初学习神学，在22岁时开始思考"存在"。他发现自己是父亲对母亲婚前施暴产下的孩子，苦恼不已。27岁时和17岁少女维珍妮订婚，但又背弃了婚约。以这样大量的苦恼为素材，克尔凯郭尔形成了自己的哲学思想。

卡尔·马克思 1818～1883

德国哲学家、经济学家。出生于德国的特里尔。先后于波恩大学、柏林大学学习法律、哲学和历史，加入了黑格尔左派的知识分子团体。担任《莱茵报》主笔，后因批评政府而被撤职，移居巴黎。此后又陆续移居比利时、巴黎、德国，于 1849 年流亡伦敦。在大英博物馆醉心于经济学的研究。

尼采 1844～1900

德国哲学家。出生于普鲁士的萨克森州。读了叔本华的《作为意志和表象的世界》，深受冲击。24 岁就成为瑞士巴塞尔大学的教授，成就超群，然而处女作《悲剧的诞生》在学会中被所有人反感。身体状况恶化后辞去教职，余生潜心著述。最终精神错乱，55 岁去世。

弗洛伊德 1856～1939

奥地利精神病医师。出生于奥地利弗莱堡（今属捷克）。从维也纳大学医学系毕业后，留学法国。因钟情于神经医学大师沙可的催眠术，开始关注潜意识，最终创设精神分析学。原本希望荣格成为自己的继任者，但最终决裂。晚年为了躲避纳粹的迫害，流亡伦敦。

索绪尔 1857～1913

瑞士语言学家，被誉为现代语言学之父。出生于日内瓦望族，从小即展现出过人天分。10 多岁发表语言学论文，备受瞩目，作为语言学家积累了许多成果，但后半生寂寂无闻。去世后，讲义《普通语言学教程》由他的学生整理出版，不仅对语言学，对后来的结构主义也产生了巨大影响。

胡塞尔 1859～1938

德国哲学家，现象学的创始人。出生于奥匈帝国（今属捷克）的犹太人家庭。就读维也纳大学时，从数学研究转为哲学研究。辞去弗莱堡大学职务时指名海德格尔为继任者。作为犹太人学者受纳粹政权迫害，被剥夺了教授资格，被禁止进入大学和发表著作，所幸大量手稿避开了纳粹的检查而保存下来。

海德格尔 1889～1976

德国哲学家。出生于德国梅斯希基的教会酒桶匠人家庭。在弗莱堡大学学习神学和哲学，继承胡塞尔的现象学，进而研究存在哲学。在马尔堡大学任教时，与学生汉娜·阿伦特保持着情人关系。1933 年升任弗莱堡大学校长。因支持纳粹，战后一度被驱逐。

霍克海默 1895～1973

德国犹太裔哲学家、社会学家，法兰克福学派的领袖。出生于德国西南部的斯图加特市郊区。1931 年就任法兰克福大学社会研究所第一任所长，后由于纳粹的迫害而关闭研究所，流亡美国。战争期间，在美国和阿多诺共同执笔《启蒙辩证法》。战后回到德国重建研究所。

萨特 1905～1980

法国哲学家、文学家。在巴黎高等师范学院学习哲学。第二次世界大战期间，从德军集中营逃走，参加了抵抗运动。主要著作《存在与虚无》和小说《恶心》在法国掀起了存在主义热潮。在日本也曾备受追捧，但随着 20 世纪 60 年代结构主义开始风靡，影响力急剧下降。

列维－施特劳斯 1908～2009

法国文化人类学家，结构主义的中心人物。出生于比利时的布鲁塞尔。大学时期专攻法学和哲学，后任巴西圣保罗大学社会学教授，并借此机会在亚马孙河流域进行田野调查。20 世纪 60 年代开始，对思想界的英雄——萨特的哲学进行批判，确立了结构主义的时代。

德勒兹 1925～1995

法国哲学家。出生于巴黎。于索邦大学学习哲学。1948 年通过哲学系的教授资格考试。曾任高中教师，1969 年就任巴黎第八大学教授。通过对休谟、斯宾诺莎、伯格森、尼采等人的研究和独特解读，构筑了"差异哲学"，对日本思想界产生了很大影响。1995 年在巴黎的寓所跳楼自杀。

哈贝马斯 1929～

德国社会学家、哲学家。出生于德国的杜塞尔多夫，少年时曾参加希特勒青年团。1956 年进入法兰克福大学社会研究所，由于思想激进而招致所长霍克海默的反感，1959 年离开该研究所。1961 年就任海德堡大学教授。他是法兰克福学派第二代的中坚人物，同国外的哲学家也有频繁的交流。

德里达 1930～2004

法国哲学家。出生于法属阿尔及利亚的一个犹太裔法国人家庭。就读巴黎高等师范学院。曾任该校的哲学教授，后任社会科学高等研究院教授。1967 年出版了 3 本著作，在法国思想界华丽登场。20 世纪 80 年代以后更多涉猎政治和法律问题，政治色彩浓重。

▶352

理型

柏拉图

含 义	永恒不变的实际存在
文 献	柏拉图《装多篇》《斐德罗篇》《理想国》等
对应词	现象
备 注	"idea（观念）" "idee（理念）" 的词源

我们不曾创造出、描绘出，也不曾见到过**完美的三角形**。

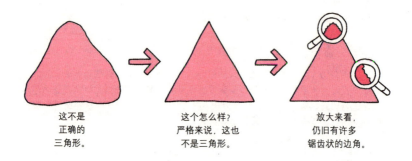

这不是
正确的
三角形。

这个怎么样？
严格来说，这也
不是三角形。

放大来看，
仍旧有许多
锯齿状的边角。

然而，我们还是可以理解什么是完美的三角形。这种只存在于我们头脑中的完美三角形，称为三角形的**理型**。**柏拉图**认为，花有花的**理型**，树有树的**理型**。

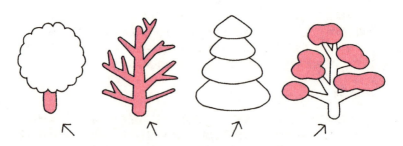

明明这 4 个形状大相径庭，为何我们可以判断它们都是树？

举个例子，上面四幅图都是树，但**形状**各异，为什么我们可以判断它们都是树呢？

356

那是因为，所有的树都有共通的**形状（树的理型）**。**柏拉图**认为，虽然这种**形状（树的理型）**无法用肉眼直接看到，但可以用理性之眼看到。

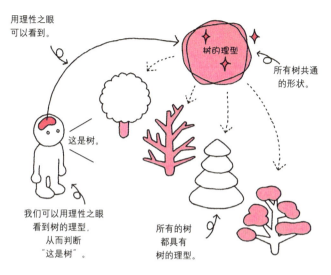

除树之外，身边的例子不胜枚举。

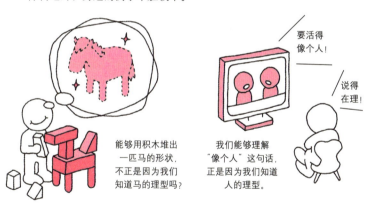

柏拉图进一步指出，正义和美等都具有**理型**。而**善**的**理型**是最高层次的**理型**。

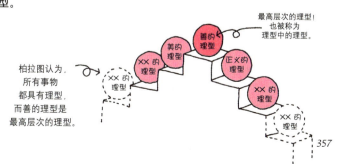

笛卡尔

▶352

我思故我在

文　献 -------------------------------- 笛卡尔《谈谈方法》
相　关 -------------------- 可错论（P216）、缸中之脑（P336）
备　注 -------------------- 近代哲学由这句话拉开大幕

　　假如有一个了不起的真理被发现了，却有人说"就算是这样，但世界可能本就是一场梦呢"，着实令人无言以对吧？为了避免这种情况，**笛卡尔**致力于寻找一个**"唯有它绝对确实可靠"**的原理。

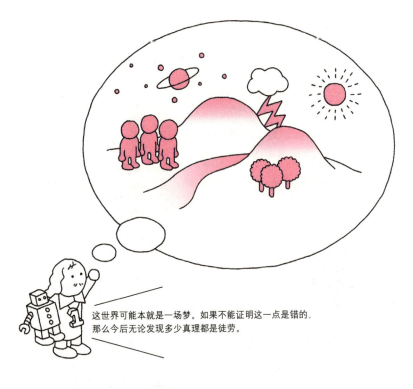

这世界可能本就是一场梦。如果不能证明这一点是错的，那么今后无论发现多少真理都是徒劳。

　　所以，**笛卡尔**首先刻意地怀疑"这世界可能本就是一场梦"（**方法的怀疑**）。这样一来，对眼前的风景、书本所记载的内容、数学乃至自己的肉体，都要产生怀疑。但唯有一点毋庸置疑，就是正在怀疑"这世界可能本就是一场梦"的自己的**意识**是存在的。即使进一步怀疑"正在怀疑这世界可能本就是一场梦的自己"，直到最后，自己的意识还是存在的。

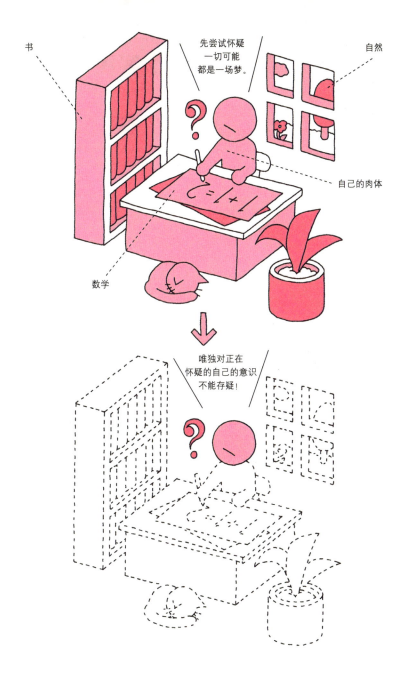

至此，**笛卡尔**发现，自己的意识的存在是无法怀疑的。他以"我思故我在"来表达这一发现。由于确定"我"的存在就好比 1+1=2 这样的定理一般，所以被称为**笛卡尔哲学**的第一定理。

笛卡尔

▶352

主观 ｜ 客观

相　关 -------------------- 身心二元论 (P361)
备　注 ------------------ 英文分别是＂subject＂和＂object＂，
和＂主体＂＂客体＂的英文相同，在欧美语言当中
并未把主体和主观、客体和客观区分使用

　　笛卡尔发现人的**意识**是存在的（我思故我在 P359）。从那以后，**笛卡尔**将世界分成**认知的主体**与**被认知的客体**来思考。前者的意识称为**主观**，后者的意识称为**客观**。这也是"**自我**意识是主体"的近代哲学的开端。

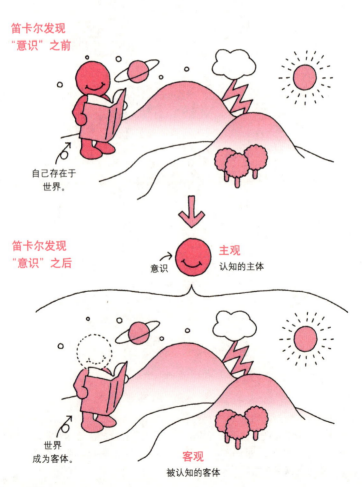

笛卡尔发现
"意识"之前

自己存在于
世界。

笛卡尔发现
"意识"之后

意识
主观
认知的主体

世界
成为客体。

客观
被认知的客体

笛卡尔

身心二元论

文　献 --------------------------- 笛卡尔《论灵魂的激情》

相　关 ---------- 实体二元论（P278）、机器中的幽灵（P282）、

笛卡尔剧场（P298）

备　注 --- 笛卡尔认为大脑的松果体是身体和精神相互作用的场所

　　笛卡尔认为，**精神**和**物体**是分别存在的（我思故我在 P359），而身体等同于物体，是机械的。这称为**身心二元论**。

身心二元论

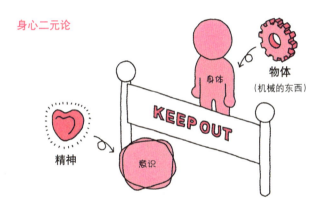

　　他将这种解释展开，提出了将世界两分的**二元论**。

二元论

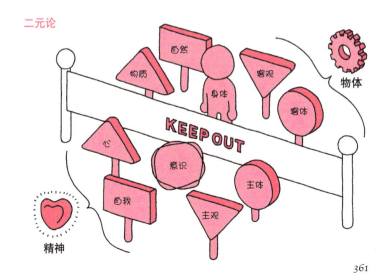

泛神论

含　义 ------------- 认为世界的万事万物，包括物体和精神，
　　　　　　　　　　都存在于神之内
文　献 ----------------------- 斯宾诺莎《伦理学》
相　关 ----------- 在永恒的相下（P364）、性质二元论（P278）

笛卡尔发现了**意识**（我思故我在 P359）后，**意识**和**身体**（**物体**）被视为是分别存在的（身心二元论 P361），但**斯宾诺莎**对此抱有疑问。

这种事情是
不可能的。
意识和身体
应是紧密联系的。

斯宾诺莎

笛卡尔认为
意识和身体
是分别存在的。

身体
（物体）

KEEP OUT

意识

这是因为，如果将意识和身体分离开来，那么意识感到悲伤时身体就会流泪这件事就说不通了。

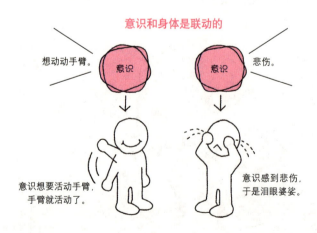

意识和身体是联动的

想动动手臂。　　　意识　　　意识　　　悲伤。

意识想要活动手臂，
手臂就活动了。

意识感到悲伤，
于是泪眼婆娑。

为了解决这一疑问，**斯宾诺莎**将我们的意识、身体和自然都汇总于**唯一的神**。

斯宾诺莎认为，我们是自然的一部分。自然并非由神创造，自然就是神（**神即自然**）。包含在自然中的我们的精神和身体，也都是神的一部分。这样一来，精神和身体相连，就可以解释为何悲伤时会流泪了。

神即自然

自然 = 神
我们的精神和身体也是神的一部分。

因此，
意识和身体
是一体的。

　　把神和世界视为同一的哲学观，称为**泛神论**。

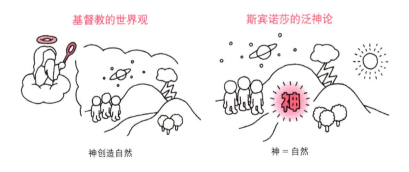

基督教的世界观　　　　**斯宾诺莎的泛神论**

神创造自然　　　　　　　　神 = 自然

　　相对于**笛卡尔**主张的身心相别的**二元论**，**斯宾诺莎**提倡**万物皆为神**的**一元论**。由于泛神论与将神视为人格存在的基督教互不相容，因此受到基督教的排斥。

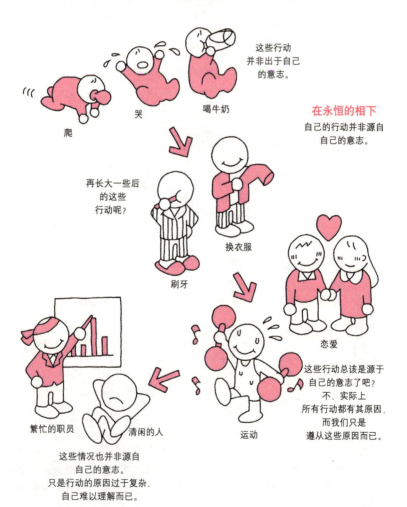

在永恒的相下

斯宾诺莎

含 义 ----------------------------- 以神的视角看世界

文 献 ----------------------------- 斯宾诺莎《伦理学》

备 注 -----------------------------认识神而感到欢喜，从而爱神，
称为"对神的理性爱"

斯宾诺莎认为人类并不具有自由意志，因为人类是神的一部分（泛神论 P363），在神的思考下行动，而我们并不能意识到这一点。

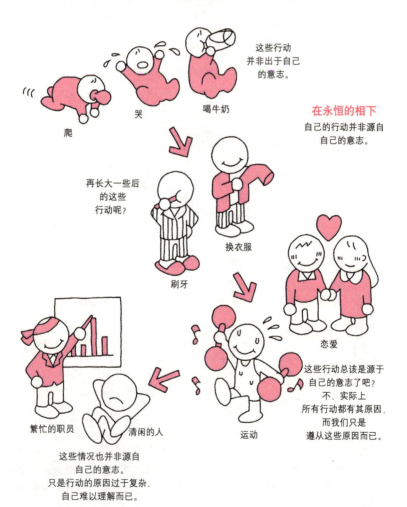

爬

哭

喝牛奶

这些行动并非出于自己的意志。

在永恒的相下
自己的行动并非源自自己的意志。

再长大一些后的这些行动呢？

刷牙

换衣服

恋爱

这些行动总该是源于自己的意志了吧？
不，实际上所有行动都有其原因，而我们只是遵从这些原因而已。

繁忙的职员

清闲的人

运动

这些情况也并非源自自己的意志。
只是行动的原因过于复杂，自己难以理解而已。

斯宾诺莎认为，以为自己的行动源自自己的意志，就好比被人投掷的石块以为是自己在主动飞翔一般。

其实是
被扔出来的，
却以为是自己在飞翔

斯宾诺莎认为，
意识和身体并行前进，
身体的行动并非源自意识。
这一主张即身心平行论。

(P279)

在你身上所发生的一切只是自然现象的一部分，是永恒中的一个场景而已。然而，如果没有你，这个场景便无法成立。**斯宾诺莎**将此表达为**在永恒的相下**。

斯宾诺莎眼中的神，
会为你空出
属于你的空间。

那么，神确保你是自然的一部分，是为了让你做什么呢？**斯宾诺莎**主张，思考这一问题才是人的幸福。

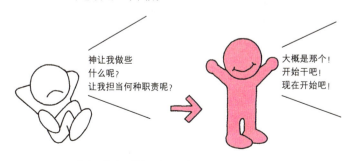

神让我做些
什么呢？
让我担当何种职责呢？

大概是那个！
开始干吧！
现在开始吧！

神会为你分配某个职责，而你会直接感受到那个职责。

康德

物自体

文　献 --------------------- 康德《纯粹理性批判》
相　关 --------------- 名家 (P056)、生命冲力 (P154)
对应词 ------------------------------ 现象
备　注 ---------------- 物自体可以被设想，但不能被认识

　　戴着配有红色镜片的太阳镜，事物（世界）就会被渲染成红色。如果我们的双眼天生就是这样的构造，我们就看不到真实的事物（世界）。那么，我们眼见的是否是真实的事物（世界）呢？答案是否定的。我们双眼的构造决定了我们看苹果是红色，看柠檬是黄色，但苹果和柠檬实际的颜色，我们并不知道。

人类看不到真实的世界

红色太阳镜

戴红色的太阳镜就会看到红色的世界，
但这红色的世界并非真实的。
我们生来就戴着一副不能摘掉的太阳镜，
因此我们无法看到真实的世界。

当然，并不只是颜色，形状也是一样。喝醉酒之后看事物（世界）会扭曲。如果醉酒状态下的认识能力就是我们人类正常的认识能力，那么我们就无法看到一个不扭曲的世界。这种情况下，触感也会随着扭曲的外观被认识、被记忆。

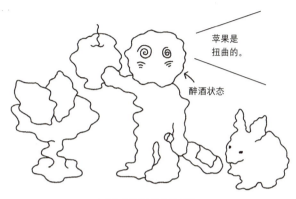

如果不醉酒的状态是异常，
醉酒状态下的认识能力是人类正常的认识能力……

我们通过感官构造获取信息，经由意识，创造出事物（世界）。因此，我们无法知道真实的事物（世界）是什么样子。**康德**说，人类无法触及**物自体**。

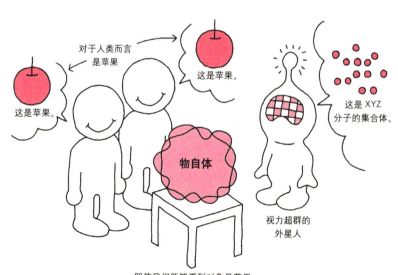

即使我们能够看到对象是苹果，
但对于外星人来说，它们看到了什么、如何解释，我们无从得知。
另外，时间和空间的概念仅仅是我们的感性形式所具备的，
与物自体无关。

康德

道德法则

文　献 -- 康德《实践理性批判》
相　关 ------------------------------------ 绝对命令（P369）
备　注 ----- 康德站在道德立场，认为行为的动机比结果更重要，
　　　　　　　这被称为"动机论"（对应词是"结果论"）

　　康德认为，就像自然界中存在自然法则一样，人类社会也有必须遵从的道德法则。这是因为人类先天具备崇尚善良道德的理性。道德法则发出良心的声音，告诉我们的理性："你要做……"

人类可以聆听来自道德法则的声音。

　　道德法则是所有人都认同的行动，而非单纯利己。康德提出道德必须是普遍的。

是为了彼此。

　　他还指出，道德不应是手段，而是目的本身。比如说，因为想被人温柔对待，所以主动与人为善，这样的行为并不是道德。因为这样一来，道德就成了为达成某种目的的手段。

绝对命令

含　义 ------------------------ "要做 ××" 这种无条件的命令
文　献 ------------------------ 康德《实践理性批判》
对应词 ------------------------ 相对命令
相　关 ----------- 道德法则（P368）、（现代）伦理学（P318）

康德认为，**道德法则**（P368）不是为了达成某种目的的手段，而是**目的本身**。

道德并非
"想做 ×× 就去做 ××"，
而是以 "要做 ××"
这种绝对命令来表现。

与人为善的行为当中
没有目的。
因为善待本身
就是目的。

康德认为理由和结果
对道德而言都不重要。

为了得到夸赞
而与人为善。

与人为善的结果，
对方感到喜悦，
所以与人为善。

道德并非 "**想做 ×× 就去做 ××**"，而是 "**要做 ××**"。行道德之事是没有理由的。这种 "要做 ××" 的无条件的命令，称为**绝对命令**。

369

黑格尔

▶ 353

辩证法

含　义 ---------------------- 将矛盾的事情统一整合,
从而得出更高阶段结论的思考方法

文　献 ---------------------- 黑格尔《精神现象学》

备　注 ---------------------- 注意辩证法并非单纯的折中之法

　　黑格尔认为,人类只要以 辩证法 的方法来提升,就能够认识绝对且具有普遍性的**真理**。一种主张的出现,势必伴随着与其相对的反对意见。不否认矛盾,而是吸收统一双方积极的一面,得出新的想法,就能完成更高层次的知识。这个过程往复循环,人类最终可以理解绝对真理,掌握 绝对知识。这种掌握 绝对知识 的一系列手法被称为**辩证法**。

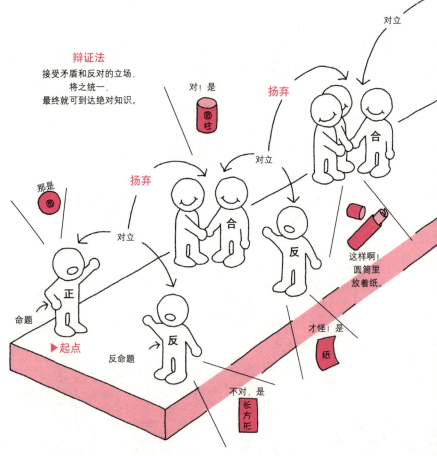

一开始的主张称为**命题（正）**或**自在**，对此持否定的立场称为**反命题（反）**或**自为**。将二者统一得出更高层次结论的过程称为**扬弃**，得出的结论称为**合**或**自在且自为**。

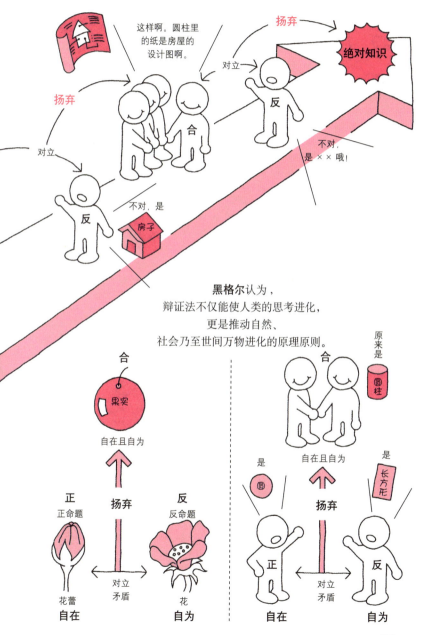

这样啊。圆柱里的纸是房屋的设计图啊。

扬弃

对立

绝对知识

扬弃

对立

反

合

不对，是××哦！

不对，是

反

房子

黑格尔认为，
辩证法不仅能使人类的思考进化，
更是推动自然、
社会乃至世间万物进化的原理原则。

合

果实

自在且自为

扬弃

正
正命题

反
反命题

对立
矛盾

花蕾
自在

花
自为

合

原来是

圆柱

是

圆

自在且自为

扬弃

是

长方形

正

反

对立
矛盾

自在

自为

边沁

353

功利主义

含　义 ---- 以扩大社会全体的快乐和减少社会全体的痛苦为基准，
进行道德或立法的判断

示　例 --------------------------------- 边沁、密尔

备　注 ----------- 因为重视行为的结果，所以被称为"效果论"

边沁认为，人类是**追求快乐、躲避痛苦的生物。**

YES!

快乐

快乐

人类是追求快乐、躲避痛苦的生物。

NO!

痛苦

痛苦

　　因此，他将与**快乐**相关的行为定义为**善**，与**痛苦**相关的行为定义为**恶**。像这样以能否带来**快乐**作为判断善恶的基准的观点，称为**功利主义**。

功利主义

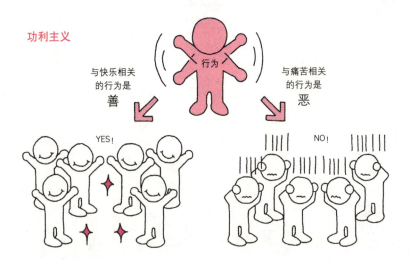

行为

与快乐相关的行为是
善

与痛苦相关的行为是
恶

YES!

NO!

　　可以客观判断善恶的**功利主义**，在当代伦理学和政治学领域有着巨大的影响。

快乐计算

文　献 -------------------------------- 边沁《道德与立法原理导论》
相　关 ------- 最大多数人的最大幸福 (P374)、直觉主义 (P320)
备　注 -------------------------------- 边沁的快乐计算
　　　　　以强度、持续性、确定性、远近性等七个基准来计算

边沁

边沁认为，人类是追求快乐、躲避痛苦的生物。于是他对快乐和痛苦做了量化尝试。他以**强度**、**持续性**、**确定性**等视点来计算快乐，称为快乐计算。

快乐计算

以强度、持续性、确定性、远近性等视点
量化快乐的计算方法

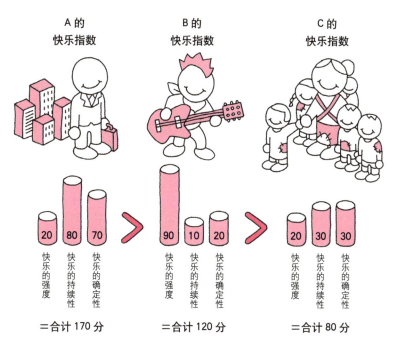

他认为，**快乐计算**分数高的人数越多，社会就越幸福。身居高位之人和升斗小民的分数可以同等换算，这种思想为民主主义的发展做出了巨大贡献。边沁曾说："一个人在计算时就等于一个人，谁也不能多数。"

▶353

最大多数人的最大幸福

文　献 ----------------- 边沁《道德与立法原理导论》
相　关 ----------------- 功利主义（P372）、快乐计算（P373）、
　　　　　　　　　　　　　兼爱（P050）、动物权利（P328）

备　注 ---- 原文是"the greatest happiness of the greatest number"

边沁认为，**快乐计算**（P373）分数总值越高的社会越幸福。

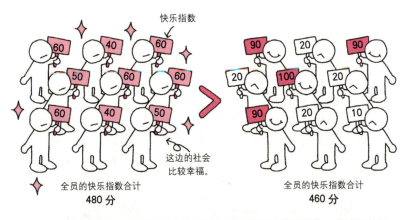

快乐指数

这边的社会
比较幸福。

全员的快乐指数合计
480分

全员的快乐指数合计
460分

　　因此**边沁**认为，必须让更多的人拥有尽可能高的快乐指数，也就是必须保证"**最大多数人的最大幸福**"，并以此为立法基准。

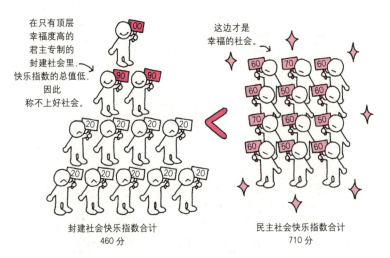

在只有顶层
幸福度高的
君主专制的
封建社会里，
快乐指数的总值低，
因此
称不上好社会。

这边才是
幸福的社会。

封建社会快乐指数合计
460分

民主社会快乐指数合计
710分

生产关系

马克思

文　献 ------------------------------ 马克思《政治经济学批判》
相　关 ------------------------------ 上层建筑｜经济基础 (P377)
备　注 ------------------------------ 生产关系这样的经济基础，
　　　　　　　　　　　　　　　　　　决定了人们的意识 (＝上层建筑)

　　人类为了生存，需要衣食住。生产与衣食住相关的产品所需的**设备、土地、原材料**等，被称为 生产资料。正如**封建社会**中相对于**佃户**的**封建领主**，以及**资本主义社会**中相对于**无产阶级**的**资产阶级**，掌握**生产资料**的是**统治阶级**。这样以是否拥有**生产资料**而发生的上下级关系，称为 生产关系。

各时代的生产关系

奴隶社会
统治阶级＝奴隶主
被统治阶级＝奴隶

铁制农具
的发展

封建社会
统治阶级＝封建领主
被统治阶级＝佃户

工业化

资本主义社会
统治阶级＝资本家
被统治阶级＝劳动者

　　生产关系取决于该时代的技术水平。技术进步导致商品生产过剩，**被统治阶级**的地位提高，并努力从**统治阶级**治下独立出来，于是就进入了下一个**生产关系**的时代。

马克思

▶354

（劳动的）异化

文　献 -------------------- 马克思《1844 年经济学哲学手稿》
备　注 -------------------- 马克思将劳动的异化分为四类：
工人与他的"类本质"的异化、工人之间的异化、
工人与其劳动产品的异化、工人与其劳动行为本身的异化

　　为了满足人类的衣食住需求，生产不能停止。**马克思**主张人类的本质是**劳动**。劳动不仅仅是生活的手段，更是在同他人的社会生活中表现自我的令人喜悦的活动。但在资本主义体制之下，不拥有土地和设备的劳动者受到追求利润的资本家的摆弄，本来快乐的劳动变得痛苦。马克思将这种现象称为（劳动的）异化。

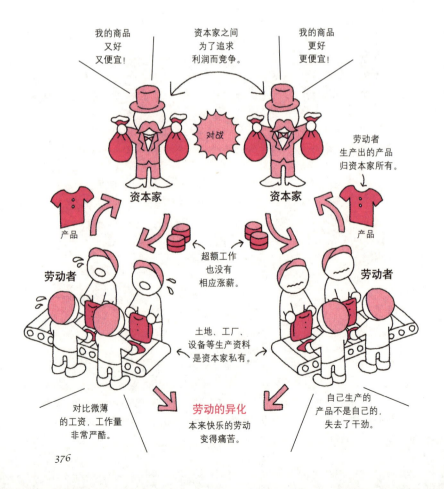

马克思

上层建筑 ｜ 经济基础

▶354

文　献 -----------------------马克思《政治经济学批判》
相　关 ----------- 生产关系（P375）、认识论的断裂（P180）、
　　　　　　　　　　　　　　　　　多元决定（P182）
备　注 --- 例如日本的经济基础是资本主义，上层建筑是民主主义

　　马克思将各时代**生产关系**（P375）带来的经济结构称为**经济基础**，将法律、政治制度或宗教、艺术、学问等文化称为**上层建筑**。含有人类意识的**上层建筑**由物质的**经济基础**决定。

上层建筑（精神的东西）
法律、政治制度等思考方式，或宗教、艺术等文化，称为"上层建筑"。

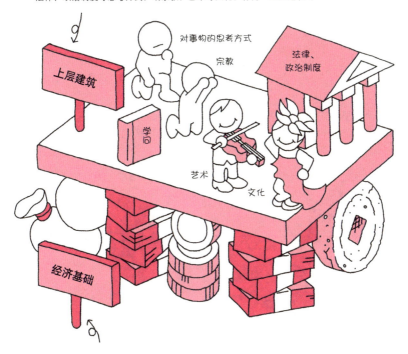

经济基础（物质的东西）
各时代生产关系（P375）带来的经济结构称为"经济基础"。时代是封建时代，是资本主义时代，还是社会主义时代？或者自己富裕还是贫穷？由这些条件所构成的经济基础决定人类意识的上层建筑。例如，"奢侈"在社会主义社会被认为是破坏平等，在资本主义社会则被认为是心灵丰足的表现。可见，并非人的意识决定经济结构，而是经济结构决定人的意识。

弗洛伊德

潜意识

文　献 ----------------------弗洛伊德《精神分析入门》等
对应词 -- 意识
相　关 ----------------------- 本我｜自我｜超我（P379）
备　注 --------------也有人批判潜意识不是一个科学的概念

笛卡尔提出"我思故我在"（P359）之后，一般认为自我就是自己的意识，而意识能够以理性掌控成为哲学的常识。但弗洛伊德提出，人的大部分行动是由理性无法掌控的潜意识所支配的。

意识

意识

潜意识

笛卡尔认为，
自己的行动是
由理性掌控自己
的意识决定的。

弗洛伊德认为，
人的行动受
潜意识影响。

个人想要忘却的记忆深入到意识无法触及的部分，平时是被压抑着的。虽然这些记忆平时没有被意识到，但一旦因某种契机显化之后，就会变成不安，甚至导致神经衰弱。

人类的行动受
潜意识支配

买这个！

想要忘却的记忆
潜藏在潜意识之中。

无意间做了当年
父母做过的
同样的事。

弗洛伊德

▶354

本我 ┃ 自我 ┃ 超我

文　献 -------------------------弗洛伊德《自我与本我》
相　关 ---想象界┃象征界（P170）、实在界（P172）、潜意识（P378）
备　注 -----自我为了保持精神稳定而采取的行动称为"防御机制"

　　弗洛伊德认为，自我是后天产生的，其产生是为了取得人类本能的**性冲动**中的本我和抑制本我的道德性超我的平衡。他所说的自我，并不是像**笛卡尔**所说的那般坚定，还包括了**潜意识**（P378）领域里的不安定的东西。

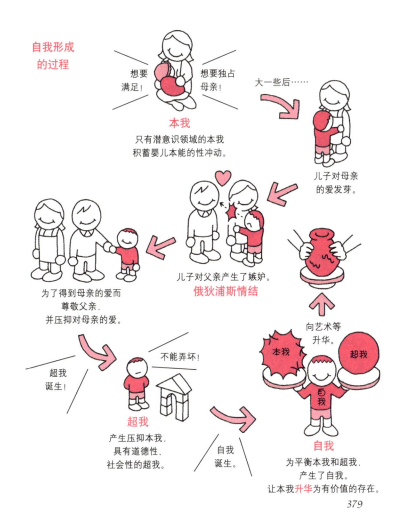

**自我形成
的过程**

想要
满足！
想要独占
母亲！

本我

只有潜意识领域的本我
积蓄婴儿本能的性冲动。

大一些后……

儿子对母亲
的爱发芽。

为了得到母亲的爱而
尊敬父亲，
并压抑对母亲的爱。

儿子对父亲产生了嫉妒。
俄狄浦斯情结

向艺术等
升华。

超我
诞生！

不能弄坏！

超我

产生压抑本我，
具有道德性、
社会性的超我。

自我
诞生。

本我

超我

自我

自我

为平衡本我和超我，
产生了自我。
让本我升华为有价值的存在。

胡塞尔

现象学

文 献 ---------------------- 胡塞尔《现象学的观念》
《纯粹现象学和现象学哲学的观念》《笛卡尔式的沉思》
相 关 ---------------- 纯粹经验 (P110)、场所逻辑 (P118)、
欧洲大陆哲学 (P148)

　　苹果就摆在眼前，所以一般我们不会对它的存在产生怀疑。然而**胡塞尔**发现，仔细想想，在这种情况下可以确定的，应该只是我们看到苹果（苹果浮现于我们的意识当中）。

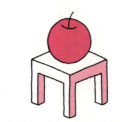

看到苹果，我们认为苹果是存在的。

然而实际上……
只是苹果浮现于我们的意识当中。

意识

我

　　苹果在自己的**主观**之外，我们却依然看到（感知到）苹果。因此我们确信是苹果进入了我们的意识。

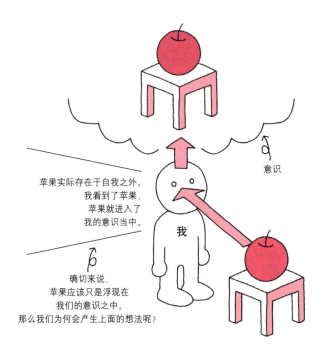

苹果实际存在于自我之外。
我看到了苹果，
苹果就进入了
我的意识当中。

意识

我

确切来说，
苹果应该只是浮现在
我们的意识之中。
那么我们为何会产生上面的想法呢？

　　不仅是苹果，他人也好，自己的身体也好，过去的记忆也好，都存在于自己的意识之中，意识之外应该什么都没有。世界仅存在于自我的主观当中，主观以外什么都没有。然而我们总是理所当然地相信，世界**存在**于自我之外。为此，我们不会试图从悬崖上一跃而下。

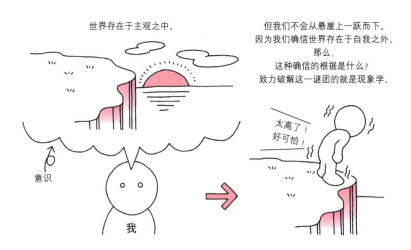

世界存在于主观之中。

意识

我

但我们不会从悬崖上一跃而下。
因为我们确信世界存在于自我之外。
那么，
这种确信的根据是什么？
致力破解这一谜团的就是现象学。

太高了！
好可怕！

　　我们为什么**确信**世界真的存在？这种确信的根据是什么？破解这一谜团的就是现象学。

克尔凯郭尔

存在主义

> ▶353

含　义 ----------------------- 探索具体存在的"我"的思想
示　例 -----------克尔凯郭尔、海德格尔、雅斯贝尔斯、萨特
备　注 --------- 在文学领域，陀思妥耶夫斯基、卡夫卡、加缪等
　　　　　　　　　　　　　　　　　被称为存在主义作家

　　对于**克尔凯郭尔**而言，重要的不是迄今为止哲学追求的普遍性真理，而是**"对我而言是真理的真理"**。他认为当前现实与普遍思想无关，将这种主体性生存称为存在。而且，和既往哲学的客观把握世界不同，而是探求对"这个我"而言的真理的立场，称为存在主义。

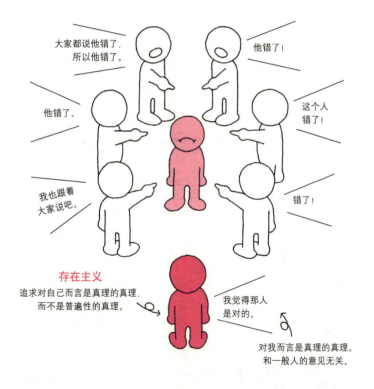

大家都说他错了，所以他错了。

他错了！

他错了。

这个人错了！

我也跟着大家说吧。

错了！

存在主义
追求对自己而言是真理的真理，而不是普遍性的真理。

我觉得那人是对的。

对我而言是真理的真理。和一般人的意见无关。

　　存在主义分为两种：一种是同超越人类的神对话的**有神论存在主义**（克尔凯郭尔、雅斯贝尔斯等），另一种是否定神的**无神论存在主义**（尼采、海德格尔、萨特等）。

382

存在先于本质

含　义 ------------------- 自己的本质并不是预先就被设定的，
　　　　　　　　　　　　　　而是由自己具体的生存方式决定的
文　献 ------------------- 萨特《存在主义是一种人道主义》
相　关 ------------------- 存在主义（P382）、欧洲大陆哲学（P148）

萨特

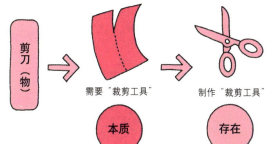

剪刀（物） ➡ 需要"裁剪工具" ➡ 制作"裁剪工具"

本质　　　**存在**

物体先有本质（存在理由），
后产生存在。

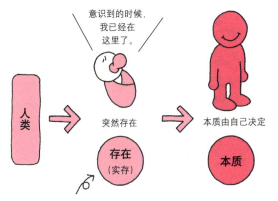

意识到的时候，
我已经在
这里了。

人类 ➡ 突然存在 ➡ 本质由自己决定

存在（实存）　　　**本质**

萨特认为对于人类
不应该用"存在"，
而是用"实存"来表现。

**存在
先于本质**

人类因意识到自我而存
在（实存）。因此本质
必须是由自己本身来决
定。即是说，人类的存
在（实存）先于本质。
如萨特所言："人类一
开始什么都不是，是后
来凭借自己而成为人
类。"

　　萨特将**存在主义**（P382）表现为"存在先于本质"。这里的**存在**是指**人
类**的存在，**本质**是指此物之所以是此物的必要条件。比如说，剪刀的**本质**是
"裁剪工具"，如果离开这个条件，剪刀就没有存在理由。事物先有**本质**，而
后存在。人类在意识到以前就已经**存在**了，随后再自行创造自我的**本质**。

语言的任意性

含　义 ------------ 事物和词语（声音）之间的联系不是必然的
文　献 ------------------------- 索绪尔《普通语言学教程》
备　注 ----------------------------用索绪尔的话来说，
　　　　　　　　　　　　　就是能指和所指的联系具有随意性

索绪尔

法语当中，蝴蝶和飞蛾都是"papillon"。对于法国人而言，"飞蛾"（或者蝴蝶）这样的词语是不存在的。因此我们可以知道，这个世界上所存在的"飞蛾"并不是全都被称为"飞蛾"。这就是事物和语言之间没有必然联系的**语言的任意性**。

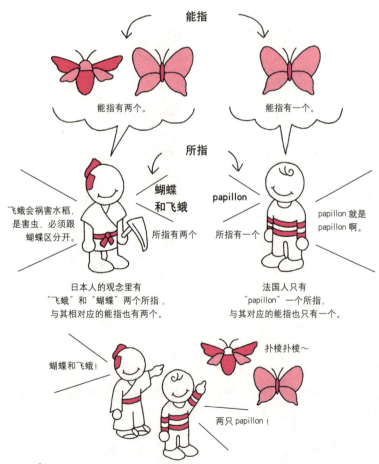

能指

能指有两个。

能指有一个。

所指

蝴蝶和飞蛾

papillon

飞蛾会祸害水稻，是害虫，必须跟蝴蝶区分开。

所指有两个

所指有一个

papillon 就是 papillon 啊。

日本人的观念里有"飞蛾"和"蝴蝶"两个所指，与其相对应的能指也有两个。

法国人只有"papillon"一个所指，与其对应的能指也只有一个。

蝴蝶和飞蛾！

扑棱扑棱～

两只 papillon！

其他的例子还有很多。

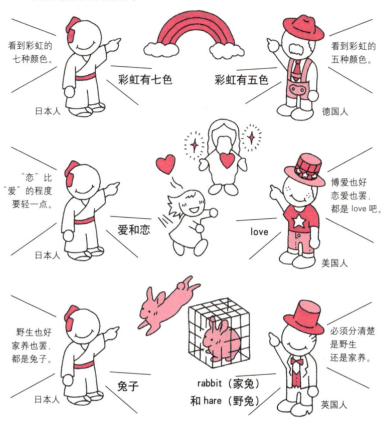

并不是首先存在一个一个的要素，我们再为之分配名称，而是我们用语言将世界切分成一个一个的要素。我们在这个语言世界范围内思考。语言不仅是传达思考的手段，还是决定思考的原因。

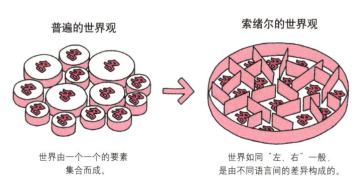

列维－施特劳斯

结构主义

▶355

含　义 ---------------------- 认为人类的言行由这个人所属的
　　　　　　　　　　　　　　　社会和文化的结构决定

示　例 --------------- 列维－施特劳斯、拉康、罗兰·巴特、
　　　　　　　　　　　　阿尔都塞、前期的福柯

萨特认为人是绝对自由的，重视人的自主性行动。但**施特劳斯**并不赞同。

自主行动起来！

人类有主体性吗？

萨特

列维－施特劳斯

因为**列维－施特劳斯**认为，人类的思考和行动都是由其根源所在的社会、文化**结构**所支配。他将**索绪尔**的**语言学**（语言的任意性 P384）应用到人类社会，得出了上述思考。

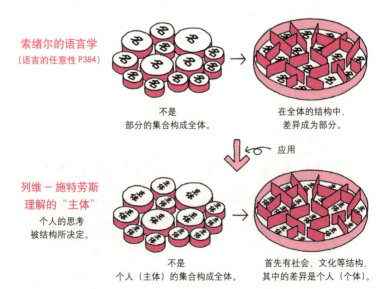

索绪尔的语言学
（语言的任意性 P384）

不是
部分的集合构成全体。

在全体的结构中，
差异成为部分。

应用

**列维－施特劳斯
理解的"主体"**
个人的思考
被结构所决定。

不是
个人（主体）的集合构成全体。

首先有社会、文化等结构，
其中的差异是个人（个体）。

这样一来，人类的主体性就由**结构**所决定。**列维－施特劳斯**批判**萨特**强调主体性，是西方哲学独特的人本位主义思想。

列维－施特劳斯通过和原始部落一起行动，来调查人类和社会结构的关系。

作为文化人类学家的**列维－施特劳斯**曾进入数个原始部落，与那里的人们一起生活，来调查决定人类行动的**结构**。他认为，两个原始部落间交换女性的风俗背后，是人类社会**禁止近亲结婚**的共通**结构**。

人类行动由社会结构所支配。仅从一个方面（原始社会A）观察无法意识到这一点。无论西方还是东方都有嫁娶女性的传统，而往往无人意识到其真正的意义。

原始社会A

交换女性的风俗背后，体现着禁止近亲结婚的意识。

原始社会B

此外，两个原始部落的成员对于部落间交换女性的风俗的真正意义一无所知。行为的意义仅在一个方面观察是理解不了的。**列维－施特劳斯**主张，对事物往往要以**二元对立**为轴心来认识。现象的意义并非来自它本身，要从与其相关的社会和文化**结构**去解读。这种思想称为结构主义。

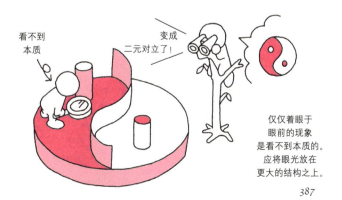

看不到本质

变成二元对立了！

仅仅着眼于眼前的现象是看不到本质的。应将眼光放在更大的结构之上。

主要参考文献

白川静《孔子传》中公文库 BIBLIO

守屋淳《在人生、经营与思索中活用论语》日本实业出版社

守屋淳《最强的孙子——"战"的精髓》日本实业出版社

守屋淳《最强战略教科书 孙子》日本经济新闻出版社

中岛隆博《恶的哲学——中国哲学的想象力》筑摩选书

中岛隆博《庄子——化鸡求时》岩波书店

吉田公平《读王阳明〈传习录〉》讲谈社学术文库

汤浅邦弘《诸子百家——儒家、墨家、道家、法家、兵家》中公新书

汤浅邦弘《中国思想史概说》Minerva 书房

浅野裕一《诸子百家》讲谈社

浅野裕一《古代中国的文明观——儒家、墨家和道家的争论》岩波新书

土田健次郎《论语五十选——字面阅读》登龙馆

土田健次郎《儒教入门》东京大学出版会

小仓纪藏《朱子学与阳明学入门》筑摩新书

小岛毅《朱子学与阳明学》筑摩学艺文库

桧垣立哉《西田几多郎的生命哲学》讲谈社现代新书

桧垣立哉《日本哲学原论序说——扩散的京都学派》人文书院

清水正之《日本思想全史》筑摩新书

滨田恂子《近代日本思想史入门》筑摩学艺文库

田中久文《读日本哲学——"无"的思想系谱》筑摩学艺文库

田中久文《哲学化的日本美 哀、幽玄、寂、粹》青土社

熊野纯彦《日本哲学小史——近代 100 年 20 篇》中公新书

藤田正胜《西田几多郎——生存与哲学》岩波新书

小坂国继《西田几多郎的思想》讲谈社学术文库

小坂国继《读西田哲学〈1〉场所的逻辑与宗教的世界观》大东出版社

小坂国继《读西田哲学〈2〉睿智的世界》大东出版社

小坂国继《读西田哲学〈3〉绝对矛盾的自己同一》大东出版社

永井均《西田几多郎的"绝对无"》NHK 出版

佐伯启思《西田几多郎 无私的思想与日本人》新潮新书

竹内整一《"自然地"与"亲自"——日本思想的基层》春秋社

仲正昌树《〈日本哲学〉入门讲义》作品社

竹村牧男《〈宗教〉的核心 学习西田几多郎和铃木大拙》春秋社

竹村牧男《西田几多郎与铃木大拙 倾听灵魂的交流》大东出版社

石川美子《罗兰·巴特 热爱并畏惧语言的批评家》中公新书

今村仁司《现代思想的冒险者们 22 阿尔都塞——认识论的切断》讲谈社

松本卓也《人皆妄想——雅克·拉康与鉴别诊断的思想》青土社

斎藤环《为了长生的拉康》筑摩文库

筱原资明《柏格森——从"间"哲学的视角出发》岩波新书

金森修《柏格森人是过去的奴隶吗》NHK 出版

向井雅明《拉康入门》筑摩学艺文库

福原泰平《现代思想的冒险者们 13 拉康 镜像阶段》讲谈社

内田树《躺着就能学的结构主义》文春新书

桥爪大三郎《初识结构主义》讲谈社现代新书

久米博《现代法国哲学》新曜社

酒井健《巴塔耶入门》筑摩新书

冈本裕一朗《法国现代思想史——从结构主义到德里达之后》中公新书

细见和之《法兰克福学派——从霍克海默、阿多诺到 21 世纪的"批判理论"》中公新书

铃村和成《现代思想的冒险者们 21 巴特 文本的快乐》讲谈社

竹田青嗣《现象学入门》NHK BOOKS

竹田青嗣《初识现象学》海鸟社

米盛裕二《溯因——假说与发现的逻辑》劲草书房

户田山和久《创造逻辑学》名古屋大学出版会

饭田隆《语言哲学大全 I 逻辑与语言》劲草书房

饭田隆《语言哲学大全 II 含义与模态（上）》劲草书房

饭田隆《语言哲学大全 III 含义与模态（下）》劲草书房

饭田隆《语言哲学大全 IV 真理与含义》劲草书房

《哲学的历史〈第 11 卷〉逻辑、数学、语言》饭田隆 编 中央公论新社

八木泽敬《含义、真理、存在 分析哲学入门、中级篇》讲谈社

丹治信春《蒯因——整体论的哲学》平凡社 Library

森本浩一《戴维森——"语言"真的存在吗》NHK 出版

户田山和久《知识的哲学》产业图书

户田山和久《拥护科学实在论》名古屋大学出版会

伊藤邦武《物语 哲学的历史 为了思考自己和世界》中公新书

伊藤邦武《实用主义入门》筑摩新书

鱼津郁夫《实用主义思想》筑摩学艺文库

大贺祐树《希望的思想 实用主义入门》筑摩书房

冈本裕一朗《新实用主义是什么 后分析哲学的新发展》中西屋出版

野矢茂树《入门！逻辑学》中公新书

野矢茂树《逻辑学》东京大学出版会

三浦俊彦《逻辑学入门 为了推论的感觉与技巧》NHK BOOKS

八木泽敬《分析哲学入门》讲谈社选书 Metier

青山拓央《分析哲学讲义》筑摩新书

户田山和久《科学哲学的冒险 探索科学的目的与方法》NHK BOOKS

森田邦久《科学哲学讲义》筑摩新书

一之濑正树《英美哲学史讲义》筑摩学艺文库

野家启一《走向科学哲学》筑摩学艺文库

野家启一《科学的哲学》放送大学教育振兴会

《岩波讲座 哲学〈3〉语言 / 思考的哲学》饭田隆 中畑正志 野家启一 村田纯一 伊藤邦武 井上达夫 川本隆史 熊野纯彦 筱原资明 清水哲郎 末木文美士 中冈成文 编岩波书店

山本贵光 吉川浩满《脑明心则明？脑科学读写能力培训讲座》太田出版

山口裕之《认知哲学——心灵与大脑的认识论》新曜社

金杉武司《心灵哲学入门》劲草书房

宫原勇《图解 从现代哲学思考〈心灵、计算机、大脑〉》丸善

《岩波讲座 哲学〈5〉心灵 / 大脑的哲学》饭田隆 中畑正志 野家启一 村田纯一 伊藤邦武 井上达夫 川本隆史 熊野纯彦 筱原资明 清水哲郎 末木文美士 中冈成文 编岩波书店

小林道夫《科学的世界与心灵哲学——科学可以解开心灵之谜吗》中公新书

《系列 新·心灵哲学Ⅰ 认知篇》信原幸弘 太田紘史 编 劲草书房

《系列 新·心灵哲学Ⅱ 意识篇》信原幸弘 太田紘史 编 劲草书房

《系列 新·心灵哲学Ⅲ 情感篇》信原幸弘 太田紘史 编 劲草书房

儿玉聪《功利与直觉——英美伦理思想史入门》劲草书房

伊势田哲治《从动物出发的伦理学入门》名古屋大学出版会

永井均《伦理是什么——小猫安吉希特的挑战》筑摩书房

加藤尚武《现代伦理学入门》讲谈社学术文库

加藤尚武《环境与伦理——寻求自然与人类的共生 新版》有斐阁 ARMA

入不二基义《时间实际存在吗》讲谈社现代新书

三浦俊彦《可能世界的哲学 思考"存在"与"自己"》NHK BOOKS

铃木生郎 秋叶刚史 谷川卓 仓田刚《WORLD MAP 现代形而上学——分析哲学视野下的人、因果与存在之谜》新曜社

《岩波讲座 哲学〈2〉形而上学的现状》饭田隆 中畑正志 野家启一 村田纯一 伊藤邦武 井上达夫 川本隆史 熊野纯彦 筱原资明 清水哲郎 末木文美士 中冈成文 编岩波书店

《现代哲学关键词》野家启一 门胁俊介 编 有斐阁

《岩波 哲学、思想辞典》广松涉 子安宣邦 三岛宪一 宫本久雄 佐佐木力 野家启一 末木文美士 编 岩波书店

《新版 哲学、逻辑用语词典》思想科学研究会 编 三一书房

《了解概念与历史 西方哲学小辞典》生松敬三 伊东俊太郎 岩田靖夫 木田元 编 筑摩书房

《哲学关键词辞典》木田元 编 新书馆

《现代思想焦点 88》木田元 编 新书馆

《哲学的古典 101 物语 新装版》木田元 编 新书馆

《哲学家群像 101》木田元 编 新书馆

山本巍 宫本久雄 门胁俊介 高桥哲哉 今井知正 藤本隆志 野矢茂树《哲学 原典资料集》东京大学出版会

麻生享志 伊古田理 桑田礼彰 河谷淳 饭田亘之 黑崎刚 久保阳一《原典中的哲学史》公论社

永井均 小林康夫 大泽真幸 山本广子 中岛隆博 中岛义道 河本英夫《辞典·哲学之木》讲谈社

贯成人《图说·标准 哲学史》新书馆

贯成人《真理的哲学》筑摩新书

贯成人《哲学地图》筑摩新书

船木亨《现代思想史入门》筑摩新书

熊野纯彦《西方哲学史 从古希腊到中世纪》岩波新书

熊野纯彦《西方哲学史 从近代到现代》岩波新书

今道友信《西方哲学史》讲谈社学术文库

加地伸行《初学者的经典 中国的古典 论语》角川 Sophia 文库

福岛正《初学者的经典 中国的古典 史记》角川 Sophia 文库

汤浅邦弘《超入门"中国思想"》大和文库

富增章成《一本书读懂东方贤者的思想》中经出版

小川仁志《日本哲学：世界精英都在学习的教养》PHP 研究所

松冈正刚 赤坂真理 斋藤环 中泽新一《别册 NHK100 分的名著"日本人"是何人？》NHK 出版

山竹伸二《就是这么不可思议！读懂哲学》日本实业出版社

三浦俊彦《就是这么不可思议！读懂逻辑学》日本实业出版社

冈本裕一朗《就是这么不可思议！读懂现代思想》日本实业出版社

田上孝一《就是这么不可思议！读懂伦理学》日本实业出版社

VALIS DEUX《图解现代思想》日本实业出版社

甲田烈《一本书看透哲学》KANKI 出版

《一本书看透东方思想》世界思想史研究会 岛田裕巳 监修 KANKI 出版

秦野胜《越有趣越透彻！哲学之书》西东社

小须田健《越有趣越透彻 图解 世界的哲学与思想》日本文艺社

贯成人《图解杂学 哲学》NATSUME 社

小阪修平《图解杂学 现代思想》NATSUME 社

小阪修平《现代思想是这样吗 从尼采到福柯》讲谈社＋α文库

斯拉沃热·齐泽克《这样读拉康！》铃木晶 译 纪伊国屋书店

约翰·R·塞尔《意向性：论心灵哲学》山本贵光 吉川浩满 译 朝日出版社

本·杜普雷《人生必需的哲学 50》近藤隆文 译 近代科学社

托马斯·内格尔《哲学是什么？》冈本裕一朗 若松良树 译 昭和堂

乔斯坦·贾德《苏菲的世界》须田朗 监修 池田香代子 译 NHK 出版

厄尔·科尼 西奥多·赛德《存在之谜》丹治信春 监修 小山虎 译 春秋社

威尔·白金汉《哲学大图鉴》小须田健 译 三省堂

多米尼克·福尔沙伊德《用年表读哲学、思想小辞典》菊地伸二 杉村靖彦 松田克进 译 白水社

马库斯·威克斯《从 10 岁开始的哲学图鉴》斯蒂芬·洛 监修 日暮雅通 译 三省堂

程艾兰《中国思想史》志野好伸 中岛隆博 广濑玲子 译 知泉书院

高等学校公民科伦理教科书 东京书籍 / 清水书院 / 山川出版社 / 数研出版

《伦理用语集》滨井修 监修 小寺聪 编 山川出版社

《再读一次山川哲学——词汇与用语》小寺聪 编 山川出版社

索 引

哲学著作

哲学概念

398

图书在版编目（CIP）数据

我已经没有烦恼了：东方哲学与分析哲学 ／（日）
田中正人著；（日）斋藤哲也编；史诗译 . —— 海口：
南海出版公司，2023.1
ISBN 978-7-5735-0349-7

Ⅰ . ①我… Ⅱ . ①田… ②斋… ③史… Ⅲ . ①哲学－
中国－基本知识②分析哲学－基本知识 Ⅳ . ① B2
② B089

中国版本图书馆 CIP 数据核字（2022）第 196978 号

著作权合同登记号 图字：30-2018-101

Original Japanese title：ZOKU·TETSUGAKU YOUGO ZUKAN
©Masato Tanaka 2017
Original design and illustration by Masato Tanaka and Mayuko Watanabe
(MORNING GARDEN INC.)
Original Japanese edition published by President Inc.
Simplified Chinese translation rights arranged with President Inc.
through The English Agency (Japan) Ltd.and Bardon-Chinese Media Agency

我已经没有烦恼了：东方哲学与分析哲学
〔日〕田中正人 著
〔日〕斋藤哲也 编
史诗 译

出　　版　南海出版公司　（0898）66568511
　　　　　　海口市海秀中路 51 号星华大厦五楼　　邮编 570206
发　　行　新经典发行有限公司
　　　　　　电话（010）68423599　　邮箱 editor@readinglife.com
经　　销　新华书店

责任编辑　张　锐
特邀编辑　王　雪　余凌燕
装帧设计　陈慕阳
内文制作　王春雪

印　　刷　北京盛通印刷股份有限公司
开　　本　880 毫米 ×1194 毫米　1/32
印　　张　12.5
字　　数　288 千
版　　次　2023 年 1 月第 1 版
印　　次　2023 年 1 月第 1 次印刷
书　　号　ISBN 978-7-5735-0349-7
定　　价　68.00 元